选对保险避开坑

——保险业务员不会告诉你的事

周小树　著

中国宇航出版社
·北京·

图书在版编目（CIP）数据

选对保险避开坑：保险业务员不会告诉你的事 / 周小树著. -- 北京：中国宇航出版社，2019.7
（2021.1重印）
ISBN 978-7-5159-1643-9

Ⅰ. ①选… Ⅱ. ①周… Ⅲ. ①保险－基本知识－中国
Ⅳ. ①F842.6

中国版本图书馆CIP数据核字(2019)第108921号

策划编辑　卢　珊　　责任校对　吴媛媛
责任编辑　卢　珊　　装帧设计　宇星文化

出版发行　中国宇航出版社
社　址　北京市阜成路8号　　邮　编　100830
(010)60286808　　(010)68768548
网　址　www.caphbook.com
经　销　新华书店
发行部　(010)60286888　　(010)68371900
(010)60286887　　(010)60286804(传真)
零售店　读者服务部
(010)68371105
承　印　三河市君旺印务有限公司
版　次　2019年7月第1版　　2021年1月第2次印刷
规　格　787×960　　开　本　1/16
印　张　17.5　　字　数　231千字
书　号　ISBN 978-7-5159-1643-9
定　价　52.00元

前言

当你想给自己或者家人买保险时，面对林林总总的保险产品却无从下手，面对保险业务员亦真亦假的推销却半信半疑，怎么办？打开这本书，先学些保险规划知识再作决定吧。

我是这本书的作者周小树，大家都喜欢叫我小树。我主要从事家庭投资理财顾问的工作，通过线下讲座和线上视频课程的方式，为广大家庭讲解科学的、适合普通人的投资理财方式。

有些读者朋友可能会有疑问，保险也属于投资理财的一部分吗？在此，我郑重地告诉大家，保险是市场经济条件下风险管理的基本手段，也是一种金融工具，是家庭投资理财以及资产配置环节中不可或缺的重要组成部分。

对普通老百姓而言，保险的主要作用是保障家庭资产，提高家庭经济的抗风险能力。是的，你没看错，保险的主要作用是保障"家庭资产"的。是不是和你对保险的认识有差距？很多读者都认为保险是用来保障"人"的，普通人在购买保险时，往往是自己最喜欢谁、最疼爱谁，就给谁买份保险，这种做法是错误的，也是大部分人最常见的投保误区。

如果你也有这种想法，那你真的有必要仔细阅读这本书，否则，带着这种错误认识去投保，那么买到的保险百分之百也是错误的。

需要提醒的是，少数不良保险业务员也尤其擅长利用投保者的这个认识误区误导、忽悠客户。

读者朋友肯定都听过保险业务员使用如下话术推销产品："张先生，你家女儿3岁了，真的超级可爱，孩子是父母的掌上明珠，我也能看出你很疼爱她。建议你尽早给宝宝买份保险，以便增加爱的保障。你看这款保险，可以给孩子带来终身保障……"其实，这位保险业务员的说法大错特错，明显是利用大部分人对保险的错误认知来忽悠、误导客户。以上言论具体错在哪儿，我会在本书相关章节作详细讲解。

◎ 保险误区有多深？

本书并不是向大众普及保险知识的，而是专门为"想买保险却不知如何下手的人"而写。既然你翻开这本书，想为自己的家庭规划保险，那么首先就要纠正一些保险认识误区。

目前，普通大众对保险的认识误区有很多，下面列出几种常见的观点，各位读者可以对号入座，看看自己占几条。

1. 保险都是骗人的；
2. 最不保险的就是买保险；
3. 买保险就是有病赔钱，无病当存款；
4. 保险越早买越便宜，趁孩子年龄小，赶紧给他买份终身保险；
5. 自己收入高且稳定，不需要保险；妻子常年体弱多病且无工作，所以要给她投一份保险；
6. 家里的第一份保险就是孩子的教育金保险。

首先，小树明确告诉各位读者，上述六种观点都是错误的。

先看第1和第2条：保险都是骗人的，最不保险的就是买保险。我深信，正在翻阅这本书的读者肯定不会持有这两种观点，因为有这两种观点的人根本就不会来看这本书。也许当人们无意间翻到这本书时，会说“又是一本忽悠人买保险的书”。持有第 1 和第 2 种观点的人，根本就不是本书的目标读者，所以即便我想纠正他们对保险的认识误区，也根本没有机会。

接下来再看第 3 和第 4 条：买保险就是有病赔钱，无病当存款；保险越早买越便宜，趁孩子年龄小，赶紧给他买份终身保险。

很多读者朋友都认同这两种观点，甚至有人在此观点的引导下掏钱买过相应的保险产品。持有这两种观点的人已经认可了保险，至少不再排斥。很可惜这两种观点也是错误的，而且这两种错误观点极易被个别不良的保险业务员利用，导致买保险时“花好钱，办错事”。人们之所以持有这两种观点，主要原因是国内保险市场多年来畸形发展，保险业务员经常忽悠客户，因此留下了后遗症。最初炮制并抛出这两种观点的人，大部分都是一些有特殊目的的保险业务员。具体这两种观点错在哪里，小树会在书中作详细讲解。

最后看第 5 和第 6 条：自己的收入高且稳定，不需要买保险，妻子体弱多病且无工作，所以要给她投一份保险；家里的第一份保险就是孩子的教育险。

很明显，持有这两种观点的人都是曾经买过保险的，但是很遗憾，他们买的保险都不对。要么是被保险人选的不对，要么是投保的险种不对，总之都是白花钱、乱花钱。

现在回顾一下这六种常见的错误观点，持有前两种观点的人，对保险是绝对排斥和抵制的，他们不是本书的目标读者，我也不再多费笔墨。

持有第 3 到第 6 条观点的人，以及其他想给自己或家人买保险的人，才是本书的目标读者，相信这部分读者通过阅读本书，能系统地纠正以往的错误认识，挑选到真正适合自己的保险产品，能让保险在家庭中真正起到保障作用，提升家庭的抗风险能力。

如果你对保险也有上述六种类似的错误认识，强烈建议你先读完本书，之后再着手挑选、规划家庭保险。否则，在错误观点引导下购买的保险，可能是错误的。至于这些观点错在哪儿，我会在本书后续章节向读者一一讲解，同时也会揭示部分保险业务员是如何利用这些认识误区一步一步“忽悠”客户下单投保的。

◎ 本书主要讲哪些内容

这本书不讲保险的历史，不讲保险在国内的发展等枯燥无味的理论知识，也不讲保险的含义、保险产品分类、每类产品有什么特点等浮于表面的知识。

我在这本书中只讲普通家庭在规划保险、选保险、买保险过程中实际用到的知识和技巧，力求读者通过阅读这本书能掌握真正有用的家庭保险知识，比如怎样选择保险，不同家庭成员如何规划保险，怎样识别保险业务员的各种忽悠伎俩，怎样花最少的钱实现最大的保障等“干货”内容。

在具体的保险产品类型方面，本书主要向大家讲述了三大基本保险险种的规划知识和投保技巧，分别是人身寿命保险、重大疾病保险和人身意外保险。这三种保险是每个家庭的“标配”，也是最重要的保险品种。除此之外的保险产品都属于“选配”，甚至有很多是根本就没必要购买的。

在本书后续相关章节中，我会用通俗的语言把人寿险、重大疾病保险和意外险展开讲、仔细讲、揉碎了讲，让读者通过阅读本书，更透彻地了解、掌握并运用它们，让读者学会这三种保险分别应该给谁投保，投保多少钱，投保多少年，相互之间如何搭配等。

有些读者可能有疑问，为什么书中没有提及医疗保险，关于孩子教育的保险也没有讲。

针对上述疑问，我统一回复大家：人寿险、重大疾病保险、意外险是最基础的三个险种，在普通家庭中，只有这三个险种合理配置完毕后，才可以考虑其他险种，比如商业医疗险。

事实上，大部分不懂保险的家庭都特别喜欢买医疗险，很多喜欢误导客户的保险业务员也经常说：商业医疗保险适用面广，感冒发烧、猫抓狗咬、大病小病都能报销，没有疾病种类限制。但是现在我郑重地告诉大家，医疗险不是必须的，它无法提升家庭防范较大经济风险的能力，更不是家庭保险规划的首选险种。针对普通家庭而言，只有当人寿险、重大疾病保险和意外险这三个基础保险配置完毕以后，才有必要考虑是否配置商业医疗险。简单地说，商业医疗险不是家庭保险规划中的标配，而是一种“锦上添花”“好上加好”的选配产品。

在一份科学的家庭保险规划中，应该特别重视人寿险、重大疾病保险、意外险这三大类保险的规划与安排，因为它们是普通家庭抵抗风险的基石。若这三个险种没有合理配置，其他保险买得再多，也都是“水中月，镜中花”。

最后，本书只讲解人身保险、健康保险的规划投保知识和技巧，不涉及财产保险（车险、房屋保险等）。

◎ 本书适合哪些人阅读，能解决什么问题

本书针对的读者，是想给自己或家人买保险却不知怎么选择、不知投保哪些险种的人。简单地说，就是“想买保险却不知如何下手的人”。本书的目的不是劝人去买保险，只有自己想买保险了，才适合阅读这本书。

这本书能为你解决什么问题呢？

仔细阅读完这本书，能让你系统地掌握家庭保险规划所需要的各种知识，学会高效挑选优质保险产品所需的各种技巧，灵活规避中国式保险推销中的各种“坑”。

具体而言，读完这本书之后，你会知道在普通家庭中最应该给谁

买保险，应该投保哪些险种、哪些类型，保障期限选择多少年，保障额度定在什么档次，如何比较不同保险产品之间的优劣等各种实际操作问题。

本书在讲解保险规划知识时，尽量避免使用保险行业的专业词汇，全程使用通俗易懂的语言，是普通老百姓也能读懂的保险规划书。为了让读者快速上手，各章节内容不要套路，不兜圈子，在讲述重要理论知识的同时，还通过实用的案例告诉读者应该怎么操作，力求让读者通过阅读本书，对各种家庭保险问题“现学现用”，甚至“现学现卖”。

总之，本书是一本通俗易懂、具有实战指导作用的家庭保险规划指南，是专门为想买保险却不知如何下手的人而写。

目录

第二部分 重大疾病保险

引子　了解家庭成员组成，梳理保险需求

一份合理、科学的保险规划方案，必须是以家庭为单位设计出来的，决不能仅以家庭中的某位成员为单位进行设计。

为了更方便地向读者介绍家庭保险规划方法和技巧，本书虚拟了一个由祖孙三代六口人组成的典型中国家庭，书中各个章节都将围绕这个家庭展开，一步一步为家庭中的每位成员制定合理的保险规划和投保方案，同时向大家讲解其中的原理、方法和技巧。

下面一起来认识一下这个六口之家的家庭成员。

这个家庭的六口人分别是爷爷奶奶、爸爸妈妈、儿子和女儿，幸福的一家人生活在国内某二线城市。

要想做出一份科学的家庭保险规划，必须对家庭成员的资料和信息进行系统梳理，包括每个家庭成员的年龄、性别、身体健康情况、职业、收入等，掌握这些具体信息之后，才能科学地确定每个成员的保险需求，制定适合每

个人的投保方案。

先看这个家庭中的“顶梁柱”，也就是收入最高的“爸爸”。

爸爸名字叫张志刚，今年 37 岁，身体健康，是家里的独生子。目前是某大型企业技术岗位的中层管理人员，是企业内部少数几位既懂技术又懂管理的复合型人才，也是内部公认的重点培养对象，今后有望跻身高层管理岗位。张志刚目前每月税后到账工资约 12000 元，年底还有奖金和分红。综合最近三年的收入情况，他的年收入实际到账金额大约在 16 万到 18 万元之间，另有正常缴纳的五险一金。

下面再看这个家庭中“妈妈”的具体情况。

妈妈名字叫李晓玲，今年 34 岁，本科学历，身体健康，已经是两个孩子的母亲。李晓玲生孩子之前在某民营企业做会计，一双儿女陆续出生之后，便辞职做起了全职妈妈，目前没有工资收入。但是李晓玲对自己以后的事业也有明确的打算，她想等两个孩子入学以后，重新开启自己的职业生涯。因此，在相夫教子之余，还积极备考注册会计师资格证书。

接下来再了解一下这个家庭中爷爷和奶奶的情况。

爷爷名字叫张长运，今年 67 岁，身体健康，退休赋闲在家。张长运大半辈子都生活、工作在西部地区某县城，退休前是一位林场伐木工人。如今他和老伴都已退休，一起来到儿子所在的城市，与儿子一家生活在一起。老爷子的厨艺不错，一家人都喜欢吃他做的饭，因此住在儿子家期间，他的主要任务就是负责一家六口每日三餐。目前张长运每月可领到退休金1800元，除此之外再无其他收入。

奶奶名字叫王桂琴，今年62岁，身体健康，是一位普通的退休医生。在老家县医院工作了大半辈子，现在每月可以领到4000元的退休金。目前和老伴张长运一起居住在儿子家中，主要是协助儿媳照顾孙子和孙女。

最后再来看两个孩子的情况。

两个孩子的情况比较简单，儿子今年6岁，名字叫张思捷，就读于幼儿园大班；女儿今年4岁，名字叫张思慧，和哥哥在同一家幼儿园上学，目前就读于小班。

这是一个非常典型的普通中国家庭的组成结构，相信大部分读者的家庭结构与此类似。

下面再简单说说这个家庭的日常生活场景和家庭收入开销。

工作日爸爸上班赚钱，妈妈在家接送、照顾两个孩子，爷爷奶奶负责买菜做饭等琐碎家务。

爷爷奶奶本身都有退休金收入，虽然金额不高，但买菜足够了。尽管儿子多次说过买菜钱无需老两口支付，但在实际生活中，每次买菜老两口都使用自己的退休金。老两口心想，反正就这么一个儿子，没必要把账算得那么清楚。即便负责日常买菜等零星支出，老两口每月的退休金也花不完，结余的部分就自己存着。

爸爸张志刚是这个家庭中收入最高的人，也是这个家庭中的“顶梁柱”和“印钞机”。张志刚每月12000多元的工资收入主要负责家庭的大额开销、孩子的教育费用、每月房贷，以及家庭其他开销。除此之外，结余的资金还要进行相应的投资和储蓄，毕竟两个孩子马上就要上小学，以后花钱的地方还很多。

可能有读者会问，作为一本讲解保险规划的书，为什么用这么多篇幅介绍家庭中每个成员的收入和家庭开销分配情况?

具体原因有两个。

第一，保险是个金融工具，主要是用来保障家庭经济和资产的，保险规划本身就和家庭财务密切相关。在做家庭保险规划时，如何确定每一位家庭成员投保哪一类保险，很大程度上和每位家庭成员的收入能力息息相关。所以我们在介绍家庭成员情况时，重点介绍了每位成员的创收能力和具体收入情况。

第二，对于一个正常的工薪家庭，其资产配置或财务支出应该符合“4321 定律”。“4321 定律”是金融行业公认的、合理的家庭资产配置法则。

> 所谓的家庭资产配置“4321 定律”，是指正常家庭财产支出分配比例如下。
>
> 40% 的家庭收入用于住房、汽车、教育等固定资产开销（偿还房贷、汽车贷款、学费等）；
>
> 30% 的家庭收入用于家庭生活开支（衣食住行）；
>
> 20% 的家庭收入用于银行存款或者其他投资；
>
> 10% 的家庭收入用于保险费用支出。

“4321”开支结构是一个具有引导作用的家庭资产分配建议，具体家庭可根据各自不同的情况作出适当微调。但是无论怎样调整，10% 的家庭收入用于保险费用开销这一条，都是得到绝大多数专业人士一致赞同的。

10% 的家庭收入用于保险费用支出，是指家庭所有成员的各种保险总费用。若家庭在保险方面支出太少，会导致家庭保障不足；如果保费支出比例过高，要么是投保了额度较高或不切实际的保险产品，要么就是选错了保险种类，给不该买保险的人买了保险。

读者朋友可以仔细回想一下，之前保险业务员推荐的保险产品是不是都非常贵？他们推荐的保险产品每年需要缴纳的保费基本上都超过自己家庭年收入 10% 的红线，而且往往还是一个人的投保费用。如果把家庭主要成员都买一遍，其花费将占家庭收入的一半左右，让人大呼 “买不起”。其实，有些保险业务员推荐的保险产品的合理性是值得怀疑的。

难道所有保险都贵，贵到普通家庭都买不起？

当然不是！

推销的保险贵，主要原因是保险业务员的提成和产品销售金额密切相关。保险业务员销售的保险产品越贵，自己拿到的提成和佣金越多。其实还有很多物美价廉、性价比很高的保险产品可以选择，但保险业务员没有告诉大家。

要想知道自己家庭的保险费用开销是否超过了 10% 的红线，就必须对整个家庭收入以及每个人的收入情况作一个全面梳理和了解。

最后，怎样才能用不超过家庭收入 10% 的开销，为所有家庭成员都配置完善的保险保障呢？这绝对是一个技术活，也就是要花最少的钱，获得最有价值的保障，本书就是为此而写。当你阅读完本书以后，相信会对家庭保险规划的各种方法和技巧都了然于胸。

本小节主要介绍了这个虚拟家庭中每个成员的具体情况，并假设这个六口之家的每一位家庭成员目前都没有购买过任何商业保险。后续各个章节都将围绕这个家庭展开，为每一位家庭成员制定出合理的投保方案，讲解和梳理其中的各种思路和技巧。

从下面开始，让我们一起为这个六口之家制定具体的保险计划吧。

第一部分

人寿险

1.1 了解人寿险

1.1.1 什么是人寿险

在做家庭保险规划时，最重要的三个险种分别是人寿险、重大疾病险和意外险。

大部分读者最熟悉或最关心的都是重大疾病险，因为现在重大疾病的发病率越来越高，治疗费用也逐年增长，一旦不幸罹患重大疾病，不仅会给个人带来无尽痛苦，也给家庭带来了沉重的资金压力，所以大部分人都希望通过投保重大疾病险来减少这种损失。

其实人寿险、重大疾病险和意外险这三个险种没有主次之分，对普通家庭而言，是同样重要的。如果必须分出个先后主次和规划上的轻重缓急，笔者认为，在普通家庭中，人寿险最为重要，其次是重大疾病险，最后是意外险。因为**人寿险才是真正可以保障家庭经济，提升家庭抗风险能力的保险**，同时，人寿险也是最原始、最简单、最直接、最无私、充满大爱的一种保险。学习和掌握人寿险产品，有助于读者朋友充分理解以下两句话。

1. 保险是个金融工具；
2. 保险保障的是家庭经济，不是某个人的人身肉体。

下面具体看看什么是人寿险，它为何有这么大的魅力和功效。

首先看一下人寿险的具体含义。

> 人身寿命保险，简称“人寿险”或“寿险”，是一种以人的生死为保障对象的保险。以被保险人在保险责任期内生存或死亡为给付条件，由保险人根据契约规定给付保险金的一种保险。

可能有读者觉得定义用词过于专业，很难理解。没关系，下面用通俗易懂的词语来解释一下。

首先要把几个无法避免的专业名词给大家介绍一下。

> 保险人：就是通常所说的保险公司。
>
> 被保险人：为谁买的保险，谁就是被保险人。
>
> 投保人：就是实际支付保险费的人。如果是为自己买保险，那么被保险人和投保人为同一人；如果是家长为孩子买保险，则孩子是被保险人，家长是投保人。
>
> 受益人：一旦出现保险事故，谁负责接收保险公司支付的理赔款，谁就是受益人。
>
> 保险责任期：就是该保险的保障时间期限。
>
> 保险金：就是所买保险的投保金额。
>
> 保费：为了购买某保险，每年或每月缴纳的费用就是保费。

从上述人寿险的定义可以看出，人寿险保障的是被保险人生或死两种情况。

保险公司可以以被保险人的死亡为保障对象，意思是只要被保险人在保险合同期内去世，保险公司就赔钱。这是最原始、最简单的人寿险，也是本书人寿险部分主要讨论的类型。

另外也可以以被保险人的生存为保障对象，意思是只要被保险人在保险合同期内一直生存，保险公司就赔钱。这种只把生存作为赔付标准的保险不是太多，本书对此不作过多讨论。

最后还有一种人寿险是生存和死亡都作为保障对象，在整个保险期内，无论被保险人是生存还是死亡，保险公司都赔钱。这种既保生存又保死亡的人寿险称为“生死两全险”，简称“两全险”，意思是无论被保险人生存或死亡全部都保。因为人的生命只有生或死两种状态，言下之意，只要给某人买一份“两全险”，就一定能稳稳地获得保险公司给出的赔付款，看上去是不是很诱人？

目前市场上各种“两全险”还是比较多的，但是这里提醒各位读者，**远离“生死两全险”！**笔者认为，两全险根本不能称之为保险，顶多是一个披着保险外衣的理财产品，而且还是收益非常低的理财产品，具体原因在后续相关章节会为大家详细解释。

本书第一部分人寿险相关章节中讨论的寿险类型，除非有特殊说明，否则一律是指第一种即以死亡为保障对象的人寿保险。

明白了人寿险的几种保障类型后，下面继续对其作进一步的解释。

若某人投保了以死亡为保障目的的人寿险，只要被保险人在保期内死亡，保险公司就赔钱。

如果严谨地表述，并不是所有的死亡方式人寿保险都会赔钱，有些死亡方式就不赔钱。

比如被保险人刚投保没几天就自杀的，被保险人抢劫银行被警察当场击毙的，吸毒的，酒后驾车导致交通事故死亡的……这些被保险合同排除的死亡方式，保险公司都不赔钱。

被保险合同排除在外的死亡方式，称为人寿保险的“责任免除”条款。当然，这些个别极端的死亡方式，一般不会发生在普通人身上。除了这些特殊的极端死亡情况之外，无论被保险人是因病死亡，还是无疾而终，或是因意外事件死亡，保险公司都会赔付。

既然只要被保险人死亡，保险公司就赔钱，那么具体赔多少钱呢？很简单，当时买保险时投保了多少金额，保险公司就赔付多少钱。这个金额的多少，就称为“保障额度”，简称“保额”。如果保险合同上约定投保金额是10万元，当被保险人死亡后，保险公司就一次性给付 10 万元理赔款。假如当时投保的额度比较高，是 100 万元的保障额度，那么当被保险人死亡时，保险公司就会直接赔付 100 万元理赔款。

有时间限制吗？有！

被保险人必须在保险合同规定的保障期限内死亡，保险公司才赔钱。如果某人投保了期限为 20 年的人寿保险，被保险人在 20 年以后才去世，对不起，这种情况保险公司是不会赔付的；若某人投保了期限为 20 年的人寿保险，被保险人在第二年就死亡，保险公司也是照赔不误。

通过以上对人寿险的通俗解释，读者朋友应该能准确理解什么是人寿险了吧。

在阅读下一节内容之前，请大家思考一个问题，这也是一个很现实的问题：我们是否有必要投保这种“人死了以后才赔钱”的保险？很多人对此都有疑问，人都死了，保险公司赔钱还有什么用呢？无论赔多少钱，人死也不能复生啊。

1.1.2　人寿险是最伟大无私的保险

按照保险法规定，人寿险可以自己为自己投保，也可以为配偶、父母、孩子投保。

大家已经知道，**人寿险是只有当被保险人死亡以后才能获得赔付款的一种保险**，那么我们为什么要投保人寿险呢？投保人寿险的意义何在？

在为大家讲解投保人寿险的意义之前，先说两个比较常见的关于人寿险投保目的的错误观点。

错误观点之一：不想让自己或某人死亡，所以给其投保人寿险，以便增加保障。

这是最常见的人寿险投保误区，也是大部分人把保险当成感情工具的直接体现。其错误的深层原因，是把保险当作了保障某个人人身肉体的工具。

很多人都有这种误区，因为自己爱家里的某个人，不想让他死亡或出现意外，所以给他投保一份以保障死亡为目的的人寿保险，以便增加保障。

这个理解误区极易被少数不良保险业务员利用，下面来看一段保险业务员常用的话术。

> 某保险业务员：王姐，你家女儿2岁了，是你和先生的掌上明珠。你应该尽早给孩子买一份人寿保险，为孩子增加爱的保障。我们公司最近新出一款保险产品，可以保障孩子终身。孩子有了这份保险，你们也就安心多了。趁现在孩子年龄小，买这款保险还特别便宜……

不但个别不良保险业务员会利用这个误区误导投保者，甚至有些保险公司也会刻意利用该误区宣传自家的保险产品。下面是国内某大型保险公司在其官方网站上推广自家保险产品发布的一个案例。

> 王先生的孩子考上了大学，第一次离开父母走出家门，王先生和爱人非常不放心，就为孩子购买了一份xxx保险（某人寿险名称）。孩子大了，总要自己去闯世界，不能陪在他们身边叮咛嘱咐，孩子有了这份保险，也让王先生夫妻俩安心多了……

上述案例，保险公司就在利用顾客对人寿险的误解，把保险当成了感情工具。王先生担心孩子在外有各种风险，但是给孩子买了一份保险后，就不再担心孩子遇到各种意外或风险了吗？这种说法很容易误导普通保险消费者，仔细思考后就会发现这个观点经不起推敲。

不想让某人死亡或出意外，所以给其投保人寿险以便增加保障，这种做法是错误的、无用的，因为被保险人不会因为有了一份保单而变得更安全。

说得直白些，王先生的孩子不会因为有了一份保单就能处处平安，远离各种风险。他该出车祸还是会出车祸，该患重病还是会患重病，不会因为他兜里有一份保单，大货车就绕着他走，就能“百毒不侵”，远离疾病。

既然这份保险无法让王先生的孩子变得更安全，那么这份保险有什么实际作用呢？作用就是如果孩子因意外去世，王先生夫妇能拿到一笔赔偿。很明显，王先生夫妇买这份保险的目的不是为了获取赔偿，而是想让孩子更安全。但他所买的这份保险却无法增加孩子的安全保障，因此王先生夫妇绝对不会因为孩子有了一份保险就“安心多了”。若想让孩子出门在外更安全、更放心，还不如每天在电话中多叮咛几句：过马路要小心，别闯红灯，为人处世要谨慎。

从上述案例可以看出，这种“不想让自己或某人死亡，所以给其投保人寿险，以便增加保障”的观点是错误的，经常误导投保者，并且带有普遍性。如果带着这种观点去投保人寿险，肯定会选错被保险人，也就是给不该买人寿险的人买了人寿险，最终导致白花钱。

一份保险无法减少被保险人面临的风险和意外，这种“不想让自己或某人死亡，所以给其投保人寿险”的观点是错误的。

错误观点之二：预测自己或某人即将死亡，所以为其投保人寿险，以便获得赔付。

个别人有这种想法也是可以理解的，有些人发现自己或家庭成员中有人在不久的将来即将死亡，就尽快为其投保一份人寿险，以便在其去世后能获得保险公司给付的人寿险理赔款。

笔者提醒各位读者，这种想法是无法实现或者实现成本很高的，下面为大家分析一下具体原因。

什么情况下才能预测自己或家庭中其他成员即将死亡呢？一般有以下几种情况。

1. 高龄老年人，估计“命不久矣”；

2. 身患重病，久治不愈；

3. 极限运动玩家，从事高危工作的人；

4. 准备前往战乱地区或国家的人，凶多吉少。

针对以上四条能预测到某人即将死亡（或死亡几率较大）的情况，下面逐条分析，看看这些情况能不能实现给其投保人寿险，并在其死亡后获得赔付。

第一种情况，给高龄老年人投保人寿险是很难实现的，原因是要么不符合保险公司对被保险人的投保要求，要么无法承担高额的保险费用。

根据国家统计局 2015 年的数据，我国男性平均寿命为 73.6 岁，女性平均寿命为 79.4 岁。如果预测某位高龄老年人即将步入生命末期，那么至少也要到 70 岁之后才能算作“即将死亡”。但是国内绝大部分人寿险对被保险人的年龄要求都控制在 60 岁以内。年龄超过 60 岁，基本上就无法再投保以死亡为赔付标准的人寿险。有些保险公司的产品，甚至把被保险人的年龄控制在 55 岁以内。因此，想给高龄老年人投保人寿险，期望在其去世后获得保险赔付的做法是行不通的。

即便市场上个别人寿险产品允许 60 岁以上的高龄老年人投保，其每年需要支付的保费也是非常之高，在整个保险责任期间累计支付的保费和最终可能获得的身故理赔款金额基本相差无几。所以，即便大家真有“为高龄老年人投保人寿险以便获取身故赔偿”的想法，保险公司也不会去做这种“赔本买卖”。

第二种情况，给身患重病的人（包括年轻病人）投保人寿险，以便在其去世后获得赔付，这种想法也是没有机会实现的。

所有人寿险产品都需要被保险人满足一定条件才能投保，其中最重要的一条就是要求被保险人身体健康、没有患过或者正在患某些特定疾病。如果不满足此条件，则无法投保人寿险。

下面来看一下保险公司对被保险人的身体健康状况有哪些要求。

阳光保险公司“阳光人寿精选定期寿险”合同中，对被保险人身体健康情况的告知问题（摘录）

7. 您（指被保险人）在过去一年内是否有反复头痛、胸痛、咳血、痰中带血、鼻出血、吞咽困难、气喘、肝区不适、腹痛、黄疸、血尿、便血、紫癜等情况？是否有体重减轻超过5公斤（非健身或减肥原因）？是否有不明原因的体表或体内肿块、息肉、结节、黑痣增大、淋巴结肿大、贫血、脾大？

8. 您在过去两年内是否因健康检查（包括单位组织体检）或身体异常而被医生建议定期复查、进一步诊治、住院或手术（不包括阑尾炎、上呼吸道感染、因意外住院在5天以内且已痊愈）？

9. 是否曾存在或被告知怀疑存在下列症状或疾病：

★ 先天性疾病，遗传性疾病，五官、脊柱、胸廓、四肢畸形、残疾或功能障碍、失聪、失明，瘫痪，Ⅲ度烧伤；

★ 智能障碍，精神疾病，癫痫，脑肿瘤、脑炎后遗症或脑膜炎后遗症，脑损伤，脑血管瘤，脑动脉瘤，脑囊肿，深度昏迷，多发性硬化，重症肌无力，运动神经元病，阿尔茨海默病，帕金森病，脊髓灰质炎；

★ 恶性肿瘤，原位癌，癌前病变，艾滋病及HIV呈阳性，红斑狼疮，曾经接受或需要接受开颅、开胸手术，骨髓移植手术，器官移植手术或器官切除手术；

★ 呼吸系统疾病（终末期肺病，肺纤维化，肺动脉高压，支气管扩张，慢性肺结核，哮喘，慢性支气管炎，肺气肿）；

★ 心脑血管疾病（高血压，冠心病，心绞痛、心肌梗塞，心肌炎，心肌病，肺心病，风湿性心脏病，心功能不全，主动脉瘤，脑梗塞，脑出血，心脏瓣膜病，心律失常，心包炎，心内膜炎）；

★ 肝脏疾病（肝炎，肝炎病毒携带，丙肝，酒精性肝炎，肝硬化，肝功能衰竭，肝功能升高史）；

★肾脏疾病（肾病综合症，肾功能不全，尿毒症，慢性肾炎，慢性肾盂肾炎，多囊肾，肾上腺疾病）；

★糖尿病，空腹血糖异常，白血病，血友病，凝血功能障碍，再生障碍性贫血，骨髓增生异常综合征，淋巴瘤，川崎病，类风湿性关节炎，硬皮病，肌营养不良症，坏死性筋膜炎，登革热；

★胰腺疾病，溃疡性结肠炎，克罗恩病（Crohn 病），硬化性胆管炎，萎缩性胃炎，肠息肉。

您的一级亲属（父母、子女、兄弟姐妹）中是否有人在 60 岁前被诊断患有癌症、心血管疾病、糖尿病或肝硬化；如果被诊断，是否在 60 岁前因以上疾病而去世?

仔细阅读上述资料就会发现，阳光保险公司的人寿险产品针对被保险人的身体健康状况，列出了高达 121 种疾病种类和病史的投保限制。普通人如果想投保这款人寿险产品，除了满足年龄、职业等需求外，还需要满足如上身体健康条件。上述 121 种既往病史和身体健康条件，若其中一条不满足，都无法投保该保险。

并非只有阳光保险公司对人寿险的被保险人要求如此严格，目前市场上绝大部分保险公司都有类似的严格要求，有些保险公司的要求甚至更严格。

由此可以看出，希望通过“给已患重病‘命不久矣’的家庭成员投保人寿险，以期在其去世后获得保险赔付”，这种想法是根本不可能实现的。无论是人寿险还是重大疾病险，保险公司都只卖给健康的人，一旦患有特定疾病，就失去了投保这些保险的资格。

第三种和第四种情况同样也无法实现。那些经常做极限运动或从事高危工作的人群，以及即将前往战乱国家或地区的被保险人，都是不符合投保人寿险要求的。因为在人寿险投保告知书中，已明文禁止此类人群投保，同时保险公司也会在合同中写明因此造成的死亡不予赔付的豁免条款。

阳光保险公司“阳光人寿精选定期寿险”合同中，对被保险人身体健康情况的告知问题（摘录）

您是否有危险嗜好或从事危险活动，如赛马、赛车、滑雪、登山、攀岩、蹦极、潜水、跳水、拳击、武术、摔跤、私人飞行、探险或特技活动及其他高风险活动？

英大泰和保险公司“团队保险”合同中对被保人具体情况的告知问题（摘录）

有无因工作或其他原因需要前往危险地区或国家？（“危险地区或国家”是指中国境外正在或经常发生自然灾害、疫病、战乱、动乱、恐怖袭击、种族冲突、政局动荡等事件的地区或国家）。

如果被保险人存在上述情况并在回答上述问题时选择“是”，保险公司就不予以承保。

被保险人如果有上述高风险的运动习惯或从事高风险工作，其死亡风险会比平常人增加数倍，保险公司对该笔承保合同的赔付几率也会较高。保险公司为了减少自身运营风险以及出于对其他健康投保者的公平考虑，会拒绝不符合上述要求的被保险人。

根据以上分析，上述四种“预测某人即将死亡，所以给其投保一份人寿险，以期在其死亡后获得保险赔付”的做法是行不通的。

其实，关于投保人寿险目的的错误理解有很多，这里就不再一一介绍了，下面重点讲解投保人寿险的正确观点和目的。

正确观点：充满大爱的人寿险。

为自己或其他家庭成员投保人寿险的正确目的只有一个：**担心自己（或其他被保险人）死亡以后，家庭其他成员的生活无以为继，所以为自己或该被保险人投保人寿险。**

还记得上一节结尾处让大家思考的问题吗？“人都死了，还要保险公司的赔偿有何用？无论赔付多少钱，也无法死而复生啊！”

现在来揭示正确答案，也就是投保人寿险的意义所在：一旦被保险人去世，保险公司的赔付款对他确实没有任何意义，因为此时被保险人已经去世了，但是他的家人还是需要继续生活下去的。家庭其他成员要想继续生活下去，就需要一定量的资金，此时就可以用保险公司的人寿险赔付款继续维持生计。

所以，被保险人死亡后获得的赔付款，主要是给他的家人使用的，因为他的家人还要继续生活，这就是投保人寿险的真正目和意义所在！

人寿险是为了保障其他家庭成员不会因为自己的死亡而生活困窘，不至于因为一个人的死亡而导致全家人都喝“西北风”。只要身故者生前投保过人寿险，他的家人就可以用保险公司给付的赔付款继续生活，度过这个难关。这就是投保人寿险的真实目的：它不是为了保障某个人的人身肉体，而是为了保障整个家庭的经济来源和生活水平。

所以，人寿险体现的是被保险人对整个家庭的责任感。当一个人给自己投保人寿险时，他心里应该是这么想的：**我活着的时候要好好工作，多多赚钱，让我的家人过上舒适的生活；万一我死了，也要让家人用我的人寿险赔付款继续过衣食无忧的生活，绝不能让我心爱的家人因为我的死亡而生活窘迫。**

这是大爱，是对家庭负责任的表现，因此人寿险是所有险种中最伟大无私的保险！

1.2 给谁买人寿险

1.2.1 给孩子买人寿险，不是爱孩子，而是爱自己

大家已经知道，投保人寿险的目的和意义就是防止被保险人去世后，其他家庭成员因为经济来源中断而导致生活窘迫。

在真正理解了人寿险的投保目的和意义之后，应该给谁投保人寿险呢？

下面来看一下上文模拟的这个六口之家，分别设想和分析一下，如果这个家庭中的某位成员去世，会给这个家庭带来哪些影响。

先分析两位小朋友。假如这个家庭中的孩子意外死亡，会给这个家庭带来哪些经济影响呢？答案是没有任何经济影响。因为这个家庭里，无论是6岁的儿子张思捷，还是4岁的女儿张思慧，都是学龄前儿童，本身没有为家庭创造任何收入，也不承担家庭责任，因此他们去世不会给整个家庭造成经济损失，整个家庭的生活质量也不会因为年幼孩子的去世而变差。这种情况下，就无需为家庭中的两个孩子投保人寿险。

说句难听的话，从经济角度来看，假如这个家庭中有一个儿童因故去世，这个家庭的实际开销是下降的。

有些读者可能会说，如果家庭中的孩子去世，虽然经济上没有受到损失，但是家人会非常伤心难过。大家之所以有这种想法，是因为又把保险当作感情工具了。笔者再强调一次，保险是个金融工具，它只与家庭经济有关，保险公司也仅负责支付理赔款，不考虑情感因素。其实，如果真正爱自己的家人，

无论对方有没有保险，去世后家人都会伤心万分。

通过上述对家庭中两个孩子的具体分析可知，若某个家庭成员没有经济收入，不是家庭的主要收入来源，也不承担任何家庭责任，那么就无需为其投保人寿险。

总结：**在做家庭保险规划时，家庭中的未成年人是不需要投保人寿险的，因为他们本身不赚钱，不负责养家糊口，不承担任何家庭责任，所以不符合投保人寿险的目的和初衷。**

以上这个总结，并不仅仅是笔者个人的观点，我国的保险法也持有这样的观点。

《中华人民共和国保险法》第33条

投保人不得为无民事行为能力的人投保以死亡为给付条件的人身保险，保险人也不得承保。

父母为其未成年子女投保人身保险，不受前款规定限制，但是因被保险人死亡给付的保险金总和不得超过国务院保险监督管理机构规定的限额。

简单解释一下，保险法第33条有两层意思。

第一，不能给无民事行为能力的人投保以死亡为赔付条件的人寿险；

第二，如果父母给自己未成年子女投保人身保险是可以的，但是如果被保险人死亡时尚未成年，保险公司给付的赔付款金额不得超过保监会规定的限额。

■ 知识链接

1999年，保监会“保监发［1999］43号文件”规定：父母为其未成年子女投保的人身保险，死亡保险金额总额不得超过人民币5万元。

> 2002年3月22日保监会又下发“保监发［2002］34号文件”，将北京市、上海市、广州市和深圳市投保的未成年人人身保险死亡给付保险金额的上限由5万元提高到10万元，其他地区仍严格按照保监发［1999］43号文件执行。
>
> 随着经济的发展以及家庭收入与物价的普遍上涨，2015年，保监会在“保监发［2015］90号文件”中，又将不满10岁身故的被保险人最高赔偿额度上调到20万元，将不满18岁身故的被保险人最高赔偿额度上调到50万元。

虽然保监会针对儿童的身故赔付金额给出最高20～50万元的赔付标准，但在实际的保险合同中，大部分保险公司都远远没有达到此上限。

■ **知识链接**

> 什么是无民事行为能力的人？
>
> 《中华人民共和国民法总则》第17条至第24条规定：无民事行为能力的人包括不满八周岁的未成年人及不能辨认自己行为的人（比如智障人士）。

保险法之所以作出如上规定，不仅仅因为给未成年人投保人寿险有违人寿险初衷，除此之外，还有可能带来严重的道德风险。

什么是道德风险？下面举一个极端的例子。

■ **案　例**

> 张三夫妇养育了一个女儿，名叫兰兰，并在女儿刚出生的时候为其投保了一份人寿险，保障金额20万元，保障期限10年。
>
> 张三夫妇游手好闲，不务正业，导致家庭开销异常拮据。三年后，刚满3岁的兰兰不幸患病。张三夫妇以没有资金为由，长期拖延女儿病情，从未携女就医，最终导致女儿病情严重，奄奄

一息。

此时张三夫妇面临两种选择：要么花重金为女儿治病，要么继续拖延病情，等女儿去世后，领取保险公司给付的赔偿。

你觉得张三夫妇此时会作出哪种决定?

上述案例中，张三夫妇就面临明显的道德风险，因为3岁的被保险人兰兰年龄太小，没有民事行为能力，一旦面临死亡风险，无法掌握自己的命运，自己能否生存的决定权就掌握在其父母或者监护人手里，但她的父母又是自己人寿险赔偿金的受益人，所以挑战人性底线的“道德风险”就可能产生。

为了防止上述案例中极端情况的出现，保险法作出了如上第33条的规定。

综上所述，给未成年人投保人寿险，本身并不是爱孩子的表现，更像是爱自己。因为孩子或未成年人不承担家庭责任，所以也不需要有人寿险保障。

很多保险业务员都会忽悠客户说，趁你家孩子年龄还小，赶紧给孩子买一份终身人寿险，因为年龄越小越便宜……现在读者朋友知道了保险业务员的这种说法是错误的。另外，现在家庭收入普遍提高，买人寿险时选择的保障额度也普遍较高，基本上不会只买20万元的保障额度，尤其是孩子年龄小，费用低，很多家长都会为孩子投保80万元甚至100万元以上的保障额度。这种做法是非常错误的。首先，孩子没有收入来源，不承担家庭责任，无需为其投保以死亡为赔付条件的人寿保险；其次，若未成年的被保险人去世，无论保额多少，保险公司最多只赔20万元（有的保险公司甚至一分不赔）。所以最终造成保费花得多、保额享受得少的尴尬局面。

■ 知识链接

有些保险公司在开发人寿保险产品时，会对被保险人的年龄作一些限制，比如把被保险人的年龄范围限制在18到50岁之间，这样就可以避免普通家长因不懂人寿险投保目的而误为未成年人投保人寿险。

另外，也有些保险产品虽然没有对被保险人的年龄作具体限制，允许 18 岁以下的未成年人投保，但是会在保险合同中特意写明：如被保险人身故时未满 18 岁，则人寿险赔偿金额以 10 万元为限（或只退还累计所缴保费）。

比如，中国人寿保险公司的“国寿福满一生两全保险（分红型）”，这款保险对被保险人的年龄限制为：出生 28 天至 55 岁之间均可投保。但是该保险对身故时未满 18 岁的被保险人赔付情况作了明确说明：“被保险人于本合同生效之日起至年满十八周岁的年生效对应日前身故，本公司按本合同所缴保险费（不计利息）给付身故保险金，本合同终止。”意思是若被保险人 18 岁之前身故，则保险公司不给予额外赔偿，只退还所缴纳的保费，然后直接终止该保险合同。

既然无需为家庭中的未成年人投保人寿险，那么什么时候才需要给孩子投保人寿险呢？笔者认为，至少要等到孩子参加工作以后才需要，因为那时孩子已经开始赚钱，开始承担部分家庭责任了。不过那时孩子们也已经长大成人，为其投保人寿险的事情就交给他们自己去办吧，家长无需事事包办。

下面再扩展一下，如果这个家庭中还有一个成年人，但是该成年人因身体原因无法参加工作，我们有必要为他投保人寿险吗？

答案是：不需要。

因为此人虽是成年人，但他不能工作，无法为家庭创造任何财富，同时也不承担任何家庭经济责任，整个家庭的经济不会因为他的去世而受到影响，所以没必要为他投保人寿险。

1.2.2 为老年人买人寿保险是白花钱

下面来看这个家庭中两位老人的人寿险问题，分析一下这个家庭中的爷爷奶奶是否需要投保人寿险。

先看家庭中的爷爷。爷爷张长运是有收入的，每月退休金 1800 元。在此暂不考虑爷爷 67 岁的年龄是否可以投保人寿险，先从爷爷个人收入的角度来分析他是否有必要投保人寿险。

虽然爷爷每月有固定收入，但每月 1800 元的退休金并不是太多。同时因为爷爷年事已高，估计每月的开销也不会太少，除了衣食住行之外，还有各种医疗开销，比如吃个降压药，买点儿中老年补钙的保健品等，所以爷爷张长运每月 1800 元的退休金，估计正好满足自己的各种开销，不会有太多结余。总体来说，爷爷张长运每月的收入正好可以自给自足。

在这个六口之家中，如果爷爷张长运突然去世，不会给整个家庭的经济造成不利影响。尽管该家庭的总收入因爷爷的去世而每月减少了 1800 元，但是也省去了每月 1800 元的支出，因为张长运创造的收入只够自己开销。爷爷张长运**不承担抚养家庭其他成员的责任，所以也没必要考虑为他投保人寿险**，具体原因和两个孩子没必要投保人寿险是一样的。

下面再看奶奶王桂琴的具体情况，看她是否有必要投保人寿险。

奶奶王桂琴是个退休医生，每月有 4000 元的退休金收入，而且月月都有结余，很明显，奶奶是可以为家庭创造财富的。假如奶奶王桂琴每月开销 1500 元，结余 2500 元，那么结余的部分肯定就是为家庭经济作贡献了，因此奶奶王桂琴承担了部分家庭经济责任，同时还担负着抚养他人的责任。

假如奶奶因故去世，对整个家庭的经济收入会造成一定损失，相当于该家庭每月减少了 2500 元的纯收入。面对这种情况，是否需要给奶奶投保人寿险呢？

此时需要具体情况具体分析，还应考虑奶奶王桂琴的实际年龄因素。奶奶已经 62 岁，大部分保险公司的人寿险产品对被保险人的年龄都有明确限制，一旦被保险人超过 55 岁或者 60 岁，就无法投保。即使个别保险公司的人寿险产品接受 60 岁以上的高龄老年人投保，其每年缴纳的保费也是非常贵的。如果真要投保这种人寿险，估计奶奶每月为家庭创造的 2500 元收入结余都不够缴纳保费。

综合被保险人王桂琴的收入和年龄两方面因素，这个家庭中的奶奶也不再适合投保人寿险。

说到奶奶王桂琴的情况时，下面再来扩展一下。

假如奶奶王桂琴不是一名普通的退休医生，而是一位全国知名的老中医，医术高超，远近闻名，虽然已经 62 岁了，却退而不休，经常有全国各地的病人来找奶奶看病，奶奶业余出诊获得的诊疗费高达每月 5 万元。如果是这种情况，那就一定要给奶奶王桂琴投保一份高额人寿险了。

在这种情况下，虽然奶奶年龄比较大，为她投保人寿险需要支付高昂的保费，但也是非常值得和必要的。因为奶奶为家庭创造的收入是全家最多的，其业余出诊赚得的收入也是该家庭的主要收入来源。一旦奶奶去世，全家立刻减少了每月 5 万元的收入，整个家庭经济会受到严重影响，家庭生活质量也会大打折扣。

因此，尽管奶奶已经 62 岁，也有必要花重金为老中医奶奶投保一份额度较高的人寿险，因为奶奶为家庭创造了大量收入，承担了绝大部分的家庭经济责任。

1.2.3 家里的“顶梁柱”和“印钞机”最需要人寿险

在这个六口之家中，爸爸张志刚今年37岁，是公司中层管理人员，每月工资税后到账金额约12000元，年底还有奖金和分红。爸爸的收入主要负责家庭的各种大额开销、子女教育、月供房贷等。

在整个家庭中，目前爸爸张志刚的收入最高，家庭大部分财富都由他创造，因此他是整个家庭的“印钞机”，承担着主要的养家糊口的责任，可谓担子重、责任大，是这个家庭的“顶梁柱”。

通过前面内容的讲解，大家都明白了，如果这个家庭中的孩子去世，家庭里的其他人除了伤心悲痛之外，经济上并不会受到实际的影响，家庭经济生活也不会因此落入窘迫境地。

如果是爷爷或者奶奶因故去世，家里的其他人除了伤心悲痛之外，也不会因此损失太多的家庭收入，整个家庭的经济情况和生活水平还是有一定保障的，不会造成太大的经济影响。

但是，如果这个家庭中的爸爸张志刚因故去世，除了给家人带来悲痛外，整个家庭的经济状况将受到致命的打击。

张志刚去世后，家人除了伤心悲痛之外，还要面临家庭收入锐减的现实，最直接的后果是：这个家庭再没有人能赚钱了，每个月减少了12000元的家庭收入，房屋贷款还不起了，孩子的教育费用无法支付，甚至整个家庭的衣食住行都面临困境。

现在就要思考，怎样才能降低爸爸张志刚去世对家庭经济带来的影响，唯一的解决办法就是为张志刚投保人寿险。

当这个家庭中的“印钞机”和“顶梁柱”张志刚有了足够的人寿保险，整体情况就会有很大的改善。如果张志刚没有任何意外，平安生存，那么他可以正常上班赚钱，养家糊口；万一张志刚因故去世，不能再为家庭作贡献了，此时保险公司就会出面，给这个家庭赔付一笔款项，补充完成爸爸对这个家庭的责任。家庭中的其他成员可以利用保险公司赔付的这笔钱继续生活，维持现有的生活质量，度过这个难关，最大程度降低“顶梁柱”去世给家庭造成的经济打击。

通过对家庭中爸爸张志刚的情况分析，读者就会明白，**在家庭中，首先应该给收入最高、承担家庭责任最重的人投保人寿险。通俗地说，就是应该先给家庭的“顶梁柱”和“印钞机”投保人寿险。**

如果站在爸爸张志刚的角度审视人寿险，就能发现人寿险是一个非常伟大、无私的保险。

在传统的中国家庭中，给谁买保险，买什么样的险种，这种事情的决策者一般都是家里的当家人，又因为大部分家庭的一家之主都是收入最高的爸爸，所以，在中国家庭中，人寿险**一般都是家里的“顶梁柱”为自己投保。**

家里的“顶梁柱”给自己投保人寿险，本身是一种非常无私的行为，是一种非常负责任的表现，是对家人爱的体现。站在这位“顶梁柱”的角度思考问题，他在为自己投保人寿险时，心里肯定有如下想法：**我活着的时候要努力工作，多多赚钱，让我的老婆孩子过上好日子；万一我死了，他们还可以用我的人寿险赔付款继续生活，绝对不能因为我的死亡，让我心爱的家人受到经济上的打击。**这是一个负责任的爸爸对家人无私的爱，是大爱！

下面再来看这个家庭中的妈妈，是否也该投保一份人寿险呢？

这个家庭中的妈妈李晓玲，今年 34 岁，生孩子之前从事财务工作，现在是全职妈妈。

首先，要看妈妈李晓玲是否为这个家庭创造收入或者作出贡献。可以假设一下，万一这个家庭中的妈妈去世，会给这个家庭带来哪些影响？

目前李晓玲的主要任务是照顾和教育两个孩子，同时还要照顾老人，打理丈夫的起居等，这些都是对家庭的贡献，只不过这些贡献是由劳动体现的，而不是通过为家庭创造收入的形式体现。如果这个家庭里的妈妈李晓玲因故去世，这些工作就会落到爷爷奶奶身上。若爷爷奶奶因为年事已高，无法胜任，就需要请保姆或者家教了。请保姆是要花钱的，按照目前的市场行情，二线城市的住家保姆，每月工资不会低于5000块钱，这还不包含家教辅导。所以，尽管妈妈李晓玲没有直接为家庭创造现金收入，却通过自身的劳动价值间接地为家庭作出了很多隐形贡献，因此李晓玲本身就是有一定价值的，同时也承担了一部分家庭责任。

除此之外，还有一个因素需要考虑：如果几年以后两个孩子都上学了，妈妈李晓玲就无需在家全职照顾孩子了，那时她就可以重新找一份工作，实现自己的职业价值，为家庭创造真金白银的工资收入。由于妈妈李晓玲之前是专业财务人员，如今在做全职妈妈之余，也在备考注册会计师等专业资质，相信日后重新踏上工作岗位，她的收入也不会很低。从长远来看，妈妈李晓玲为家庭创造的财富和承担的家庭责任是不可忽视的。

通过对以上各种因素的考虑，完全可以为这个家庭中的全职妈妈也投保一份人寿险。不过，相对于“顶梁柱”爸爸而言，在给妈妈投保人寿险时，可以适当降低保障额度。那么具体投保多少保额才合适，保额应该怎么计算，这一点将在下节内容中详细讲解。

分析完全职妈妈李晓玲的情况后，下面也适当扩展一下。

假如这个家庭中的妈妈李晓玲不是家庭主妇，而是一个高级白领，每月税后的工资收入约14000元，比丈夫还高一点儿。也就是说，这个家庭中，夫妻二人的收入都很高，都承担着重要的家庭责任，夫妻二人都是家庭的“顶梁柱”和“印钞机”。很明显，如果在一个家庭中有两个或以上的“顶梁柱”存在，则这个家庭的经济结构非常稳健，抗风险能力也会大大增强。这种夫妻二人都是高收入的结构，称为“双顶梁柱家庭经济结构”。

这种情况下，夫妻二人应该怎样规划人寿险呢？此时为他们夫妻二人规划人寿险的思路有两种。

第一种思路：可以为夫妻二人都投保人寿险，因为两人都有较高的收入，都承担相应的家庭责任，对家庭收入的贡献都不可或缺，其年龄也都符合人寿险的投保要求。为两人各自投保人寿险的思路与前文中对张志刚的投保分析一致，不再赘述。

第二种思路：在给出第二个规划思路时，先回顾一下投保人寿险的目的是什么：是防止被保险人去世以后，其他家庭成员因收入来源中断，导致家庭经济和生活受到严重影响。该案例中，他们夫妻二人各自都有较高的工资收入，是典型的“双顶梁柱家庭经济结构”，理论上来说，在这样的家庭中，无论夫妻二人哪一位去世，生存的另一方收入都足以支撑整个家庭的开销，不会因为其中一人去世导致整个家庭收入中断。最差的情况也就是导致生活质量有所降低，但维持正常的家庭运转是没有问题的。因为“双顶梁柱家庭经济结构”的稳定性强，抗风险能力也很强，整个家庭的经济结构非常稳固。

因此，第二种投保思路就是夫妻二人都不投保人寿险，因为他们二人的收入都很高，整个家庭中无论少了谁，都不会对家庭经济造成致命打击。这种情况下，即便他们二人都没有人寿险，也不会使整个家庭有太大的风险。除非出现特别极端的情况：夫妻二人同时去世。

当然，第二种投保思路只是为了让读者更深入地了解人寿险的作用和原理，在实际投保或做家庭保险规划时，遇到这种“双顶梁柱家庭经济结构”的家庭，建议大家给家庭中的每位“顶梁柱”都投保人寿险，这样才能强上加强，让家庭经济结构变得更稳固。

上面把这个家庭中的六口人逐个分析了一遍，通过分析可以知道，这个家庭中最需要投保人寿险的是爸爸张志刚，其次是妈妈李晓玲。至于两个孩子和年迈的爷爷奶奶，则没必要为其投保人寿险。

到此，针对人寿险的投保对象就讲完了，各位读者可以参照本章内容，分析一下自己的家庭结构，看看在自己的小家庭中最需要投保人寿险的人是谁。

在制定人寿险投保计划过程中，当确定了正确的被保险人以后，就需要考虑下一个问题：投保多少金额才合适？从下节内容开始，就手把手教大家计算人寿险的保障额度。

■ 小 结

家庭成员中，谁对家庭经济贡献大，就该给谁投保人寿险；

给自己投保人寿险不是爱自己，而是爱家人；

首先要给家庭中的“顶梁柱”和“印钞机”投保人寿险；

不需要给无收入的老人、孩子投保人寿险。

1.3　人寿险保额选多少

1.3.1　高额人寿险，想说爱你不容易

通过前面内容的讲解，大家已经知道为什么要投保人寿险，以及在家庭中最该给谁投保人寿险。

但只知道这些还远远不够，在人寿险的实际投保过程中，还有很多问题需要一一解决：比如投保金额选多少，投保期限选择多少年，选择哪种人寿保险类型，等等。

这一小节就重点讲解怎样确定人寿险的投保金额。

在讲解人寿险保额确定方法之前，请读者朋友先回顾以下几个问题，以明确人寿险投保额度的规划思路。

什么是人寿险？

为什么要投保人寿险？

应该给谁投保人寿险？

投保人寿险以后，什么情况下可以获得赔付？能赔多少钱？

人寿险首先要给家庭中的“顶梁柱”投保，那么具体投保多少保额才合适呢？

我们已经了解，人寿险保障的是家庭经济命脉，是家庭“顶梁柱”所承担的责任。人寿险保障额度的高低，既能反映出被保险人承担的家庭责任大小，也反映出被保险人的价值高低。

各个家庭收入不同，家庭成员结构不同，导致“顶梁柱”承担的责任也不一样。所以给不同家庭的“顶梁柱”投保人寿险，保额也是有区别的，不

能一概而论。

这就需要总结出一套方法，用这套方法能够具体计算出每个家庭“顶梁柱”分别承担了多少家庭责任，应该投保多少人寿险保额，同时还要把这套计算方法尽量细化，把算出的结果进一步量化，以便各个家庭都能用此方法快速计算出应该投保的人寿险额度。

之所以要详细且具体地计算出人寿险的保障额度，主要原因是人寿险保障额度的高低和所缴保费的多少紧密相关。

在人寿险的实际投保过程中，很多家庭希望给“顶梁柱”投保的人寿险额度越高越好。人寿险是被保险人死后才赔偿给受益人的一种保险，一旦家庭的被保险人不幸去世，他的家人肯定希望拿到保险公司更多的赔偿款，以便弥补家庭“顶梁柱”去世、家庭收入中断带来的经济困境。在购买人寿险时选择的**保障额度越高，被保险人去世后，其受益人获得的赔付金额也就越高，同时所需缴纳的保费也就越贵**。但是，当保费贵到一定程度时，我们就买不起这份保险了。有时候尽管能买得起某份保额较高、保费较贵的人寿险，但是每年保费的开支如果超过“家庭收入的 10%”这条红线，也是不合理的，**所以我们要在保额和保费之间寻找一个平衡点**。

下面通过实际案例，直接感受一下人寿险保障额度和保费之间的关系。

表 1-1 不同保障额度对应的保费

阳光随 E 保定期寿险		
被保险人年龄	27 岁	27 岁
被保险人性别	男	男
保障期限	30 年	30 年
缴费年限	20 年	20 年
保障额度	10 万元	50 万元
保费	360 元 / 年	1800 元 / 年

通过表 1-1 可以看出，在其他数据不变的情况下，人寿险保障额度越高，投保人每年所需缴纳的保费也就越贵。如果贵到一定程度，我们就买不起这份保险了。有些读者可能会说，自己家庭的收入和存款都比较多，可以承受较高的保费，所以能比较任性地为“顶梁柱”投保超级高的人寿险保障额度。

其实，为自家“顶梁柱”投保高额人寿险并不是有钱就能办到的，因为保险公司在承保高额人寿险时会非常谨慎，也会对被保险人提出更多的额外限制和要求。总体来说，高额人寿险并非随随便便就能买到，而是“想说爱你不容易”。

绝大部分保险公司为了降低自身运营和赔偿的风险，对普通投保者的人寿险保障额度都是有上限规定的。有些保险产品对以死亡为赔付条件的人寿险限定了最高投保额度，其额度为 70 万元到 100 万元人民币不等，也有个别较为谨慎的保险公司或者人寿险产品，把普通投保者的最高保障额度限定为 50 万元。之所以作出如此限定，除了可以降低保险公司自身的运营风险外，还可以减少道德风险事件以及极端骗保事件的发生几率。

如果想为家中“顶梁柱”购买保额超过 100 万元的人寿险，也并非没有办法，一般来说有以下三个解决方案。

方法一，投保多份人寿险保单，享受叠加保障。

人寿险的投保是可以多份叠加的，不同的保险合同不会相互干扰和抵触。

■ 案　例

张三在 A 保险公司为自己投保了一份保额为 50 万元的人寿保险，保障期限 20 年。之后张三又在 B 保险公司为自己投保了一份保额为 80 万元的人寿保险，保障期限也是 20 年。5 年之后，张三因病医治无效去世，此时他的家人可以领取两家保险公司合计给付的 130 万元人寿险赔偿款。

但是，这种为同一个被保险人投保多份人寿险，以期获取更高保障额度的办法，有时候也会受到保险公司的限制，有些保险公司会在《投保告知书》中问及下列问题。

阳光保险公司“阳光人寿精选定期寿险”投保告知书（摘录）

您（指被保险人）是否已有或正在申请除本公司以外的人寿保险，且保额累计超过200万元？

上述问题若被保险人回答“是”，则可能会被该保险公司拒保。

保险公司之所以限制投保明显较高的寿险保障额度，原因是保险公司认为这种情况不正常，有可疑之处。保险公司会想，一个普通人为何要投保如此高额的人寿险，是不是知道自己已经患病，“命不久矣”？是不是有骗保的嫌疑？

当然，并非所有保险公司对人寿险最高累计保障额度都有限制，有的保险公司对此是放开的，只要投保者有足够的资金支付高额保费，就可以累计投保多份人寿险，使投保人获取更高的人寿险保障额度。

在实际投保人寿险的过程中，保险公司对被保险人的身体健康情况以及年收入金额尤为关注。有些保险公司规定，被保险人若要选择50万元以上的人寿险保障额度，需要提交体检报告或验证收入能力（或验证工作单位）。

此时，投保人就需要与保险公司协商或通过系统上传提交资料，比如提供能证明自己身体健康状况的医院体检报告，以及能证明自己收入较高的纳税证明或收入证明等，以便向保险公司证明：被保险人身体健康，收入较高，承担家庭责任重大，所以要给该被保险人投保较高的人寿险保障额度，以便在其去世之后家人能正常生活。

这种情况下，保险公司也许会允许其投保高额人寿保险，比如超过100万元或更高的保障额度。

■ 案 例 1

阳光保险公司的“阳光优选定期寿险”这款寿险产品中，如果被保险人选择的保障额度小于或等于100万元，可以直接投保，没有任何附加限制；如果被保险人选择的保障额度大于100万元，则需要上传体检报告。

阳光保险公司的用意是通过查看体检报告，验证被保险人的身体健康情况。只有拥有健康体魄的人，才能获得较高的人寿险保障额度。

■ 案 例 2

弘康人寿保险公司的“弘康大白定期寿险”这款产品中，如果被保险人选择的人寿险保障额度小于或等于50万元，可以直接投保，没有任何附加限制；如果选择的保障额度大于50万元，则需要通过验证被保险人工作邮箱的形式间接验证工作单位。只有工作单位在该保险公司圈定的知名企事业单位名单中，才允许投保50万元以上的人寿险保额。

弘康保险公司这样做的用意是，只有工作单位好、收入高且稳定的被保险人，才能投保较高的人寿险保障额度。因为在正常家庭中，收入越高的人承担的家庭责任也就越大，为高收入者投保较高保额的人寿险也是正确且合理的选择。

综上所述，若想叠加投保多份人寿险保单，以获取更高的保障额度，前提条件是必须能证明自己收入较高、担负的责任更大、具有较高的人寿险投保价值。

对于普通家庭的“顶梁柱”，通过该方法基本可以满足正常的人寿险投保需求。针对一些收入和职位明显高于普通人的土豪级投保者而言，重复投保多份人寿险也无法达到理想的人寿险保障额度，此时就需要用第二种方法获取高额人寿保险了。

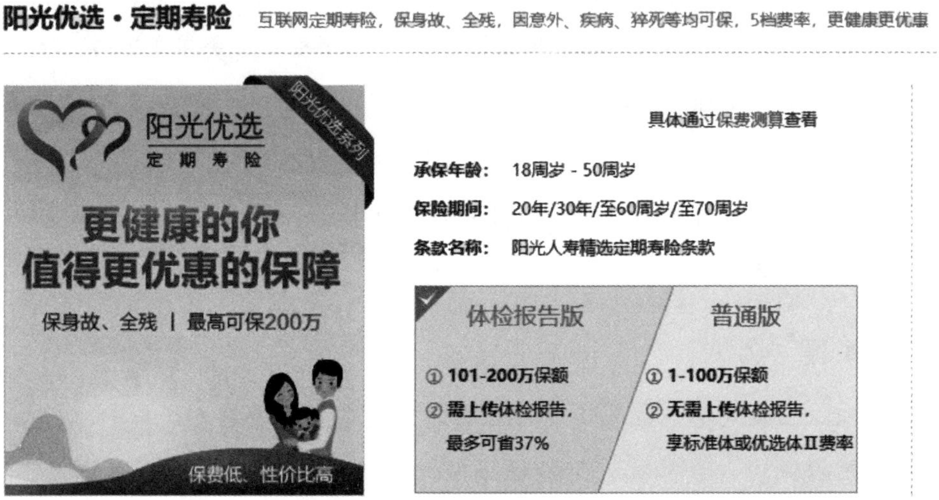

图 1–1

方法二，单独联系保险公司，量身定制超高保额人寿险。

使用此方法的前提是被保险人的收入能力过硬，比如一些企业主、上市公司老板等。这些土豪级的被保险人收入非常高，在承担家庭责任的同时，还承担一定的企业责任和社会责任；有的企业主不但要负责自己家庭的经济开销，甚至整个家族都仰仗他生活，可谓责任重大。他们也希望万一自己去世，家人能获得更高的赔付，以便维持现有的生活水平，所以这个人群投保高额人寿险的需求是很强烈的。

针对上述这种土豪级的企业主人群，正常人寿保险 100 万元或者 200 万元的保额是远远不能满足需求的。此时就需要单独联系保险公司，寻求量身定制高保额人寿保险产品，或单独修改已有人寿险合同，使其更符合个性化的需求。

人寿险的保障额度越高，需要缴纳的保费就越贵。这种为土豪人群量身定制的高额人寿险费用，也不是一般家庭能承受的。

2015 年 3 月 27 日，《东南日报》刊发过一篇新闻，报道了国内最高人寿险保单的赔付情况，从中可以看到高额保单对应的天价保费。

■ 案　例

《企业主意外身亡，家属获赔 1524 万余元》

莆田的张先生在外出时发生意外事故，经抢救无效死亡，留下了妻子、尚年幼的孩子和年迈的老人。其早前投保的保险此时发挥了作用，其家属获得理赔支票，赔偿金额高达 1524 万余元。

张先生生前是一家农产品生产加工企业的企业主，此次发生不幸，能够获得高达千万元的赔付，是因为其投保了多份高额保险。

“2008 年，张先生首次投保，买了一份保额 12 万元的万能险以及重大疾病保险，年缴保费是 6000 多元。”张先生的保险代理人在接受采访时说。张先生事业发展得越来越好，这样的保障水平已经不足以匹配其经济能力，再加上他经常出差，增加了风险几率，因此几年后，张先生陆续进行了多次加保。

“2011 年 6 月，张先生投保了一份终身寿险和附加意外险，两者的保额分别为 55 万元和 650 万元。同年 8 月，张先生又再次加保，再度投保终身寿险、重大疾病保险和附加意外险，三者保额分别为 105 万元、60 万元和 700 万元。”据这位保险代理人介绍，截至该起理赔案发前，张先生累计缴纳保费已达 34 万余元。

从上述案例可以看出，企业主张先生为了投保 1500 多万元的高额人寿保单，三年累计缴纳了 34 万余元的保费，相信这个费用一般家庭是无法承受的。从上述新闻报道中可以看出，张先生获得的1500多万元赔付中，还有很大一部分是意外险赔付（投保意外险的费用较低，后文会有提及），所以其保费已经有所降低。如果所有保险均是人寿险，那么其缴纳的保费会更高。

综上，高额人寿险费用很贵，并不是想买就能买的，而是“想说爱你不容易”。

普通家庭投保者在为“顶梁柱”投保人寿险时，其**保障额度并非越高越好，而是合适就好**。在确定“顶梁柱”的人寿险保障额度时，既要考虑自家“顶梁柱”的收入和对家庭经济的贡献，又要考虑“顶梁柱”所承担的家庭责任大小，同时还要充分考虑全家保险费用支出是否控制在家庭年收入10%的红线之内。只有合理把控保费和保额两方面因素，才能为家庭“顶梁柱”设计出合理的人寿险保障额度。

1.3.2 确定人寿险保额的三种算法

人寿险的保障额度并非“越高越好”，而是“合适才好”。那么具体投保多少额度才算是合适呢？这就需要具体计算。

下面总结了三种计算人寿险保障额度的方法，分别是土豪算法、常规算法和精算法。前两种方法是目前比较常见的，也是保险业务员较为常用的方法，最后一种精算法是笔者自创的。

用这几种方法，都可以计算出每个家庭“顶梁柱”应该投保多少人寿险保额，但笔者独创的精算法还可以把被保险人承担的家庭责任细化和量化，把“顶梁柱”的人寿险保障额度计算得更准确，既不虚高保额，也不浪费保费，把所有保费都花在刀刃上，使人寿险投保性价比做到最高。

下面依次介绍这三种计算人寿险保障额度的方法。

土豪算法

土豪算法是根据“被保险人值多少钱就投保多少保额”的思路计算的。

下面以虚拟家庭中的爸爸张志刚为例，使用土豪算法计算张志刚应该选择多少人寿险保障额度，同时向读者演示该算法的使用方法和计算过程。

张志刚今年37岁，平均年收入约18万元。若张志刚今后未发生任何意外，一直平安生存并工作至60岁退休，他还可以再工作23年。即使这23年间他的工资不上涨，总计也可以为家庭创造18×23=414万元的工资收入。

通过上述计算，可以简单得出结论：现年37岁的张志刚至少“值”414万元，所以给他投保人寿险的时候，其保额就定为414万元。

上述方法就是“土豪算法”的计算思路，具体解释如下。

如果张志刚平安生存到退休年龄，他至少还可以再为家庭创造414万元的收入，这体现了被保险人的“价值”。万一被保险人张志刚因故去世，他的家庭相当于减少和损失了414万元的收入。为了弥补这414万元的损失，所以为其投保额度为414万元的人寿险，用来对冲有可能发生的风险。

这种算法的思路是正确的，缺点是按照“土豪算法”计算出来的人寿险保费非常高。以张志刚为例，如果真的按照414万元的标准投保人寿险，其每年需缴纳的保费普通家庭是无法承受的，估计只有土豪才能买得起这种高额保险。

表1-2 高额人寿险保费预估测试

华贵守护E家定期寿险	
被保险人年龄	37岁
被保险人性别	男
保障期限	至60岁
缴费年限	10年
保障额度	100万元
保费	5220元/年

表1-2是以张志刚的年龄和性别计算出的国内某款定期人寿险的投保费用，投保期限至60岁退休年龄。当保额为100万元时，每年需缴纳的保费达5220元。如果其他数据保持不变，把保障额度增加到414万元（相当于

把保额调高了 4.86 倍），按照同比例保费推算，每年需要缴纳的保费高达 21610.8 元（5220×4.86=21610.8）。

且不说保险公司是否允许张志刚投保高达 414 万元的人寿险，仅仅每年 2 万多元的保费，就让人难以承受。

按照土豪算法计算出的保障额度，虽然道理上可以讲得通，但是实际保额太高，一般家庭基本无法实现，同时缴纳的保费也会超过普通家庭年收入 10% 的红线。因此，土豪算法看上去很美，但不适合普通家庭做人寿险规划使用，收入较高的土豪倒是可以适当采用此方法。

常规算法

除了土豪算法,还有一个比较常见的计算人寿险投保额度的方法,称为“常规算法”。

因为土豪算法计算的被保险人的“价值”，是从当前年龄到退休年龄为家庭创造的收入总和，如果被保险人的年收入较高或较年轻，使用该算法计算出的人寿险投保金额非常高，导致普通家庭买不起。同时，投保如此高的人寿险也是不切实际的，甚至有时会给被保险人带来道德风险。

常规算法就是为了弥补土豪算法的不足，在其基础上衍变出的一种折中算法，也是大部分保险业务员在推荐产品时经常使用的一种方法。

常规算法在确定被保险人的“价值”时，不是从当前年龄一直计算到退休年龄，而是只估算被保险人未来 5 到 10 年内可能为家庭创造的收入总和，以此作为人寿险的保障金额。

简单地说，**常规算法就是把被保险人年收入的 5 到 10 倍作为人寿险的投保金额**。如果被保险人或者投保人想适当投保更高的人寿险保障额度，同时在保费支出方面的预算较为充裕，则可以选择被保险人年收入的 10 倍作为其人寿险保障金额，否则可以按照下限即年收入的 5 倍确定保额。

表 1-3 还是以爸爸张志刚为例，使用常规算法，分别按照年收入的 5 倍

和 10 倍计算出对应的人寿险投保费用。可以看出，无论选择年收入的 5 倍还是 10 倍作为人寿险保障额度，每年支付的保费都是这个家庭能够承受的，不会带来较大的保费支出压力。同时，张志刚自己投保人寿险每年支出的保费远远低于家庭年收入的 10%，剩余的支出空间还可以为自己投保其他类型的保险，或者为家庭其他重要成员规划相应的保险。

表 1-3　人寿险保费常规算法结果对比

华贵守护 E 家定期寿险		
被保险人年龄	37 岁	37 岁
被保险人性别	男	男
保障期限	至 60 岁	至 60 岁
缴费年限	10 年	10 年
保障额度	90 万元（年收入 5 倍）	180 万元（年收入 10 倍）
保费	4698 元 / 年	约 9396 元 / 年（等比例估算）

总体来说，常规算法更适合中产家庭，在控制保费支出不超越红线的同时，还能为家庭带来比较完善的人寿险保障，同时常规算法的计算方法也较容易掌握。

当然，常规算法也有不足之处。较土豪算法而言，虽然常规算法大幅降低了人寿险保障额度，减少了保费支出，并给出了 5 到 10 倍这个可以调整、选择的区间，但是常规算法是用估算方式计算出被保险人在未来 5 到 10 年内可能为家庭创造的收入，并将其间接转换为被保险人所承担的家庭责任。很显然，这种一刀切的方式不一定适合每个家庭，因为每个家庭或者被保险人的情况都不一样，使用这种一刀切的方法计算人寿险保障额度，会导致众口难调。

精算法

除了土豪算法和常规算法之外，精算法是笔者根据人寿保险的投保目的和意义独创的一套方法，它是一个因人而异、因家庭而异的计算方法，可以根据不同被保险人承担的具体家庭责任，计算出真正适合自己的人寿险保障金额。

精算法更适合普通工薪家庭，因为它在大幅降低保费支出的同时，还能覆盖被保险人承担的主要家庭责任。也就是说，家里的“顶梁柱”承担多少责任，就投保多少额度，不会因保障额度虚高导致多花冤枉钱。同时精算法也比较适合中国国情。目前我国民众对保险的认可程度还有待提高，大部分家庭既需要保险，又不想在保险上花太多钱，始终秉持保险“够用即可”的观念，因此笔者推荐普通工薪家庭尽量使用精算法为家庭“顶梁柱”确定人寿险保障额度。

土豪算法的投保思路是“被保险人值多少钱，就为其投保多少钱”，体现的是被保险人的价值。精算法的投保思路与此完全不同，精算法是计算出“万一被保险人去世，后期他的家人最少需要多少钱才能继续生活下去”，就为其投保多少钱，体现的是被保险人承担的家庭责任。

下面以爸爸张志刚为例，通过实操案例演示的方式为大家介绍精算法的计算过程。

第一步，确定张志刚具体承担多少家庭责任。

虽然被保险人张志刚每月税后工资是12000元，收入较多，价值较高，但他的家庭并非每月都会把这些工资全部花完，只有真正用在家庭开销方面的金额，才能换算成张志刚承担的具体责任。

简单地说，张志刚每月赚取的12000元收入，该金额体现了他的“价值”。假如张志刚每月花在家庭各项支出的钱是7000元，则7000元是他承担的具体家庭“责任”。

投保人寿险的原始目的是为了防止“顶梁柱”去世后，导致家庭收入中断，家庭其他成员生活无以为继。此时我们只需要计算一下，假如“顶梁柱”张志刚不幸去世，这个家庭每月或每年需要多少钱才能维持最基本的生活。因为张志刚是该家庭中主要的收入创造者，家庭的基础开销也就是张志刚所承担的最低限度的家庭责任。

下面列出这个家庭中爸爸张志刚承担的常规责任（家庭支出）。

1. 承担家庭基础生活开销（衣食住行、水电燃气等费用）；

2. 负责家庭中无收入成员的各项开销（孩子教育费用、老人赡养费用）；

3. 每月固定支出（房贷、车贷、保险费用等）；

4. 偿还家庭债务（银行欠款、亲友债务等）；

5. 其他（因具体家庭而异）。

第二步，具体计算出以上责任对应的金额。

这一步骤需要读者根据自己家庭的日常开支金额，详细计算出每一项对应的开销金额并做出统计表格，然后将被保险人具体承担的家庭开销金额累计相加得出最终的数据，最终算出的金额就是“顶梁柱”承担的最基础的家庭责任金额。

表 1-4 是这个虚拟家庭计算出的量化责任金额，供参考。

表 1-4 张志刚承担的家庭责任（支出）

支出	金额
承担家庭基础生活开销（衣食住行、水电燃气等费用）	1500 元 / 月
抚养家庭无收入的成员（孩子教育费用、老人赡养费用）	2000 元 / 月
每月固定支出（房贷、保险费用等）	3600 元 / 月
偿还家庭债务（未还完的房贷、银行欠款、亲友债务等）	共计 28 万元
其他（因具体家庭而异）	无
总计：目前每年常规支出（1500+2000+3600）× 12 月 =85200 元 预计以后需要支付金额：28 万元	

表 1-4 是按照该家庭最低生活水平计算，也就是万一“顶梁柱”去世，这个家庭最少需要多少钱才能维持最基本的生活需求，因此不包含各种娱乐之类的费用，因为这些不是必须的。

通过表 1-4 中的数据，可以计算出被保险人在未来 N 年承担的家庭责任。

例如，被保险人去世以后，至少需要多少钱才能满足这个家庭5年的生活开销所需呢？答案是70.6万，即8.52×5+28=70.6万元。

那么满足10年生活所需需要花费多少钱？计算结果是8.52×10+28=113.2万元。

在实际保险规划过程中，应该计算未来多少年承担的家庭责任呢？也就是要把N设为几？这个问题要根据自身家庭情况而定。这里以张志刚家庭为例作简单分析，其分析思路供大家参考。

针对张志刚家的实际情况，万一张志刚因故去世，确实会在短期内对家庭经济造成较大影响，因为张志刚的工资收入是该家庭主要的经济来源，他去世后该收入就会中断。但是这个家庭中的妈妈李晓玲也是有潜在收入能力的，虽然目前李晓玲是全职妈妈，没有工资收入，但再过四五年，两个孩子上学后，妈妈李晓玲就可以重新参加工作，以自己在财务方面的专业技能，谋取一个月薪8000元以上的工作是没问题的。那时，李晓玲每月赚取的工资收入，就可以基本满足该家庭的日常开销。

针对张志刚、李晓玲家庭而言，在确定张志刚的人寿险保额时，只需要把N设为5年就可以。因为李晓玲有信心在丈夫去世的5年内接过家庭顶梁柱的重任，实现从全职妈妈到家庭新“顶梁柱”的角色转换。

通过上述分析，在为张志刚计算最低责任金额时，可以把N确定为5年。当然，如果张志刚家希望适当提高人寿险保障额度，以最大程度地提高被保险人去世后的家庭生活质量，也可以把N的数值适当调高，比如设为10或15，具体根据自身家庭情况酌情而定。

总之，N值越小，最终计算出的责任金额越低，投保金额也就越少，保费也越便宜。

现在把上述“家庭N年内的最低需求金额”暂定为“A金额”。

有些读者会认为，既然已经计算出未来N年内这个家庭所需要的最低生活费用（A金额），此时只需要以“A金额”作为张志刚的人寿险保额就可以了。万一张志刚去世，如果希望保险公司赔付的金额维持该家庭5年的基本开销，就为张志刚按照70.6万元的额度投保人寿险；如果定位为10年的基本开销，就投保113万元。其他年限的计算方式以此类推，精算法到此就结束了。

其实，上述做法是不严谨、不科学的。因为在使用精算法确定人寿险保障额度的时候，除了考虑被保险人承担的家庭责任以外，还需要充分考虑被保险人家庭责任的缓解和补充资金。这句话的意思是，被保险人去世以后，虽然家庭主要收入中断，但是还要盘算一下此后家庭还有没有其他资金或者经济来源可以弥补相应的损失。如果有，需要在确定投保人寿险额度时把相应的资金减掉，以便进一步降低人寿险保障额度，进而减少保费支出。

第三步，扣除被保险人家庭责任的缓解和补充金额。

我们需要考虑被保险人去世以后，除了保险公司赔付的赔偿金之外，还有没有其他收入或者积蓄可供家庭生活使用，并将其一一列出。

下面还是以这个家庭中的爸爸张志刚为例，分析一下他的家庭责任缓解和补充金额。

1. 因为张志刚在公司位居中层领导岗位，公司鉴于张志刚长期以来对公司作出的重要贡献以及公司传统和内部规定，若张志刚在职期间去世，公司会给其家人发放一笔10万元的抚恤金；

2. 张志刚本人有收藏古钱币的爱好，其收藏的古钱币价值8万元左右，万一张志刚去世，家庭生活陷入窘迫，其家人可以将这批古钱币变卖；

3. 因张志刚工资收入较高，该家庭消费合理，每年均有结余，因此拥有家庭存款20万元；

4. 还要考虑该家庭其他家庭成员的收入能力或潜在收入能力对家庭生活开销的补充。

5. 如果该家庭还有外债没有收回，也需一并考虑进去（债权人权利）。

以上这些钱都可以在张志刚去世以后作为家庭各项开支的补充。

表 1–5 张志刚家庭开销的缓解和补充金额统计

项目	金额
公司为张志刚家发放的抚恤金	10 万元
张志刚家可以变现的资产	8 万元
家庭储蓄、投资等资金	20 万元
家庭其他成员的收入补充	3000 元 / 月
待收回外债	无
合计：约 38 万元	

现在，把表 1–5 中统计出的家庭开销缓解和补充金额定义为“B 金额”。

至此，张志刚在家庭中承担的开销责任，以及家庭拥有的潜在缓解和补充金额都已明确。

现在就可以明确计算出万一张志刚去世，他的家庭至少需要多少钱才能满足一定年限的生活开支。

计算方法很简单，只需要将被“保险人承担的家庭责任金额”减去“潜在的家庭责任缓解和补充金额”即可，也就是上文提及的“A 金额”减去“B 金额”。

假如这个家庭中的“顶梁柱”张志刚不幸去世，我们希望保险公司赔付的补偿款能够维持该家庭继续生活 5 年，那么就用如下方式为张志刚计算人寿险投保额度。

未来 5 年张志刚担负的基础家庭责任金额：8.52 × 5+28=70.6 万元

该家庭可获得的家庭责任缓解和补充金额：38 万元

最终人寿险投保金额：70.6–38=32.6 万元

以上就是精算法的计算过程。由此可以看出，使用精算法详细计算之后，若想保证“顶梁柱”去世以后该家庭还能利用赔付款生活 5 年，最低需要为被保险人投保 32 万元的人寿险。因为投保额度较土豪算法和常规算法算出的结果明显减少，所以每年支付的保费也会大为降低。由此可以看出，相对于土豪算法和常规算法而言，精算法更适合普通工薪家庭，适合不想在保险方面有过多支出的家庭。

精算法的目的是在确保保障额度够用的前提下，尽量减少保费支出。另外，**通过精算法算出的投保额度，已经是最低的人寿险投保标准，不能再低了，否则就无法覆盖基础的家庭保障需求。**

最后，读者应该明白，使用精算法计算出来的保额，只能在被保险人去世后使家庭维持最基本的生活，因为获得的赔付款只能满足最基础的生活保障需求，家庭生活质量肯定会有所下降。但正是因为有了最低限度的人寿险保障，才不会让普通家庭因为“顶梁柱”离世而陷入困境。

表 1–6 精算法投保费用

华贵守护 E 家定期寿险	
被保险人年龄	37 岁
被保险人性别	男
保障期限	至 60 岁
缴费年限	10 年
保障额度	30 万元
保费	1566 元 / 年

■ 小树寄语

为什么要用精算法一笔一笔地计算出家庭的最低保障需求和投保额度呢？主要是因为大部分普通家庭都没有太多的富余金钱，或者在保险方面不想有过多的支出。

本书主要针对普通家庭，作为普通老百姓，既想降低保费支出，又想让保险起到真正的保障作用，这样就需要精打细算，力求找到人寿险保额和保费的平衡点。

万一家庭“顶梁柱”去世，没人继续为家里赚钱了，生活质量肯定会大打折扣。但正是因为有这份最基础的人寿险保单，所以家庭也不会因此而垮掉，至少还能维持最基础的生活水平。

普通家庭不指望通过保险赚钱，而是希望人寿险能在关键时刻助我们一臂之力，帮我们度过难关，这就是普通家庭投保人寿险的真正目的。

■ 小 结

确定人寿险保障额度的基本原则是“保额和责任对等”。被保险人承担的家庭责任越大，为家庭贡献的收入越多，就应该投保更高的人寿险保额。

确定人寿险保障额度的方法有三种，根据其特点不同，三种方法分别适用不同的家庭或被保险人。

土豪算法：保额充足，保费很贵——适合富人家庭；

常规算法：保额适当，保费居中——适合中产家庭；

精算法：保额够用，保费便宜——适合工薪家庭。

1.4　人寿险投保期限选多久

1.4.1　不懂保险的人才买终身人寿险

在实际投保人寿险时，除了确定保障额度之外，还有一个很关键的参数——保障时间。

在讲解如何确定人寿险保障时间的方法之前，先简单介绍一下常见的人寿险保障期限有哪些种类。

目前，人寿险保障期限一般分为三类：短期人寿险、定期人寿险、终身人寿险。

> 短期人寿险：一般指保障期限为 1 ～ 3 年的短期人寿险产品。
>
> 定期人寿险：一般指保障期限较长的人寿险产品，常见的保障期限为 5 年、10 年、20 年、30 年等；也有些产品会把保障期限限定为具体岁数，比如“保障至 60 岁”“保障至 70 岁”等。因为定期人寿险的保障期限一般较长，所以也被称为长期人寿险。
>
> 终身人寿险：是指可以一直保障到被保险人去世为止的人寿保险。

在投保人寿险时，选择的保障期限长短不同，会带来不同的结果。

1. 人寿险的投保期限越长，为被保险人家庭提供的保障覆盖时间越久；

2. 人寿险的投保期限越长，需要支付的保费越高；

3. 人寿险的投保期限越长，受益人获得保险赔付的几率越高。

假如给被保险人投保了一份保障期限为 1 年的人寿险，作为一个正常的、健康的人，在未来 1 年内死亡的风险是非常小的。若把投保期限定得太短，尽管节约了保费支出，却无法起到真正的保障作用，也无法实质性地提升家庭的抗风险能力。在投保人寿险时，应尽量避免选择保障期限仅为一两年的短期人寿险，而应适当选择保障时间长一些的定期人寿险产品。

下面以爸爸张志刚为例，通过为其投保两份保障期限不同的人寿险，看看保费支出的区别。

表 1–7 人寿保险保障时间和保费的变化对比

华贵守护 E 家定期寿险		
被保险人年龄	37 岁	37 岁
被保险人性别	男	男
保障金额	30 万元	30 万元
保障时间	10 年	30 年
缴费时间	10 年	10 年
保费	498 元 / 年	2652 元 / 年

从表 1–7 可以看出，在其他因素不变的情况下，人寿险的保障时间越长，每年缴纳的保费越高。

下面来看保障时间长短和人寿险受益人获赔几率的关系。

如果给家庭中的爸爸张志刚投保一份保障期限为 5 年的定期人寿险，今年 37 岁的张志刚正值鼎盛之年，体魄健壮，他在 5 年内去世的可能性很小，除非是因意外事故去世。所以，为其投保期限为 5 年的人寿险，其保险受益人获得赔付的几率是微乎其微的。

如果给他投保一份期限长达 50 年的人寿险保障，情况就完全不一样了。张志刚在未来 50 年内死亡的可能性很大，因为 50 年以后张志刚就 87 岁了，谁也无法保证张志刚在这漫长的 50 年中有没有意外，会不会得大病。即便他一生都平平安安，那么活到 87 岁的几率也不是太大，因为中国男性的平均寿命只有 73.6 岁。如果张志刚在长达 50 年的保险期限内去世，其受益人就可以拿到保险公司的赔款。因此，人寿保险的投保期限越长，受益人获得保险公司赔付的几率越高。

很明显，无论是从人寿险保障的覆盖时间段，还是从获得出险赔付的几率方面，我们都希望尽量延长人寿险的保障期限。但是投保期限越长，保费越高，这是一个绕不开的现实问题。此时又需要找到投保人寿险的第二个平衡点：保障时间和保费的平衡点。

绝大部分保险业务员在推荐人寿险产品时，都会极力推荐顾客选择“终身型人寿险”，理由非常简单：选择终身型人寿险，保费永远不会白缴，早晚有一天能拿到保险公司给付的赔偿款。因为人总有一天会死的，而投保终身型人寿险，可以一直保障到被保险人死亡为止，所以百分之百能拿到保险公司给付的赔偿款。

其实，上述保险业务员的观点和推销术语都是错误的，也是最能忽悠人的，因为他抓住了顾客的一个认识误区。

投保人寿险的正确目的，是防止家庭“顶梁柱”去世以后，家庭其他成员的生活无以为继。有些人认为，如果给家里的“顶梁柱”投保了一份为期20 年的人寿险，但是顶梁柱却平平安安地度过了这 20 年，没出现意外，也没有死亡，那么这20年的保费岂不白缴了？正因为大部分读者有这样的想法，所以保险业务员才会提出给“顶梁柱”投保终身型寿险的建议。投保终身型人寿险，保费永远不会白缴，早晚都能拿到保险公司的赔付款。

其实，选择终身型人寿险是不合适、不科学的，只有不懂保险的人才会选择终身型人寿险，因为它明显有违投保人寿险的初衷。具体原由请看下节内容。

1.4.2　确定人寿险投保期限的三个原则

前面提到，投保终身型人寿险是不合理的。为什么不合理？投保期限定为多长才合理？

想知道这些问题的正确答案，需要明白确定人寿险保障期限的三个原则。

原则一，人寿险保障期限要覆盖被保险人的主要创收年龄段。

我们知道，人寿险要给家庭中的“顶梁柱”，也就是给家庭中收入最高、对家庭经济贡献最大的人投保。

以本书虚拟的六口之家为例，首先应该给爸爸张志刚投保一份人寿险，因为他的工资收入是这个六口之家的主要经济来源，也是这个家庭中的“顶梁柱”和“印钞机”。

那么为爸爸张志刚投保人寿险时，需要选择多少年的保障期限呢？

这时就要考虑一个非常现实的问题：虽然目前张志刚是家庭的“顶梁柱”，是全家赚钱最多的人，但是他今后一直都是这个家庭的“顶梁柱”吗？这个“顶梁柱”他能做多长时间？

张志刚今年37岁，每月工资收入12000元，顺着张志刚理想的职业发展轨迹展开畅想，可以设想一下10年后的情况。

10年以后，47岁的张志刚应该正处于事业的巅峰时期，那时他估计已经升任公司的高层领导，所以每月的收入可能比现在更高。因此，10年后的张志刚仍然是这个家庭的“顶梁柱”和主要财富创造者。

那么20年乃至30年以后呢？

30年以后的张志刚已经67岁，那时候他已经退休多年，虽然有退休金收入，但肯定不再是家里收入最高的人了。30年后的张志刚，估计很像现在这个家庭中的爷爷张长运。也许那时已经67岁高龄的张志刚每月领取的退休金，只够维持他和老伴儿的日常开销，不再承担家庭的主要责任，因此也不再是这个家庭中的“顶梁柱”了。

通过以上分析，相信读者朋友都能明白，虽然37岁的张志刚现在是家庭的“顶梁柱”，但并不代表他始终都是。张志刚只有在能工作、赚钱多的年龄段才承担了相应的家庭重任，一旦收入减少或退休，就不再承担养家糊口的主要责任了。

因此，张志刚对家庭承担的责任是有时间或年龄限制的，限制时间的长短和他的主要创收年龄段紧密相关。

在实际生活中，张志刚和大部分工薪族一样，在 60 岁退休之前，始终可以为家庭创造财富，但退休后收入就会明显减少。随着退休后收入减少，其家庭“顶梁柱”的重任也即将终止，家庭的主要责任就转移给下一代了。

前面提到过，**不应该给小孩或者没有收入（或收入较低）的老年人投保人寿险，因为他们不承担养家糊口的主要责任。**

30 年后，张志刚早已变成一个收入较低且不承担家庭主要责任的老人，所以在给张志刚投保人寿险时，其人寿险的保障期限不应该超过他的预计退休年龄。张志刚今年 37 岁，如果 60 岁退休，理论上来说，为他选择的人寿险保障期限最好控制在 23 年之内（60-37=23），这才是最科学的人寿险保障期限确定方法。

为张志刚投保一份期限为 23 年的人寿险时，正好能覆盖他为家庭创造收入的主要年龄段。

这就是确定人寿险保障时间的第一个原则：**人寿险的保障期限要覆盖被保险人的主要创收年龄段。**

在实际投保过程中，目前市场上大部分人寿保险产品在选择保障期限时，都是只给出几个整数年限选项。比如，顾客可以选择保障期限为 10 年、20 年、30 年等，几乎无法选择 23 年、26 年等带有零头的保障期限，此时需要灵活变通，适当取舍，为家里的顶梁柱选择一个接近的保障时间期限即可。

当然，有些保险公司的人寿险产品设计得比较科学，在选择保障时间时既有 10 年、20 年、30 年等常见年限供投保者选择，也有“投保至 60 岁”“投保至 65 岁”等以常见退休年龄为目标年限的选择方式，这种年限设计是非常合理的。

这个家庭中爸爸张志刚的情况具有普遍性，大部分家庭都是以工薪收入为主，可以参考张志刚的案例，为自家“顶梁柱”确定合适的人寿险保障期限。

但是也有例外情况。比如一些企业主、个体老板等，他们的收入能力很强，能为家庭创造数量可观的财富，同时他们的工作年限并不一定遵循 60 岁退休的原则，个别精力旺盛的企业主可能会工作到 70 岁甚至更长时间。针对这类人群，要以实际情况为主，适当延长人寿险的保障时间。

原则二，被保险人收入越高的年龄段，人寿险保障额度也应该越高。

这个原则不仅涉及人寿险保障额度问题，也包含了投保期限的选择方法。该原则源于笔者独创的“分段投保”理念，也是笔者更愿意推荐的一种保险规划方式。

以爸爸张志刚为例，今年 37 岁，身处公司中层管理职位，是公司内部少有的既懂技术又懂管理的青年干部，也是公司内部公认的重点培养对象。

如果以 10 年为一个阶段，设想一下张志刚未来的职业发展路径和工资收入变化，可以画出下面这张年龄和工资收入走势图。

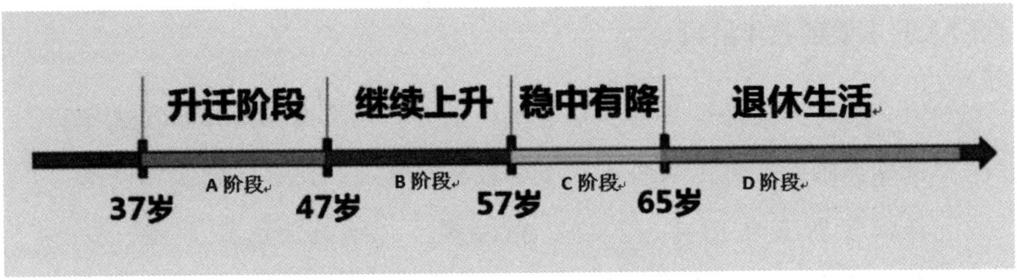

图 1-2 张志刚职业发展路径图

在张志刚 37 岁到 47 岁这个年龄段，他的职位和收入肯定是步步攀升的，因为这 10 年正处于他事业的黄金期，也是他精力最为旺盛的阶段。预计到 47 岁时，张志刚已经成为公司的高层领导。随着职位的升高，收入也会同步上升，张志刚的这 10 年我们称之为“升迁阶段”。

从 47 岁到 57 岁这 10 年间，如果一切顺利，张志刚会逐步进入公司的核心管理层，其收入也会随之进一步提高。这 10 年我们定义为“继续上升阶段”。

张志刚 57 岁进入公司核心管理层后，作为高层领导，其退休年龄推迟至 65 岁。此时他已经处于事业的顶峰，同时也没有继续上升的空间了。后期随着年龄的逐渐增长，核心管理层每年都有新人加入，张志刚的职位和收入在 57 岁到 65 岁的阶段也将出现稳中有降的趋势，并一直持续到 65 岁退休。这几年我们定义为“稳中有降阶段”。

以上就是对被保险人张志刚未来工作和收入的预测，现在我们就可以根据他在不同年龄段为家庭创造财富多寡的不同，为他拟定合适的人寿险保障期限和额度。

在张志刚 37 岁到 47 岁这 10 年间（A 阶段，升迁阶段），虽然他的收入是逐渐上升的，但整体收入还不是一生中最高的时候，其收入和 47 岁到 57 岁的年龄段（B 阶段，继续上升阶段）还有较大差别。因此 A 阶段我们给他投保的额度应该是居中的，不需太高。

张志刚 47 岁到 57 岁这 10 年（B 阶段，继续上升阶段），是他职业生涯中收入最高的 10 年。一旦晋升为高层领导职位，其收入会有明显上涨，随之也为家庭创造了更多的财富，承担了更多的家庭责任，因此 B 阶段要给他投保额度较高的人寿保险。因为在 B 阶段这 10 年，张志刚收入最高，承担的家庭责任最重，如果他在 B 阶段因故去世，给整个家庭经济造成的损失和打击无疑是最大的。

57 岁到 65 岁退休这几年（C 阶段，稳中有降阶段），张志刚的收入逐渐降低，同时担负的家庭责任也慢慢减少。当张志刚 57 岁 ~65 岁时，他的儿子张思捷处于 26 岁 ~34 岁的年龄段，正是年富力强、如日中天的岁数，已经开始担负大部分家庭责任了。所以在 C 阶段，我们为张志刚投保的人寿保险额度要有所降低。

这种根据被保险人所处年龄段不同，以及每个年龄段收入不同，分别制定人寿险投保额度的方法，称为“分段投保”。要想为张志刚不同年龄段投保不同的人寿险保障额度，就必须把人寿险的保障时间和保障额度结合，搭配规划。

原则三，不建议选择终身型人寿险。

在实际投保人寿险时，大部分保险业务员都会极力推荐客户选择终身型人寿险。笔者认为，一份科学的、正确的人寿险规划，是不应该选择终身保障期限的，具体原因有以下三点。

原因一，从退休到去世这个阶段不承担家庭责任，没有投保价值。

前面已经说得很清楚，**人寿保险的投保期限只需要覆盖被保险人的主要创收年龄段即可**。意思是只在被保险人收入高、承担家庭责任重的年龄段有充足的人寿险保障就可以了。一旦被保险人退休或者收入明显减少，就没必要再为其投保人寿险，因为此时他已不再承担主要的家庭责任了，家庭的其他成员也不会因为他的去世而陷入窘境。

既然退休以后没必要再投保人寿险，就没必要选择终身型人寿险了，因为终身型人寿险本身就包含了退休养老阶段。

原因二，终身型人寿险保费较高，性价比低。

大家知道，人寿险是以人的死亡为赔付条件的保险。投保人寿险以后，只要被保险人在保障期内死亡，保险公司就会赔付约定的额度。

为被保险人选择的人寿险保障期限越长，该保险合同的受益人获得保险公司赔付款的几率越大，同时该笔保险的费用也会越高。

如果选择的保障期限无限延长至被保险人终身，意味着保险公司总有一天会把该笔保险的赔偿金支付给受益人。站在保险公司的角度看，一旦顾客选择了终身型人寿险，就意味这份保险是必须要支付赔偿金的，相当于这份保险合同的出险率为 100%。针对赔付率为 100% 的终身型人寿险，保险公司必然要多收保费，以防止公司亏损。

终身型人寿险的保费比保障到 60 岁的定期人寿险明显贵很多，主要原因有以下两个。

第一，终身型人寿险的赔付比率是 100%，保险公司也需要赚钱，针对赔付率高的保险产品，必然会收取更高的保费。

第二，终身型人寿险为被保险人提供的保障时间更长。保险公司在计算终身型人寿险的费率时，一般以国内人口的平均寿命为终末年龄参考数据。我国男性平均寿命为 73.6 岁，女性平均寿命为 79.4 岁，这两组数据都明显高于 60 岁。因此终身型人寿险的实际平均保障时间明显高于“投保至 60 岁”的定期人寿险。

大部分工薪族被保险人从 60 岁（退休年龄）到去世这段时间，一般不再承担主要家庭责任，也就没有太大的投保价值，所以把人寿险保障期限限定在被保险人预计退休的年龄是比较合理的。盲目选择终身型人寿保险，既无实际意义，又浪费了保费。

另外，在实际投保过程中，有些保险公司的人寿险产品会有些潜在的“坑”：部分人寿险尽管没有写明“终身保障”这个选项，但却有“保障至 88 岁”“保障至 95 岁”，甚至“保障至 100 岁”之类的选项。其实这些保障至 88 岁甚至更高年龄段的选项，已经相当于保障终身了，只是换了一种说法而已。大部分保险公司在计算保险费率时，都是以平均寿命为计算标准，所以保障期限超过平均寿命选项，基本上等同于“终身型人寿险”。

具体来看一组数据对比。通过表 1-8 可以看出，在其他条件保持不变的情况下，人寿险投保至 60 岁和 88 岁，所缴保费有明显变化，每年需多缴 13740 元的费用。

其实针对大部分被保险人而言，60 岁以后的阶段已不承担家庭主要责任，没有投保价值。很明显，选择投保至88岁，每年多花的13740元都是冤枉钱！

表1–8 人寿险保障期限不同对保费的影响

瑞泰瑞和定期寿险10年缴		
被保险人年龄	37岁	37岁
被保险人性别	男	男
保障额度	60万元	60万元
保障年限	至60岁	至88岁
缴费年限	10年	10年
保费	3240元/年	16980元/年

原因三，高龄老人有人寿险，极易引发道德风险。

关于什么是人寿险引发的道德风险，前文已经提及。其实，不仅给儿童投保人寿险会引起道德风险，有时候高龄老年人若拥有人寿保险，也易引起道德风险。

■ 案 例

现年74岁的老孙在20年前曾经为自己买过一份高额人寿保险，保障额度50万元，保障期限终身，受益人是老孙的子女。现在老孙已退休多年，健康状况较差，生活无法自理，常年服药，卧床不起。

老孙的三个子女均不在床前照料，且各自都有推脱的理由：大儿子说生活窘迫，自顾不暇；二儿子说工作繁忙，无暇照顾；女儿说远嫁他乡，远水不解近渴。

其实，老孙几个子女心中早已有了小算盘：一边是卧榻在床且医疗开销较大的老父亲，一边是父亲50万元额度的人寿险保单……他们兄妹三人心中的想法早已心照不宣。

这个案例虽然极端，但并非不会发生。如果家庭的“顶梁柱”为自己投保了终身高额人寿保险，在自己进入高龄老年阶段或暮年阶段后，就有可能面临这种可悲的结局。

■ 小　结

确定人寿险保障期限的几个原则：

人寿险保障期限覆盖被保险人主要创收年龄即可；

使用分段投保方式，在收入高的年龄段投保较高的保障额度；

正常工薪人员退休后，无需再投保人寿险；

如无特殊情况，不建议选择终身型人寿险。

1.5 选择哪种类型的人寿险

1.5.1 消费型、返还型、理财型，各类人寿险的特点和优劣

通过前面的讲解，大家已经知道人寿险应该给谁投保、投保多长时间、投保多少额度这三个主要问题。现在就可以迈出实质性的一步——挑选具体的人寿险产品了。

通过上网搜索或者朋友推荐，找到某些人寿险产品时，会发现这些人寿险还有各种不同的类型：消费型人寿险、返还型人寿险、理财型人寿险，可谓五花八门。这么多人寿险类型，应该选哪一种呢？

没有经过专门学习或培训的投保者，在选择人寿险类型时，90% 以上都会选错，因为有些人寿险产品类型非常具有迷惑性。

面对众多类型的人寿险，到底应该选择哪一种呢？要想解决这个问题，首先要知道各种类型的人寿险有什么特点，彼此之间有什么区别。

目前市场上常见的人寿险种类有三种。

1. 消费型人寿险；

2. 返还型人寿险（也称为储蓄型人寿险）；

3. 理财型人寿险（也称为投资型人寿险、收益型人寿险、两全型人寿险、万能险）。

消费型人寿险

消费型人寿险是人寿险的一个分支种类，也是本书重点介绍的保险类型。

消费型保险其实很好理解，就像我们购买商品一样，是一种消费行为。比如我花 500 元钱买了一双鞋，我把 500 元钱消费了，但为自己换来一双鞋。消费型保险与此类似，投保人每年消费了保费，为自己或家庭换来了保障。

消费型保险定义

消费型保险即客户与保险公司签定合同，在保障期限内如发生合同约定的保险事故，保险公司按原先约定的额度给予赔偿；如果在保障期限内未发生保险事故，保险公司也不退还所缴保费。

通俗地解释，消费型人寿险就是人寿险合同生效以后，投保人按期足额缴纳保费，如果被保险人在保障期内去世，保险公司则按约定给付赔偿款；若被保险人在保障期内没有去世，则保险公司既不给付赔偿款，也不退还之前所缴的保费，因为之前所缴的保费已经作为人寿险保障被“消费”了。

根据消费型人寿险的特点，普通投保者总结了一句话：**去世赔钱，生存不退，简单粗暴**。

返还型人寿险

返还型人寿险也称为储蓄型人寿险，很多读者看到“储蓄”两个字就感到很亲切，因为普通老百姓最喜欢储蓄。

返还型保险定义

返还型保险，就是我们俗称的储蓄型保险，即被保险人生存至约定年限后，保险公司返还所缴保费或合同列明的保险金额。

通俗地解释，返还型人寿险就是人寿险保险合同生效后，投保人按期足额缴纳保费，若被保险人在保障期限内去世，保险公司按约定给付赔偿款；若被保险人在保障期内没有去世，保险公司则退还全部或部分所缴保费。

很多人都认为投保这种“返还型人寿险”比较划算，若被保险人去世，可以获得理赔款，若被保险人平安生存，还能把保费退回来，两头都划算，保费不会“白缴”。

选择返还型人寿险且被保险人平安生存到保障期限结束后，最终能获得多少保费退还呢？每个保险产品的规定不同，有的返还型人寿险规定是退还多年来所缴的全部保费，也有的甚至退还累计所缴保费的 1.2 倍。

由此可见，返还型人寿险除了有保障功能之外，还有类似银行零存整取业务的储蓄功能（前提是被保险人在保障期内没有去世），因此有些保险业务员也称其为“储蓄型人寿险”。

需要特别注意的是，在人寿险保障额度、保障期限、被保险人性别年龄等因素都相同的情况下，**返还型人寿险的保费比消费型人寿险贵得多**。

相信大家肯定听过保险业务员常说的一句话，“买保险就是有事赔钱，没事当存钱”，这句话所指的保险类型就是返还型保险。其实这是一个非常有误导性的观点，是对保险的错误理解，也是保险业务员最常用的“忽悠话术”。至于这句话错在哪里，下节内容中会详细讲解。

针对返还型人寿险的特点，普通投保者也做了一个顺口溜式的总结：**去世赔钱，生存退费，反正不亏！**

理财型人寿险

理财型人寿险也称为投资型人寿险、收益型人寿险、两全型人寿险等。从名字就能发现大部分都跟“赚钱”有关。事实也是如此，理财型人寿险的最大卖点就是：该类保险不但能提供人寿险保障，还能为投保者赚钱。

理财型保险定义

理财型保险是集保险保障与投资功能于一身的新型保险产品，是属于人寿保险范畴的新险种。保险公司充分利用其规模投资的优势，为保户争取最大的投资利益。投保者通过购买理财型人寿险，对资金进行合理安排和规划，防止和避免因疾病或灾难带来的财务困难，同时可以使资产获得理想的保值和增值。

通俗地解释，理财型人寿险就是人寿险合同成立以后，投保人按期足额缴纳保费，若被保险人在保障期限内去世，保险公司按约定给付赔偿款；若被保险人在保障期内没有去世，保险公司也按约定给付赔偿款。总之一句话，无论被保险人在人寿险保障期内生存还是死亡，保险公司都赔钱。

■ 案　例

现年 32 岁的范先生在某保险公司投保了一份保额为 30 万元的理财型人寿险（也称为两全险），保障期限为 20 年，每年缴保费 1 万元，连续缴费 20 年。

如果 20 年内范先生因故去世，则保险公司一次性赔付 30 万元；

如果 20 年保障期结束时范先生依然健在，此时保险公司也一次性赔付 30 万元。

人的生命只有两种状态，要么生存要么死亡，不会有第三种状态。一旦投保了“理财型人寿保险”，就能在一定期限内百分之百获得保险公司给付的赔付款，这种保险也因此被称为“生死两全险”，意思是无论被保险人是生还是死，保险公司全都赔付。大部分保险业务员觉得整天把生生死死这些词挂在嘴边不太吉利，客户也不喜欢听，所以就将“生死两全人寿险”简称为“两全险”。

另外，目前市场上大部分理财型人寿险产品，除了生死都给赔付外，在保障期限内每年还给投保者额外分红。虽然每次分红的金额微乎其微，但是这些“小恩小惠”却很能吸引不明真相的投保者。这种带有分红功能的理财型人寿险又称为“分红型保险”。

大部分初次接触保险或未经系统学习的人，都会被理财型人寿险“稳赚不赔”的特点打动，因为它不但能让被保险人获得保障，还能让多年投入的保费增值，能通过保险赚钱。

因为理财型人寿险可以兼顾保障和赚钱两种功能，所以投保这种保险，每年需要缴纳的保费是也三种类型中最贵的，而且不是一般的贵。

鉴于理财型人寿险的特点，普通投保者也为其做了一个顺口溜式的总结：**生死都赔，年年分红，乐此不疲**。

通过上述介绍，读者朋友初步了解了三种类型人寿险的特点，那么选择哪一种才是最好的呢？

1.5.2 消费型、返还型、理财型人寿险保费测算对比

本节内容通过实际数据对比三种类型人寿险产品的保费，来分析一下哪种类型的保险性价比最高。

下面选取了三种不同类型的人寿险产品，分别是消费型人寿险 A、返还型人寿险 B 和理财型人寿险 C。

现在用同一位被保险人的数据，分别投保这三种人寿险产品，并且选择相同的保障额度、保障期限和缴费期限（均为保额 30 万元，保期 30 年，分 20 年缴清），最后计算出三种类型人寿险分别要缴纳多少保费。

基础数据

三种保险类型：A 保险 = 某种消费型人寿险、B 保险 = 某种返还型人寿险、C 保险 = 某种理财型人寿险

被保险人信息：男，32 岁。

投保信息：投保 A、B、C 三种不同类型的人寿险，保障额度均为 30 万元，保障期限同为 30 年，缴费周期都为 20 年缴清。

虽然 A、B、C 三种人寿险产品的保障额度、保障期限和缴费期限都一样，但因为分属不同的产品类型，所以其提供的保障内容也稍有差别。

消费型人寿险产品 A 提供的保障内容是：若被保险人在 30 年内去世，

保险公司赔付 30 万元赔偿款。

返还型人寿险产品 B 提供的保障内容是：若被保险人在 30 年内去世，保险公司赔付 30 万元赔偿款；若没有去世，保险公司在合同到期后返还累计所缴保费的 1.2 倍。

理财型人寿险产品 C 提供的保障内容是：若被保险人在 30 年内去世，保险公司赔付 30 万元赔偿款；若没有去世，保险公司在合同到期后给予 30 万元的“生存奖励金”。除此之外，每年还有小额分红（因分红金额较少，在此忽略不计）。

因为投保 A、B、C 三种人寿险产品享受的保障内容不同，每年需缴纳的保费也有区别。通过对每种保险产品实际费率的计算，A、B、C 三种不同类型的人寿保险每年需缴纳的保费分别为 1290 元、8240 元、12228 元。

表 1-9　消费型、返还型、理财型人寿险保费对比

人寿险产品	产品类型	保障额度	保障期限	缴费期限	保期内去世	保期内未去世	年缴保费
A	消费型	30 万元	30 年	20 年	赔付 30 万元	无	1290 元
B	返还型	30 万元	30 年	20 年	赔付 30 万元	返还累计所缴保费的 1.2 倍（约 20 万元）	8240 元
C	理财型	30 万元	30 年	20 年	赔付 30 万元	30 万元生存金（另每年分红）	12228 元
被保险人信息：32 岁，男性							

为了充分了解三种类型人寿险在各种条件下的性价比，我们分别比较被保险人在保障期内去世和生存两种情况的数据结果。

首先，假设被保险人在 30 年保障期内去世，这种情况下，选择哪种类型的人寿险性价比最高?

A、B、C 三种不同类型的人寿险，虽然分别属于消费型、返还型和理财型，但他们对被保险人在保障期内去世的赔偿条款都是一致的，即“被保险人在保障期内去世，保险公司均按约定给付赔偿款”。因为这三种产品所投保的保险金额都是 30 万元，所以假如被保险人在保障期 30 年内死亡，获得的赔偿金额是一样的，都是 30 万元。唯一的区别就是被保险人支付的保费不同。

为了多维度对比三种类型人寿险的性价比，假设该被保险人分别在投保后第 1 年、第 5 年、第 20 年、第 28 年去世，其对应的缴费和获赔金额如表 1–10 所示。

表 1–10 出险时三种类型人寿险性价比比较表

	某消费型人寿险 A	某返还型人寿险 B	某理财型人寿险 C
若被保险人在保期内第 1 年去世	总缴纳保费 1290×1=0.129 万元 获得赔付金额：30 万元	总缴纳保费 8240×1=0.824 万元 获得赔付金额：30 万元	总缴纳保费 12228×1=1.2228 万元 获得赔付金额：30 万元
若被保险人在保期内第 5 年去世	总缴纳保费 1290×5=0.645 万元 获得赔付金额：30 万元	总缴纳保费 8240×5=4.12 万元 获得赔付金额：30 万元	总缴纳保费 12228×5=6.11 万元 获得赔付金额：30 万元
若被保险人在保期内第 20 年去世	总缴纳保费 1290×20=2.58 万元 获得赔付金额：30 万元	总缴纳保费 8240×20=16.48 万元 获得赔付金额：30 万元	总缴纳保费 12228×20=24.5 万元 获得赔付金额：30 万元
若被保险人在保期内第 28 年去世	总缴纳保费 1290×20=2.58 万元 获得赔付金额：30 万元	总缴纳保费 8240×20=16.48 万元 获得赔付金额：30 万元	总缴纳保费 12228×20=24.5 万元 获得赔付金额：30 万元

通过表 1–10 中的数据可以看出，如果被保险人在保障期限内去世，三种不同类型的人寿险给出的赔付款金额是一样的，都是 30 万元。但这三种类型的人寿险每年需缴纳的保费差别却很大。累计缴费最少的**“消费型人寿险 A”，明显具有更高的性价比和杠杆效应，能起到“四两拨千斤”的投保效果，可以花费最少的保费获得最大的赔付金额**。性价比排在第二位的是某返还型人寿险 B，最差的是理财型人寿险 C。

因为理财型人寿险 C 每年缴纳的保费最多，若被保险人选择投保理财型人寿险 C，被保险人在保障期内第 20 年或者以后才去世，虽然也获得了 30 万元的保险金赔付，但在此之前已经累计缴纳了 24.5 万元的保费，相当于实际获得的赔付金额仅有 5.5 万元。

因此，假若被保险人在保障期内去世，则消费型人寿险 A 的性价比最高。

被保险人今年 32 岁，即便 30 年保险到期时也才 62 岁，那时被保险人生存的几率还是非常大的。

另外，即便是投保了人寿险的家庭，也不希望或不愿相信自家的被保险人会在保障期内死亡，所以在购买此类保险产品时，往往不由自主地重点比较“被保险人在保期结束后仍然生存”的情况下，哪种类型的产品最划算。

这里再假设第二种情况，假如被保险人在 30 年的保障期内没有死亡，则 A、B、C 三种类型的人寿险产品，哪一个性价比更高呢?

表 1–11 生存至保障期满时三种类型人寿险产品性价比比较

人寿险类型	30 年内累积缴纳保费金额	保障期满后获得金额（忽略分红）
消费型 A	1290×20=2.58 万元	0
返还型 B	8240×20=16.48 万元	20 万元（约为累缴保费的 1.2 倍）
理财型 C	12228×20=24.5 万元	30 万元

从表 1–11 中的数据可以看出，消费型人寿险产品 A 在保障期满后不退还任何保费，所以期满后仍然生存时获得的金额是 0 元。这个很好理解，因为 A 款是消费型人寿险，每年所缴的保费就像买衣服鞋子一样被消费掉了，已经花掉的钱不会再退回来。

■ 知识链接

保险公司怎样通过消费型人寿险赚取利润?

在不考虑通货膨胀等其他因素的影响下，假如保险公司为被保险人提供长达 30 年人寿险保障的总成本是 2 万元。投保者选择消费型产品以后，30 年间需累计缴费 2.58 万元，其中的差额 0.58 万元就是保险公司赚取的利润。

再看返还型人寿险 B。选择这款产品后，若被保险人在 30 年保障期内没有死亡，则投保者在 30 年内累计缴费 16.48 万元，30 年期满后可领回 20 万元。表面上看，好像投保者赚了 3.52 万元，保险公司亏了 3.52 万元（20-16.48=3.52）。

真相绝对不是这样，各大保险公司内部都有很多高级精算师和投资专家，专门负责计算每款产品的保费和销售利润，想让保险公司亏钱，占保险公司的便宜，是绝对不可能的。

既然保险公司没有亏损，那么保险期满后投保者多领到的 3.52 万元从何而来呢？

正确答案是：保险公司拿着投保者每年缴纳的保费去做投资了，30 年后其投资收益颇丰，等合同结束时再从投资收益里抽出一部分钱（20 万元）返还给投保者。其实，保险公司利用投保者多年所缴保费投资赚取的利润远远超过 20 万元，不然保险公司怎么赚钱呢？

有些读者可能会深入思考：如果当初不选择返还型人寿险产品 B，而是直接选择消费型保险产品 A，若被保险人在保障期内死亡，获得的死亡赔付是一样的，唯一区别是期满后若仍然生存，就无法获得返还型人寿险 B 返还的 20 万元。但是选择消费型 A 产品后，每年可以节约保费 6950 元（8240-1290=6950），20 年间累计可节约保费 13.9 万元（6950×20=13.9）。如果被保险人拿着节约的保费自行投资，假设 30 年后通过投资获得的本金加收益超过 20 万元，岂不是比选择返还型产品 B 更好？

下面就按照上述这个思路实际计算一下，如果不选择返还型产品 B，而是投保消费型产品 A，然后把每年节省的保费差价 6950 元拿去做投资，先持续投入 20 年，再继续持有 10 年，30 年后最终可以获取多少本金和收益。

究竟把每年节省的资金用于哪些投资呢？为了更客观地进行比较，这里选择把每年节省的保费差价都买入余额宝。支付宝中的余额宝投资门槛很低，也没有技术含量，人人都会。

自行投资计算

选择A产品后，较B产品每年可以节省6950元的保费差额，相当于每月节省579元（6950÷12=579）。

投保人把每月节省的579元，逐月买入余额宝（余额宝本身是货币基金，成立至今其平均年收益率约为3.8%），这种投资方式叫做“基金定投”。

通过这种投资方式，20年后能获得多少本金和收益呢？可以用“基金定投收益计算器”算出20年后的收益数据，答案是21.0357万元。

图1–3　定投收益计算1

投保者仅仅把年节约的保费逐月买入余额宝，20年间获得的本金和收益就已达到21.0357万元。20年后暂停投入（因为A、B两款保险的缴费期都是20年），把这些钱转换为在余额宝内固定持有，再持有10年（20年+10年共计30年，B保险规定在30年期满后才返还20万元，所以该笔钱还可以在余额宝中再投资10年）。若仍按照每年3.8%的收益率计算，再投资10年后，21.0357万元就变成了30.5443万元！

图 1-4　定投收益计算 2

从上述计算结果可知，如果不选择返还型产品 B，而是选择消费型产品 A，然后把每月节省的保费差价 579 元自行投资，30 年保障期限结束时，投保者可以通过投资余额宝的形式获得高达 30.5 万元的本金和收益，远远超过返还型产品 B 期满返还的 20 万元。

其实，如果选择返还型产品 B，保险公司拿着我们缴纳的保费去投资时，因为他们有专业的投资团队，获取的投资收益率更高（一般收益率可达 5% 或以上）。保险公司在 30 年间用我们缴纳的保费去投资，预计能获取约 40 万元的投资收益（以 5% 年化收益率计算），但在 30 年保险期满后只返还 20 万元给投保者。

如果把消费型产品 A 和理财型产品 C 作类似比较，也会有同样的结果。理财型人寿险产品在保障期限结束后返还的金额更多，但每年缴纳的保费也更高，总体来说情况是差不多的。

下面简单计算一下。

如果不选择理财型人寿险产品 C，而是选择消费型产品 A，并把每年节省的保费用于自行投资，使用上述投资方式，30 年后可以获得本金和收益为 48.05 万元，同样远超理财型产品在 30 年保期结束时返还的 30 万元。

没有对比就没有伤害，那些自认为选择返还型和理财型人寿险占到便宜的人，其实是吃了大亏。

同时，从上述三种类型人寿险数据对比中也能发现，对保险公司而言，销售返还型和理财型保险的利润更高，所以各大保险公司都纷纷开发一波又一波的返还型和理财型保险；各路保险业务员重点推销的也永远都是返还型和理财型保险，因为这种保险利润更高，保险业务员的销售提成也更高。

通过上述分析对比可以发现，**无论被保险人在保障期内生存还是死亡，选择消费型人寿险都具有明显的优势和性价比**。笔者建议大家在选择人寿险类型时，尽量选择消费型人寿险，具体原因有以下几条。

1. 消费型人寿险每年所缴保费最低，可以花最少的钱获得同样的保障。

2. 万一被保险人在保障期内去世，消费型人寿险能用最少的保费换取最大的赔付额度，最能体现保险“四两拨千斤”的作用。

3. 选择消费型人寿险后，每年所缴保费较低，可以把节省的钱用于自行投资，获得比返还型和理财型人寿险更多的收益。

4. 选择返还型和理财型人寿险，每年需要交纳高额保费，会导致保费支出超过家庭年收入 10% 的红线。

5. 若家庭保险支出预算有限，又想获得更高的保障额度，只能通过投保消费型人寿险来实现。

6. 投保人寿险的初衷是为了保障家庭经济，提升家庭的抗风险能力，而不是通过保险赚钱，因此选择返还型和理财型人寿险有违人寿险投保的初衷。

■ 小 结

消费型人寿险具有更高的性价比，无论被保险人在保障期内死亡还是生存，投保消费型人寿险都是明智的选择。

1.6 人寿保险规划实战案例

通过前面的学习，大家对人寿险已经有了比较全面的认识和理解。下面就用所学的知识，为虚拟家庭里的爸爸张志刚量身打造一份系统的人寿险投保方案。

张志刚作为这个家庭的“顶梁柱”和“印钞机”，既是家庭财富的主要创造者，又承担着主要的家庭责任，所以为张志刚制定一份完善的人寿险保障，是整个家庭保险规划中重要的一环。

投保人寿险的重要原则是“保额与责任对等”，而且要在不同的收入年龄段投保不同的人寿险保障额度。为了制定出适合张志刚本人情况的人寿险投保方案，要详细分析被保险人的具体情况，包括年龄、收入、家庭责任、职业发展规划等信息。

被保险人情况分析

被保险人张志刚今年 37 岁，是某大型企业的中层管理人员，目前每月工资扣除所有税费后到账金额为 1.2 万元，预计 65 岁退休。

按所在企业人事任用惯例以及张志刚的工作能力，目前处于中层领导岗位的张志刚在未来 10 年间（37 岁至 47 岁）将处于快速升迁阶段，并最终进入该企业的高层管理岗位，其工资收入也将同步增加。48 岁至 55 岁期间是一个比较稳定的阶段，已经位列高管职位的张志刚，收入也将达到顶峰。所以 37 岁到 55 岁期间，是他职业生涯的黄金阶段，也是为家庭创造收入最多的阶段。

以上是张志刚的收入和自身“价值”情况，下面再看张志刚承担的家庭责任。

在张志刚37岁至55岁期间，他的一双儿女分别处于6岁至24岁和4岁至22岁期间，两个孩子从幼儿园到大学期间所有教育和生活费用都需要张志刚支付；同时，该家庭中的爷爷张长运和奶奶王桂琴的年龄越来越高，各种医疗护理费用也日益增加；全家的衣食住行、房屋贷款等各项支出，也均由他承担。所以，张志刚在37岁至55岁期间处于上有老下有小，承担家庭责任最重的阶段。

张志刚55岁之后，因为年龄偏大，已不会再有晋升空间，同时其职位和收入也会随着年龄的增加而下降。所在单位也会提拔一批年轻的中层领导，老领导们自然会往后推一推、放一放。所以，被保险人张志刚在职业生涯的最后10年（55岁至65岁），其工作岗位和工资收入都将呈现“稳中有降”的趋势，直至年满退休。

另外，当张志刚处于55岁至65岁的10年间，他承担的家庭责任也同步发生变化。这10年间，儿子张思捷的年龄恰处于24岁至34岁的阶段，女儿张思慧处于22岁至32岁的阶段。虽然张志刚的收入在此期间不断减少，但儿子和女儿的收入却开始慢慢增加。所以在这10年间，爸爸张志刚和儿子张思捷会逐步完成家庭“顶梁柱”身份的转换和家庭责任的交接。也就是说，在职业生涯的最后10年，张志刚为家庭创造的收入和承担的家庭责任会同步减少。

以上是对被保险人张志刚在未来20多年间各个阶段的收入和承担的家庭责任的分析，图1-5是根据上述分析画出的被保险人“收入和责任分析图”，上半部分是张志刚的收入信息，下半部分对应其承担的家庭责任。

现在，可以根据这些资料为张志刚制定合适的人寿险投保规划了。

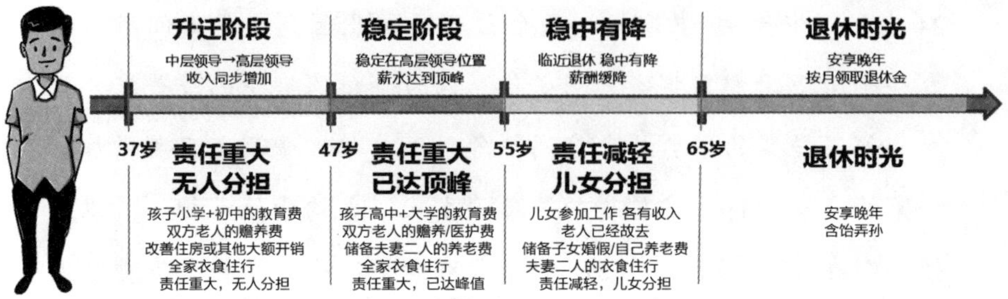

图 1–5 张志刚收入与责任分析图

在案例中，笔者为张志刚制定了三份人寿险投保方案，代表了三种不同投保思路，分别是常规版方案、增强版方案和折中版方案。

这三种方案的共同点是均采用“消费型人寿险”，不同之处是每种方案分别选择了不同的保障金额和保障期限搭配。为了便于比较，三种投保方案均选用同一款消费型人寿险 D。

方案 1 常规版：投保一份人寿险，保额 50 万元，保障期限 30 年

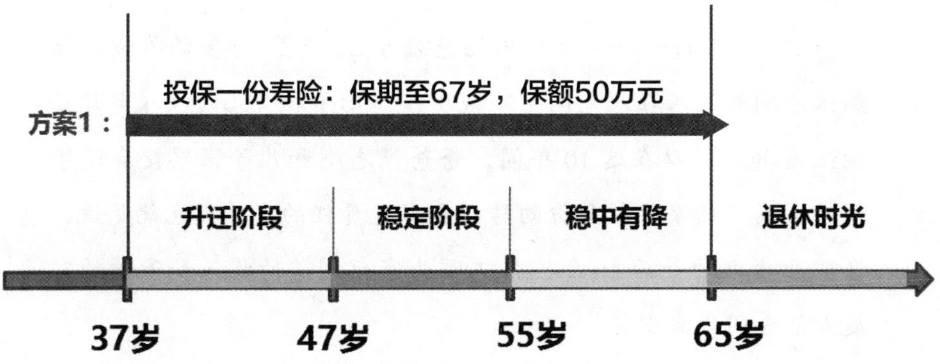

图 1–6 人寿险投保方案 1 示意图

人寿险投保方案 1

被保险人：张志刚，男，37 岁

人寿险投保额度：50 万元

保障期限：30 年

投保种类：消费型人寿险

此方案把张志刚的人寿险保障额度定为 50 万元，是按照前面所讲的“精算法”计算而来的。通过分析和计算张志刚的家庭收入和基本生活开销情况，这 50 万元的人寿险保障额度可以在张志刚不幸去世后满足家庭 7 年的基础开销。

为张志刚规划人寿险的投保期限是 30 年，保障至 67 岁（接近 65 岁的实际退休年龄），目的是让被保险人张志刚在为家庭创造财富的年龄段有相应的人寿险保障。因为张志刚预计在 65 岁退休，在此之前都可以为家庭创造收入，同时也承担相应的家庭责任，按照“保额与责任对等”以及“人寿险保障期限要覆盖主要创收年龄段”两个原则，故把张志刚的人寿险保障期限确定至退休年龄，确定保障期限的思路也是前文讲过的。

选择的保险种类是消费型人寿险，因为消费型人寿险具有更高的性价比，同时张志刚有一定的投资知识和经验，所以选择消费型人寿险可以用最少的保费支出换取较高的人寿险保障额度。扣除保费支出后的家庭结余，可用于其他方面的家庭投资，一举多得。

方案 1 的具体保费信息如表 1-12 所示。

表 1-12　人寿险方案 1 保费测算

被保险人信息：张志刚，男，37 岁 保险名称：某消费型人寿险 D				
方案	保障期限	保障额度	缴费年限	年缴保费金额
方案 1	30 年（约至 67 岁）	50 万元	分 20 年缴清	2550 元

总体来说，方案 1 常规版的优点是：简单明了，容易理解和执行，保费支出属于正常范围，不高不低。

但是该方案也有明显的缺点和不足：被保险人张志刚 37 岁到 65 岁期间，其工作岗位分别经历升迁阶段、稳定阶段、稳中有降阶段，每个阶段为家庭创造的收入不同，承担的家庭责任大小也是动态变化的，但是此方案中张志刚 37 岁到 65 岁期间人寿险的保障额度却是一成不变的，因此，这份人寿险方案没能体现出张志刚不同年龄阶段的收入和承担家庭责任的变化情况，没能实现“被保险人收入越高的年龄段，人寿险保障额度也应越高”这个原则。为了弥补这一不足，笔者给出了第二个投保方案

方案 2 增强版（分段投保）：投保两份人寿险，实现动态保额

人寿险投保方案 2（增强版）：同时投保两份保期、保额均不同的人寿险

第一份

被保险人：张志刚

人寿险投保额度：50 万元

保障期限：20 年

投保种类：消费型人寿险

第二份

被保险人：张志刚

人寿险投保额度：30 万元

保障期限：30 年

投保种类：消费型人寿险

张志刚在 37 岁到 55 岁的阶段是事业上升期，此阶段的收入和承担的家庭责任均逐年增加，因此这期间张志刚的人寿险保障额度应该较高。张志刚 55 岁以后收入慢慢降低，同时其儿女陆续参加工作并开始分担部分家庭责任，此时张志刚承担的家庭责任也开始逐渐减少，所以，55 岁到 65 岁期间他的

人寿险保障额度是可以适当减少的。

方案 2 是用“分段投保”的理念为张志刚交叉投保两份人寿保险，从而实现在不同阶段拥有不同的人寿险保障额度，以弥补方案 1 的不足。

表 1–13 人寿险方案 2 保费测算

被保险人信息：张志刚，男，37 岁 保险名称：某消费型人寿险 D					
方案	保障期限	保障额度	缴费年限	年缴保费金额	
方案 2	20 年（约至 57 岁）	50 万元	分 20 年缴清	1200 元	合计每年缴费 2730 元
	30 年（约至 67 岁）	30 万元	分 20 年缴清	1530 元	

为张志刚投保的第一份人寿险保障期限是 20 年，保障期限约到 57 岁，保障额度 50 万元。

第一份保险涵盖了张志刚“升迁阶段”和“稳定阶段”，与方案 1（常规版）相比，同样都是 50 万元的保障额度，由于保障期限缩短了 10 年，所需支付的保费也相应减少。

在投保第一份人寿险的同时，我们再为张志刚投保第二份人寿险。

第二份人寿险保障期限为 30 年（约 37 岁至 67 岁），大约保障至张志刚实际退休年龄，保障额度为 30 万元。该份保险虽保额较低，但完整覆盖了张志刚的三个主要创收阶段，具体如图 1–7 所示。

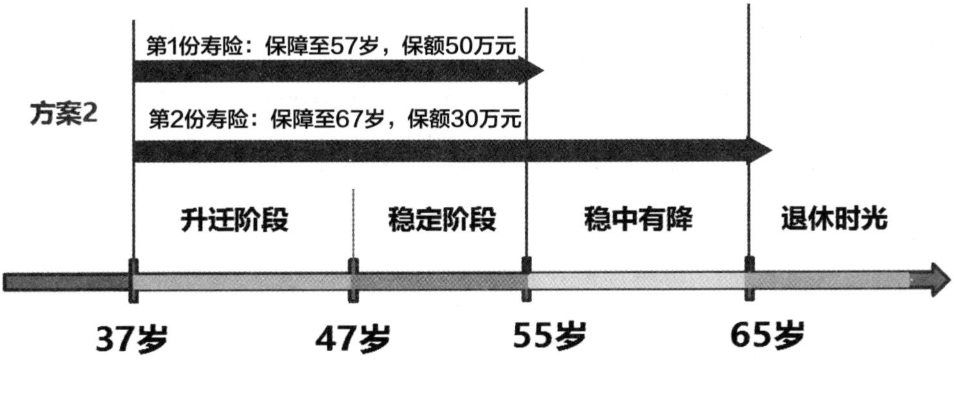

图 1–7 人寿险投保方案 2 示意图

从图中可以看到，为张志刚投保的两份人寿保险的保障期限有部分重叠，所以张志刚在 37 岁到 57 岁期间拥有的保障额度是两份保险之和，也就是 30 万元 +50 万元 =80 万元的保额。因为在 37 岁到 57 岁这 20 年间，张志刚的收入逐年增加，承担的家庭责任也越来越大，通过两份保险叠加作用获得更高的人寿险保障额度，这种安排是很科学合理的。

当张志刚到了 57 岁时，第一份人寿保险已经到期，第二份保险继续有效，因此 57 岁到 67 岁期间，他的人寿险保障额度是 30 万元。57 岁到 65 岁是张志刚职业生涯的最后几年，他创造的收入和承担的家庭责任都在慢慢减少，根据“保额与责任对等原则”，此时无需再为其投保较高保额的人寿险，30 万元的保额足够了。

综上所述，方案 2 有明显的优点：使用分段投保的理念，为张志刚同时交叉投保两份人寿保险，在张志刚的重要年龄段拥有高额人寿险保障，在收入和责任降低的年龄段拥有较低的人寿险保障，**实现了责任和保额的同步动态调整**。

当然，方案 2 也有缺点，就是比较贵，因为同时投保了两份人寿保险，导致保费支出较高，但是一分价钱一分货，若想获得更全面的保障，必须要增加保费支出。

如果有些投保者无法支付较高的保费，又想为家庭“顶梁柱”投保较高额度的人寿险，那该怎么办呢？

我们知道，在投保人寿险时，能降低保费支出的方法有两种：要么减少人寿险的保障额度，要么缩短保障期限。那么保额和保期哪个更重要，应该舍弃谁呢？继续来看第三份人寿险投保方案——折中版。

方案 3 折中版：提高保额，牺牲保期

人寿险投保方案 3：折中版

被保险人：张志刚

人寿险投保额度：80 万元

保障期限：20 年

投保种类：消费型人寿险

在实际投保过程中，有些家庭因为经济拮据或预算不足，想尽量减少保费的开销。在为“顶梁柱”投保人寿险时，能降低保费的方法无非是降低保障额度或缩短保障期限。这种情况下，笔者建议要取保障额度，舍保障期限，这也是做人寿险规划时的一个重要原则：**先满足保障额度，再考虑保障期限**。

投保人寿险的主要目的是为了保障家庭经济，提高家庭抗风险能力。为家庭的“顶梁柱”投保人寿险，体现的是“顶梁柱”的家庭责任，所以，人寿险保障额度的高低和该家庭的抗风险能力直接相关。若家庭经济能力有限，想最大程度地降低保费支出时，应该在保障额度充足的前提下，适当缩减保障期限，以实现降低保费的目的。

举个例子，如果投保一份保额 50 万元、保障期限仅有 5 年的人寿险，虽然保障时间较短，但是却能在仅有的 5 年时间为这个家庭提供足够的风险保障。反过来，如果投保一份保额仅有 5 万元、保障期限却长达 50 年的人寿险，虽然保障期限很长，但是 5 万元的额度实在太少，任何时候都无法起到真正的抗风险作用。

笔者为张志刚制定的第三个方案就是基于上述思路而来，是一份经过取舍和折中的人寿险规划。

在方案 3 中，只为张志刚投保一份人寿保险，保障期限 20 年，但是选择了一个比较高的保障额度，比如 80 万元或者 100 万元。因为此份人寿险的保障期限较短，所以尽管保障额度高，其最终支付的保费也不会太贵。

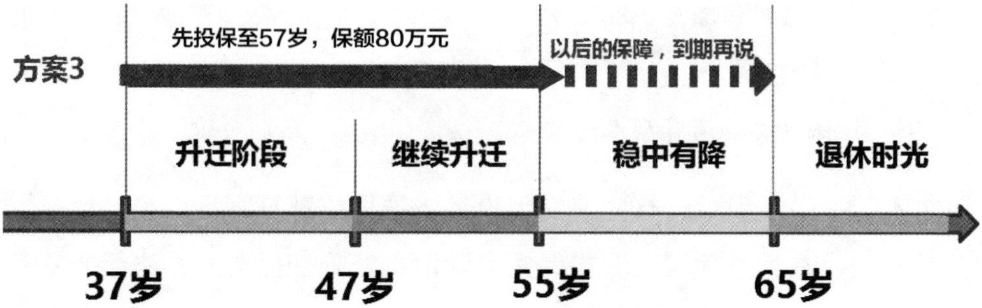

图 1-8 人寿险投保方案 3 示意图

表 1-14 人寿险方案 3 保费测算

被保险人信息：张志刚，男，37 岁 保险名称：某消费型人寿险 D				
方案	保障期限	保障额度	缴费年限	年缴保费金额
方案 3	20 年（约至 57 岁）	80 万元	分 20 年缴清	1920 元

这种方案适合既想在重点年龄段投保较高的保额，又无法承受太贵保费的家庭，因此只能通过缩短保障时间、提高保障额度来平衡保费支出。其最终原则是先把当前的风险处理好，以后的事情以后再办。

方案 3 的优点很明显：便宜、保额高。

当然，此方案也有明显弊端：这种投保方式只能覆盖张志刚 37 岁到 57 岁的年龄段，无法完整覆盖整个创收年龄段。张志刚 57 岁以后一直到退休前的那几年没有人寿险保障，如果等到被保险人接近 57 岁，该人寿保险快到期，准备再重新投保新的人寿险，会因为年龄过大无法投保或者面临保费较高的问题。

以上三个方案是为爸爸张志刚设计的三种不同思路的人寿保险规划。三种方法各有利弊，也分别适用于不同的家庭经济情况。

方案 1 中规中矩，是最常用的投保方式，也是保险业务员经常推荐的一种投保方式，但它没有体现出人寿险的保额在被保险人不同年龄段的动态调整。

方案 2 使用分段投保方式交叉投保两份人寿险，弥补了方案 1 的不足，但也有明显的缺点，就是保费支出会高一些。

方案 3 是有所取舍的，如果家庭收入紧张或不想在保险方面开支过多，但又想在被保险人承担重大责任的阶段拥有充足的保障额度，在不增加保费的情况下，只能舍弃保障时间来提高投保金额。

总体来说，如果家庭经济许可的话，笔者建议尽量选择方案 2，其次选择方案 1，最后再考虑方案 3。

表 1-15 是三个方案的实际保费支出数据汇总，供读者参考。

表 1-15　xxx 消费型定期人寿险保费测算

<table>
<tr><td colspan="6">被保险人信息：张志刚，男，37 岁</td></tr>
<tr><td>方案</td><td>保障期限</td><td>保障额度</td><td>缴费年限</td><td colspan="2">年缴保费金额</td></tr>
<tr><td>方案 1</td><td>30 年（约至 67 岁）</td><td>50 万元</td><td>分 20 年缴清</td><td colspan="2">2550 元</td></tr>
<tr><td rowspan="2">方案 2</td><td>20 年（约至 57 岁）</td><td>50 万元</td><td>分 20 年缴清</td><td>1200 元</td><td rowspan="2">合计每年缴费
2730 元</td></tr>
<tr><td>30 年（约至 67 岁）</td><td>30 万元</td><td>分 20 年缴清</td><td>1530 元</td></tr>
<tr><td>方案 3</td><td>20 年（约至 57 岁）</td><td>80 万元</td><td>分 20 年缴清</td><td colspan="2">1920 元</td></tr>
</table>

1.7 买人寿险必须懂的“冷知识”

1.7.1 特殊人群寿险保障时间应因人而异

如果一个家庭的人寿险被保险人是普通工薪族，有明确的退休年龄，而且退休以后收入会明显降低，其本人承担的家庭责任在退休后也明显削弱，针对这种情况，在确定人寿险保障期限时，可以直接为其投保至退休年龄，这种做法是既合理又科学的。

但并不是所有家庭的“顶梁柱”都是工薪族，也有一些比较特殊的情况，比如知名教授、老中医、个体户、企业主、公务员等。

针对以上几种特殊的或没有固定退休年龄的被保险人，其人寿险保障期限应因人而异，与被保险人的职业规划结合考虑。

老中医、知名教授

有些知名医生或者教授，虽然达到退休年龄，但有时会退而不休，通过内部返聘、坐诊行医、教学演讲、顾问指导等形式继续发挥余热，同时为家庭赚取可观的收入，进而承担部分家庭责任。

针对这种情况，就有必要为其延长人寿险的投保期限，因为他们为家庭赚取收益的能力、承担的家庭责任并没有随退休而终止，所以对这类群体被保险人的人寿险保障也不能停止。

个体户、企业主

一些个体户从业者，或者是企业老板，他们的工作是没有明确的退休年龄的，因此，在为这类人制定人寿险投保计划时，一定要结合他们的退休计划，制定出适合的人寿险保障期限。

老年得子人士

随着现代人结婚和生育年龄越来越晚，老年得子的现象也越来越普遍。

假如某位被保险人在 45 岁或以后才生育孩子，那当他达到 60 岁退休年龄的时候，他的孩子才 15 岁。这种情况下，虽然被保险人到了退休年龄且收入逐渐减少，但是他承担的家庭责任以及抚养子女的责任尚未结束，此时该被保险人仍要想办法继续工作、赚钱，继续承担家庭"顶梁柱"的重任。

针对这种情况，也应该适当延长被保险人的寿险保障期限，至少要把保障期延长到他的子女成年，能独立生活为止。

公务员

众所周知，目前我国的养老金制度是双轨制，各级政府公务员和事业单位工作人员退休后的养老金比较可观，其养老金替代率较高。这些人群退休后往往也是家庭中收入较高的人员，此时也可以考虑适当延长该群体被保险人的人寿险保障期限。

1.7.2　如实回答投保告知书中的问题

普通家庭在投保人寿险或者其他类型的保险产品时，无论是线上投保还是线下找保险业务员投保，在签署正式保险合同之前，保险公司都需要投保者签署并如实回答一份《投保告知书》，有的保险公司也称其为《身体健康情况告知书》。

这份《投保告知书》极其重要，投保者一定要如实回答其中的问题。下面看一下一份正常的《投保告知书》中一般包含哪些问题。

阳光保险公司"阳光人寿精选定期寿险" 《健康及财务信息告知书》（略有精简）	
填写或回答下列问题，并在选择项后的"□"中打√	
1. 您在过去投保人身保险时，或在申请保全复效时，曾否被拒保、延期、加费或对条款作特别约定？	□是　□否
2. 您曾否使用任何成瘾药物或接受戒毒治疗？	□是　□否

3. 饮酒情况：从不饮酒、几乎不饮酒、每日饮啤酒大于三瓶或白酒大于三两。	按需勾选
4. 您现在是否吸烟？从不吸烟、偶尔吸烟、每日吸烟大于 20 支。	按需勾选
5. 您有无职业病，如尘肺、矽肺、石棉肺、各种慢性中毒等？	□是 □否
6. 您在过去投保人身保险时，曾否申请过理赔（不包括普通感冒、意外碰伤的门诊治疗）？	□是 □否
7. 您在过去一年内是否有反复头痛、胸痛、咳血、痰中带血、鼻出血、吞咽困难、气喘、肝区不适、腹痛、黄疸、血尿、便血、紫癜等情况？是否有体重减轻超过5公斤（非健身或减肥原因）？是否有不明原因的体表或体内肿块、息肉、结节、黑痣增大、淋巴结肿大、贫血、脾大？ 8. 您在过去两年内是否因健康检查（包括单位组织体检）或身体异常而被医生建议定期复查、进一步诊治（不包括甲状腺结节、乳腺结节肿块）、住院或手术（包括住院手术、门诊手术、内窥镜手术，且不包括阑尾炎、上呼吸道感染、因意外住院在 5 天以内且已痊愈）？ 9. 是否曾存在或被告知怀疑存在下列症状或疾病：先天性疾病，遗传性疾病，五官、脊柱、胸廓、四肢畸形、残疾或功能障碍、失聪、失明，瘫痪，Ⅲ度烧伤；智能障碍，精神疾病，癫痫，脑肿瘤、脑炎后遗症或脑膜炎后遗症，脑损伤，脑血管瘤，脑动脉瘤，脑囊肿，深度昏迷，多发性硬化，重症肌无力，运动神经元病，阿尔茨海默病，帕金森病，脊髓灰质炎；恶性肿瘤，原位癌，癌前病变，艾滋病及 HIV 呈阳性，红斑狼疮，曾经接受或需要接受开颅、开胸手术，骨髓移植手术，器官移植手术或器官切除手术；呼吸系统疾病（终末期肺病，肺纤维化，肺动脉高压，支气管扩张，慢性肺结核，哮喘，慢性支气管炎，肺气肿）；心脑血管疾病（高血压，冠心病，心绞痛、心肌梗塞，心肌炎，心肌病，肺心病，风湿性心脏病，心功能不全，主动脉瘤，脑梗塞，脑出血，心脏瓣膜病，心律失常，心包炎，心内膜炎）；肝脏疾病（肝炎，肝炎病毒携带，丙肝，酒精性肝炎，肝硬化，肝功能衰竭，肝功能升高史）；肾脏疾病（肾病综合症，肾功能不全，尿毒症，慢性肾炎，慢性肾盂肾炎，多囊肾，肾上腺疾病）；糖尿病，空腹血糖异常，白血病，血友病，凝血功能障碍，再生障碍性贫血，骨髓增生异常综合征，淋巴瘤，川崎病，类风湿性关节炎，硬皮病，肌营养不良症，坏死性筋膜炎，登革热；胰腺疾病，溃疡性结肠炎，克罗恩病（Crohn 病），硬化性胆管炎，萎缩性胃炎，肠息肉。	□是 □否
10. 您的一级亲属（父母、子女、兄弟姐妹）中是否有人在 60 岁前被诊断患有癌症、心血管疾病、糖尿病或肝硬化；如果被诊断，是否在 60 岁前因以上疾病而去世？	□是 □否
11. 您是否有危险嗜好或从事危险活动，如赛车、赛马、滑雪、登山、攀岩、蹦极、潜水、跳水、拳击、武术、摔跤、私人飞行、探险或特技活动及其他高风险活动？	□是 □否
12. 您是否已有或正在申请除本公司以外的人寿保险，且保额累计超过 200 万元？	□是 □否
13. 您是否有除房贷以外的负债，且负债超过 50 万元？	□是 □否
14. 您的身高体重分别是多少？	
15. 被保险人年收入多少？	

从以上这份人寿险的《投保告知书》可以看出，保险公司比较关心被保险人的身体健康和财务状况。重点询问被保险人的相关病史，是为了防止其

带病投保，甚至骗保；询问被保险人的财务状况，是为了确认其投保的人寿险额度和所承担的家庭责任成正比。

投保者在实际购买人寿险时，若上述若干问题中有任意一条不符合要求，都可能被保险公司拒保。作为一个正常的投保者，只要曾经被任意一家保险公司拒绝过，其他同类保险产品或其他保险公司的同类产品也会予以拒保。因为目前所有消费型人寿险或重大疾病保险的《投保告知书》中，第一个问题基本都是一样的：你是否曾经被其他保险公司拒保过？

有些投保者可能会想，在填写《投保告知书》时，若被保险人有其中一条不符合投保要求，却未如实回答，会出现什么后果呢？

后果很严重！

《保险法》对此有明确说明，大概意思如下：投保人有如实告知自身身体情况的义务，如投保人未如实告知，出险后保险公司可以拒绝理赔，并不退还所缴保费。

《中华人民共和国保险法》第16条

订立保险合同，保险人就保险标的或者被保险人的有关情况提出询问的，投保人应当如实告知。

投保人故意或者因重大过失未履行前款规定的如实告知义务，足以影响保险人决定是否同意承保或者提高保险费率的，保险人有权解除合同。

前款规定的合同解除权，自保险人知道有解除事由之日起，超过三十日不行使而消灭。自合同成立之日起超过二年的，保险人不得解除合同；发生保险事故的，保险人应当承担赔偿或者给付保险金的责任。

投保人故意不履行如实告知义务的，保险人对于合同解除前发生的保险事故，不承担赔偿或者给付保险金的责任，并不退还保险费。

投保人因重大过失未履行如实告知义务，对保险事故的发生有严重影响的，保险人对于合同解除前发生的保险事故，不承担赔偿或者给付保险金的责任，但应当退还保险费。

保险事故是指保险合同约定的保险责任范围内的事故。

保险公司之所以对被保险人的身体健康状况有如此严苛的要求，主要有以下原因。

第一，为了确保把人寿险产品只卖给身体健康的人，进而降低保险公司的赔付比例，提高保险公司利润率。

第二，防止出现带病投保，甚至骗保的极端情况。

第三，列明严格的身体健康情况限制，也是对拥有健康身体的被保险人的公平和负责。若某保险的所有投保者身体都很健康，保险公司的赔付几率就会降低，该保险公司就会适当降低保费，以增强自身产品的竞争力。同样道理，若某款保险宣称可以接受被保险人“带病投保”，那么该保险产品的费用肯定比同类产品高。各位读者仔细观察就会发现，凡是性价比特别高的消费型保险，其对被保险人的健康情况要求都很严格。

大家在投保人寿险时，如果发现被保险人的身体情况有一条或几条不符合保险公司的要求，不可隐瞒不报。正确的做法是主动和保险公司沟通，以便寻求个性化的解决方案。

1.7.3 “法定受益人”带来的无尽烦恼

在投保人寿险签订保险合同时，基本上都需要事先写明该保险的受益人信息。

保险受益人又称为“保险金领取人”，说得直白点儿，就是如果被保险人在保障期限内去世，谁来接收保险公司给付的赔付款，谁就是受益人。

受益人是由被保险人或投保人事先指定并写明在保险合同中的，一般情况下可以指定一个人作为受益人，也可以指定多人同时作为受益人，按比例领取赔偿款，也可以不指定具体的受益人。当人寿险合同未具体指明受益人时，则由被保险人的“法定继承人”做该保险的受益人。

大部分人寿险合同中，针对“受益人”一栏信息有两种填写形式。一种是不填写具体信息，而是直接勾选“法定收益人”选项；另外一种是逐条填写指定的受益人姓名、身份证号码、受益比例、受益顺序等信息。

若大家在线下投保人寿险时，某些保险业务员为了尽快促成投保，往往建议顾客直接勾选“法定受益人”，以求快速完成保单填写，尽快进入缴费付款环节，防止顾客犹豫生变。此时，广大投保者一定要耐住性子，不要着急，认真填写完整具体的受益人信息。

有时，投保者在填写保单时，因没有随身携带受益人的身份证号码等资料，导致无法填写具体信息，只能无奈勾选“法定受益人”选项。遇到这种情况时，一定要等资料完备后再填写，不要图省事而直接勾选“法定受益人”。

若投保者是在线购买人寿险，也可能会遇到有些保险公司的投保系统不支持投保人在线指定具体的受益人，只能勾选“法定受益人”选项。遇到这种情况，建议直接放弃该保险，另选其他。

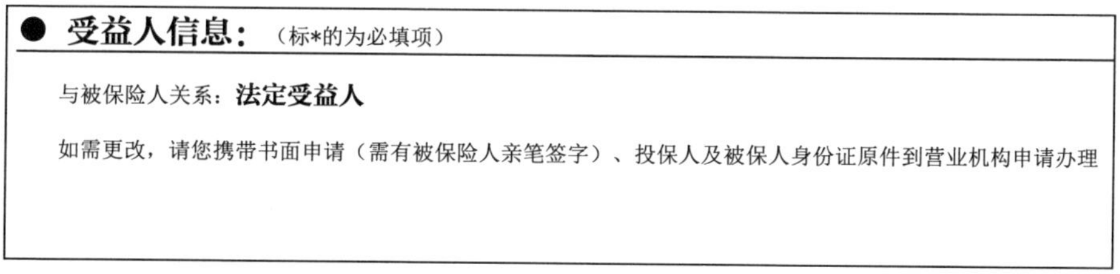
● **受益人信息：**（标*的为必填项）

与被保险人关系：**法定受益人**

如需更改，请您携带书面申请（需有被保险人亲笔签字）、投保人及被保人身份证原件到营业机构申请办理

图 1-7　受益人信息栏

为什么笔者一再建议大家在保险合同中事先指定具体的人寿险受益人呢？因为在保险合同中写明具体受益人，被保险人去世后，保险公司会直接

把赔付款支付给其指定的受益人，整个赔付过程高效、快捷，不扯皮。

若保险合同没有指定具体的受益人，就相当于默认选择了“法定受益人”。这种情况下，在被保险人去世后，该笔赔付款就变成了被保险人的遗产。此时，被保险人的所有“法定继承人”都有权分享此笔赔偿金，可能会给被保险人的子女和家庭带来无尽的烦恼。

下面通过一个案例来具体了解一下这些“烦恼”。

■ 案　例

吴先生前些年为自己投保了一份人寿保险，保额40万元，保障期限10年。吴先生投保时没有指定具体的受益人，只勾选了“法定受益人”选项。

如果吴先生在保障期内死亡，那么保险公司会把这40万元的赔偿款给谁呢？是给吴先生的孩子，还是妻子呢？不一定。

因为吴先生人寿险的受益人选择的是“法定受益人”，所以吴先生去世后，这笔40万元的保险金就变成了吴先生的个人遗产。

根据我国《民法通则》和《继承法》相关规定，吴先生的父母、妻子、儿子都有权继承该笔保险赔偿金，甚至吴先生的兄弟姐妹也可能有权继承这笔资金。

如果吴先生去世前还有些个人债务没有偿还，比如吴先生欠老李10万块钱尚未归还，此时老李就有权向继承了吴先生赔付款的人继续追讨债务，因为《继承法》规定，继承遗产的同时也要继承相关债务。

最终保险公司给付的40万元赔偿款，会由吴先生的相关亲属按继承顺位和相关比例分别占有。同时，这些继承了吴先生遗产的亲属，也要负责按继承比例替吴先生归还生前的债务。

如果吴先生在受益人一栏中明确写明了受益人姓名和身份证号码，整个理赔事宜就会变得非常简单。

假如吴先生事先在受益人一栏中写明：保险金的分配由自己的儿子和妻子各占 50%。吴先生不幸去世后，保险公司就会直接向他的妻子和儿子索要银行卡以及身份证明，随后向两人分别支付 20 万元赔偿金。理赔至此完毕，简单高效。

此时，即便吴先生去世前尚有未偿还的债务也没关系，接受赔偿款的妻子和儿子也没有义务负责为吴先生偿还债务，因为此时他们妻儿接收的是“吴先生的身故保险金”，而非“吴先生的遗产”。

这就是人寿保险中是否具体指明受益人的区别。笔者建议各位读者，在今后投保人身保险（特别是人寿险和意外险）时，一定要事先指定具体的受益人。

另外，保险合同中的受益人信息是可以更改的，所以大家在投保时无需担心家庭成员以及受益人发生变化的问题。

假如吴先生投保人寿险时，其受益人写的是他的妻子和儿子各占 50%。几年后吴先生和妻子因感情不和离婚了，此时吴先生可以联系保险公司修改受益人信息，比如把自己人寿险的受益人改为由儿子一人独占 100%。当然，即便吴先生没和妻子离婚，也可以随时修改受益人信息。

最后再讲一个“冷知识”，保险合同的受益人在领取赔偿款时是无需交税的，但如果保险合同中未指明具体的受益人，只写了法定受益人，则该笔赔偿款将变成被保险人的遗产，由死者的法定继承人获取。目前我国还没开征遗产税，若以后新增此税种，则继承人还要为此多支付一笔遗产税。

综合以上各种原因，大家在投保人寿保险时，一定要认真填写受益人信息，绝对不能只填法定受益人。

1.7.4 免责条款中隐藏的各种“坑”

大家已经知道，人寿保险就是当被保险人在保障期限内去世时，保险公司给付赔偿款的一种保险。

实际上，并不是所有的死亡方式保险公司都会给予赔偿，在所有人寿保险合同中，都有一条叫做“责任免除”的条款，保险公司在此条款中会详细载明被保险人哪些死亡方式不给予赔付。每家保险公司具体的条款和规定有些差别，甚至同一家保险公司旗下的不同人寿险产品，针对“责任免除”条款的描述也不尽相同。

有的人寿险产品在合同中约定了七八种详细的责任免除条款，有的只具体约定了四五种。总之，人寿保险合同中的“责任免除”条款越少，对投保者和被保险人越有利。同时，个别保险公司的人寿险产品合同中，也会有一些“坑”隐藏在“责任免除”条款中，大家在选择人寿险产品时需要备加注意。

某人寿险合同中的责任免除条款（略有精简）

因下列情形之一，导致被保险人身故的，保险公司不给付身故赔偿金：

1. 投保人或受益人对被保险人的故意行为；
2. 被保险人故意犯罪、拒捕；
3. 被保险人服用、吸食或注射毒品；
4. 被保险人在本合同生效（或复效）之日起两年内自杀；
5. 被保险人酒后驾驶、无有效驾驶执照驾驶，或驾驶无有效行使证的机动交通工具；
6. 被保险人感染艾滋病毒（HIV 呈阳性）或患艾滋病（AIDS）期间；

7. 战争、军事行动、暴乱或武装叛乱；

8. 核爆炸、核辐射或核污染及由此引起的疾病。

以上内容是目前市场上大部分人寿险合同采用的一个范本。其实这也是一份对被保险人非常不利的人寿险“责任免除”条款，不利的原因除了它的免责条款数量高达八条之外（有些人寿险的免责条款仅有四到六条），其中各条款内容的约束也比较严格和宽泛。

具体该条款中有哪些隐藏的“坑”，笔者来为大家一一解读。

第一条：因投保人或受益人对被保险人的故意行为导致被保险人身故的，保险公司不给予赔付。

这条免责条款是正常的，几乎所有的人寿险产品中，保险公司都有与此类似的免责描述。意思是如果被保险人的死亡是因为投保人或受益人故意为之，则保险公司不负责赔付。

之所以有此条免责条款，是为了保护被保险人的生命安全，防止出现受益人或投保人故意杀害被保险人进行骗保的情况出现。

第二条：被保险人故意犯罪、拒捕而导致死亡的，保险公司不予赔付。

这条免责条款也是所有人寿险产品合同中都必定包含的，但不同的人寿险产品对此的具体描述不同。

若被保险人在保障期内正常死亡或因意外死亡，保险公司都给付赔款，这很正常。但是，如果被保险人因从事违法犯罪行为导致死亡，保险公司是不会给予赔付的。比如被保险人抢银行被警察当场击毙，这种情况是不赔的，因为被保险人违法犯罪在先。

其实这条免责条款已经包含了第五条的内容，第五条免责条款“被保险人酒后驾驶或无证驾驶等，导致自己死亡的，保险公司不予赔付”。

按照我国法律，酒后驾驶和无证驾驶等本身就是违法犯罪行为，因此符合第二条免责条款的规定：被保险人故意犯罪导致死亡的不给予赔付。

所以第二条和第五条免责条款是有一定重复的。既然重复，为何还要特意列出第五条的内容呢?

因为在实际情况中，因酒后驾驶、无证驾驶等导致被保险人死亡的案例比较多，有些保险公司为了更明显地突出酒后驾驶等相关免责条款，会额外写出这个貌似重复的第五条。

大家在选择人寿险产品时，若发现某款保险合同中没有单独说明“酒后驾驶”“无证驾驶”等相关免责条款，也不要窃喜，别以为自己捡了便宜，其实该情况在第二条免责条款中已经包含了。

最后还要特意提醒各位读者，有些人寿险合同在第二条免责条款后面会加一句话：“被保险人在监狱服刑期间身故的，保险公司不予赔付。”这种免责条款是比较霸道的，也是不合理的。现在大部分人寿险的免责条款都不再写入这一句，但仍有个别保险公司的产品有类似免责规定。今后如果遇到，要尽量避免选择此种保险产品。

第三条：被保险人服用、吸食或注射毒品导致身故的，保险公司不给予赔付。

第六条：被保险人感染艾滋病毒或患艾滋病期间身故的，保险公司不给予赔付。

第三条和第六条免责条款中隐含“坑”的形式一样，所以放在一起说。

绝大部分人寿险都会在免责条款中注明：若因被保险人吸毒或感染艾滋病期间身故的，保险公司不予赔付。

但是也有一些比较合理的人寿险在免责条款中针对上述两种情况采用如下说法:“被保险人**主动**吸食或**主动**注射毒品导致身故的,保险公司不予赔付”;“被保险人感染艾滋病毒导致身故的，保险公司不予赔付，但因医疗事故等非自身原因感染艾滋病毒的除外。”

相信读者朋友仔细对比前后两种免责条款的措辞就能发现，后者的说法对投保者更有利。现在已经有些人寿险合同不再对感染艾滋病作任何免责说明了。

所以，大家在实际选择和投保人寿险时，要重点查看其免责条款中有没有相关内容。

第四条：被保险人在本合同生效两年内自杀的，保险公司不予赔付。

前几年，绝大部分保险公司针对被保险人自杀而亡的情况都是不予赔付的，主要目的是防止被保险人自杀骗保。

最近几年，随着保险行业竞争愈加激烈，相关条款内容也越来越人性化，各保险公司也纷纷放宽相应的免责条款要求。现在针对被保险人自杀的处理方式，一般是被保险人在保险生效两年内自杀的，保险公司不予赔付；人寿保险合同成立满两年后，被保险人自杀而亡，则正常给予赔付。

第七条：因战争、军事行动、暴乱或武装叛乱导致被保险人死亡的，保险公司不予赔付。

第八条：因核爆炸、核辐射或核污染及由此引起的疾病导致被保险人死亡的，保险公司不予赔付。

这两条没有什么可解释的，几乎是所有人寿险产品合同中都包含的两项免责声明。

以上就是人寿保险免责条款中常见的几个“坑”，大家在选择保险产品时，要睁大眼睛，注意分辨。

第二部分

重大疾病保险

重大疾病保险和人寿保险是有本质区别的。人寿险是一个非常伟大、无私的保险，为自己投保人寿险并不是爱自己，而是爱家人；“顶梁柱”为自己投保人寿险其实是对家庭负责的表现，因为人寿险的赔付款是在被保险人去世后留给家人使用的。

与人寿险对比而言，用狭隘的观点来看，重大疾病保险则是相对“自私”的保险。大部分情况下，给自己投保重大疾病保险，主要目的是本人一旦罹患重病，可以用保险公司给付的赔偿金支付医药费，不至于无钱医治。因此在大部分人眼中，为自己投保重大疾病保险有一定的“自私”成分。

但是，若把目光落在整个家庭经济层面就会发现，其实重大疾病保险最终保障的也是家庭经济，因为它可以防止大部分家庭“因病返贫”。普通家庭可以借助重大疾病保险抵抗因重病引发巨额医疗开销而对家庭经济带来的毁灭性打击。

近年来，重大疾病的发病率在各个年龄段均有明显上升的趋势，各种常见重大疾病的治疗费用也是逐年上涨。为了防止经济拮据的家庭出现“有病无钱医”的悲惨境遇，防止小康或中产家庭出现“因病返贫”的尴尬局面，尽快为家庭主要成员投保相应的重大疾病保险已是众人共识。因此，重大疾病保险也被冠名为“人生的第一份保险”，其重要程度不言而喻。

学习完前面的内容后，大家已经知道，“保险是个金融工具，是用来保障家庭经济的”，重大疾病保险也不例外。为家庭主要成员投保合适的重大疾病保险，是完善和提高家庭经济抗风险能力的重要手段。

要想为家庭主要成员配备科学、合理的重大疾病保险，也不是一件容易的事，需要系统学习，了解必要的重大疾病保险知识，掌握相关的选择和投保技巧。

本书的第二模块，笔者就和大家一起，站在普通家庭投保者的角度，为读者朋友讲解有关重大疾病保险的相关知识，让大家在投保重大疾病保险时少走弯路，少吃亏，力求“用最小的保费开销，获得最大的重大疾病保险保障”。

2.1 了解重大疾病保险

2.1.1 三个问题帮你认识重大疾病保险

重大疾病保险简称重疾险，是指当被保险人在保险期间内罹患保单合同指定的重大疾病并确诊后，保险公司按合同约定给付保险金的保险。

用一句话通俗地解释重大疾病保险的意思，就是被保险人投保重大疾病保险后，在保障期限内一旦确诊罹患重大疾病，保险公司就赔钱。

相信读者看到上述针对重大疾病保险的解释后会有疑问：什么样的病才算“重大疾病”？保险公司能赔多少钱？什么时候赔？

下面针对这三个关键问题，为大家解读一下什么是重大疾病保险。

关键问题一，哪些病才能获得赔付？

究竟什么样的病才是能够获得保险公司赔付的“重大疾病”？

在重大疾病保险定义中，这一点写得很清楚：“合同指定的”重大疾病。由这句话可知，并不是被保险人在合同期间内患任何疾病保险公司都会赔钱，**只有当被保险人所患疾病是保险合同中事先约定或指定的疾病种类并达到相应的病理标准时，保险公司才会赔钱。**

■ 案 例 1

刘女士因突然剧烈头痛被紧急送医治疗，结果被诊断为“蛛网膜下腔出血”。医生告知说，这种病很难治愈，会危及生命，治疗费用较高。

万幸的是，经过几次比较成功的手术后，刘女士的病情有了明显好转，三个月后得以出院回家休养。此次患病，刘女士前后花了约16万元的医疗费用。

刘女士曾为自己买过一份重大疾病保险，保额30万元，现在尚处于保障期内，因此刘女士向保险公司报案，并提出赔偿要求。但保险公司对刘女士的申请给出了拒绝赔偿的回复，理由是：刘女士所患疾病不在她所投保重大疾病保险的保障范围内，因此不能给予赔偿。

刘女士仔细查看所买保险的合同内容，发现该重大疾病保险所保障的重大疾病种类共12项，但没包含“蛛网膜下腔出血”这个疾病种类，确实无法获得赔偿。

■ 案　例2

季先生在四年前为自己投保过一份重大疾病保险，保障额度50万元。

今年春天，季先生在单位组织的例行体检中查出甲状腺异常肿大。经过一系列的拍片、手术、病理分析后，医院最终确诊为甲状腺乳头状癌并淋巴转移，也就是说季先生罹患了“甲状腺癌”。

甲状腺癌是目前已知人类癌症中较为轻微的一种，也是发病率较高的一种癌症。甲状腺癌一般不会危及生命，其治愈率高达95%以上，治疗费用也不是太高。

季先生经过短期治疗后基本康复，并重新回到了工作岗位。所有医疗费用经社保报销后，季先生实际支付的费用仅两万余元。

季先生在甲状腺癌确诊后就第一时间向保险公司报案，并提出理赔申请。保险公司查看病历和确诊记录后，确认季先生的情况属于约定的理赔范围，两天后季先生就收到了保险公司给付的50万元重疾赔偿款，其保险合同也随之终止。

看了上述两个案例，相信很多读者对重大疾病的种类产生疑问，为什么有些疾病明明比较严重，花费较高，危害较大，保险公司却没有将其列入赔付范围之内？有些疾病明明对被保险人家庭经济影响不是太大，反而被列入重大疾病保险赔付范围内呢？保险公司究竟是以什么为判断标准，确定哪些疾病可以入选赔付范围？保险公司会不会特意把发病率高的疾病种类排除在外，而把一些发病率低的冷门疾病写在保险合同的保障范围内呢？作为被保险人，在签署保险合同时，我们能否与保险公司协商，把一些自己认为重要的疾病事先写入赔偿、保障范围呢？常见的重大疾病保险合同中一般会把哪些疾病列入赔偿、保障范围？

这些疑问，笔者会在后面为大家详细讲解。

现在大家只需要知道，具体哪些疾病才可以获得保险公司的赔付，主要看被保险人所患疾病在保险合同中有没有约定。

关键问题二，什么时候赔付？

投保重大疾病保险的最终目的虽然是保障家庭经济，但归根结底，重大疾病保险的赔付款主要是为被保险人诊疗、看病所用。按照正常的医疗程序，普通人一旦被确诊患有某重大疾病，应该在最佳治疗期内最大程度地配合医生治疗，因为重大疾病的病情经不起拖延。

绝大部分重大疾病的治疗费用都非常高，大部分普通家庭都难以承受突如其来的大额医疗开销。投保重大疾病保险的目的，就是在被保险人罹患重大疾病时不至于无钱治疗，同时也为了弥补大额医疗开销对家庭造成的经济损失，防止“因病返贫”。

普通家庭投保重大疾病保险以后，如果被保险人恰好在保障期内罹患保险合同中约定的疾病，保险公司什么时候能给付这些救命急需的理赔款，是广大投保人比较关心的问题。

针对重大疾病保险理赔款的给付时间问题，在重大疾病保险定义以及各保险公司的相关合同中都有明确说明：**确诊即赔付**。

保险公司也深知重大疾病保险赔付款对被保险人的重要性、使用紧迫性，所以最近几年各大保险公司都在提升赔付的速度。按照《保险法》以及相关合同约定，各保险公司基本都是在被保险人重大疾病确诊后即启动赔付流程。

当然疾病确诊也是有条件的，并非随便找个小诊所让医生开一个病情确认单，保险公司就认可，必须在保险公司认可的医院、由专科医生开具的疾病确认报告才可以。若有必要，还要附上相关的化验单据、病理报告等。

■ 知识扩展

什么是保险公司认可的医院

哪些医院开具的病情确诊报告保险公司予以认可，在保险合同中有明确规定。

以弘康人寿保险公司《弘康多倍保重大疾病保险条款》对“确诊医院”的规定为例：“指经中华人民共和国卫生部门正式评定的二级或以上级别的公立医院，但不包括上述医院的分院、联合病房或联合病床，精神病院，专供康复、休养、戒毒、戒酒、护理、养老等非以直接诊治病人为目的之医疗机构。”

其他大部分保险公司对重大疾病确诊医院的要求都大同小异。

仔细阅读上述规定可以发现，保险公司针对医院的级别要求并不高，只需二级或以上医院即可，国内绝大部分县（区）级医院都能满足该条件。但此处仍有几个隐藏的“坑”，需要投保者额外注意。

1. 绝大部分保险公司都要求确诊医院是“境内公立医院”。

要求为境内医院的目的是便于保险公司核实疾病确诊的有效性；要求为公立医院，是因为国内私立医院是自负盈亏的，所以存在个别私立医院唯利是图、夸大病情、确诊不规范等现象（比如在2019年初曝光的天津权健肿瘤医院），因此绝大部分保险公司都不承认私立医院开具的确认报告。

2. 部分保险公司要求更为严格，甚至连公立医院的分院、联合病房、联合病床等都不予认可。

上述引用的《弘康多倍保重大疾病保险条款》在合同中有明确规定：公立医院的分院、联合病房、联合病床开具的确认报告均不认可（并非所有保险公司都有此类要求）。

也有些保险公司针对公立医院内由第三方承包的医疗科室开具的诊断报告也不予认可。

当然，也不是所有的公立医院都被保险公司认可。2012年，北京平谷区某些医院曾出现医院与患者联合作假欺骗保险公司的群体性骗保事件，最终多家保险公司被迫在合同中特意注明："被保险人若在北京平谷区所有医院就医，均不给予理赔"。因类似事件导致被部分保险公司"拉黑"的公立医院还有很多，比如河南省新乡市中医院、吉林省四平市的三家公立医院、山东省莱州市的三家公立医院，以及山东省滨州市中医院等。

针对保险公司对医院的上述规定和特别限制，投保者要有明确认知。在怀疑自己罹患重疾前往确诊时，应选择符合保险公司要求的医院，以免耽误理赔时效。

当然，如果被保险人患病后特别希望前往某私立医院或境外医院治疗，可以先到保险公司认可的公立医院进行相应的化验，开具病情确诊报告，等顺利拿到保险公司赔款后，再去心仪的私立医院或境外医院治疗。

什么是保险公司认可的专科医生

在开具疾病确诊报告时，除了医院要符合保险公司相关规定外，保险公司针对签署该确诊报告的医生也有相应要求。目前国内大部分保险公司对医生的要求基本一致，而且总体要求不高，满足以下四个基本条件即可。

1.具有有效的中华人民共和国《 医师资格证书》；

2.具有有效的中华人民共和国《医师执业证书》，并按期到相关部门登记注册；

3.具有有效的中华人民共和国主治医师或主治医师以上职称的《医师职称证书》；

4.在二级或二级以上医院的相应科室从事临床工作三年以上。

被保险人拿到医院开具的病情诊断报告或者化验报告后，就可以联系保险公司报案、理赔了。按照目前各大保险公司的处理效率，若被保险人提供的资料齐全且有效，一般只需两三个工作日，保险公司就会把赔偿款打入被保险人的银行卡内。

表 2–1 是国内部分保险公司 2017 年的理赔时效，可以看出理赔效率还是挺高的。

表 2–1 部分保险公司 2017 年理赔时效

保险公司	案件获赔率	理赔时效
太平洋人寿	99.91%	1.44 天
阳光人寿	98.02%	2.03 天
人保（PICC）	99.19%	1.76 天
天安人寿	97%	2.8 天
中英人寿	未公布	2.4 天
中意人寿	未公布	2.9 天
同方全球人寿	99.00%	2.3 天
恒安标准人寿	99.41%	1.62 天

关键问题三，赔多少钱？

重大疾病保险和人寿险一样，都是给付型，就是保险单的保障额度是多少钱，出险时就一次性赔多少钱。

■ 知识链接

常见的保险赔付方式有三种：给付型、补偿型、津贴型。

给付型保险

给付型保险，是指发生保险合同约定的事故后，保险公司直接给付约定额度的赔偿款，与被保险人的实际花费无关。

绝大部分人寿保险、重大疾病保险的赔付方式都是给付型。如果投保的是额度80万元的人寿险，一旦被保险人去世，保险公司直接支付足额80万元的赔偿款；若投保的是额度50万元的重大疾病保险，只要被保险人所患疾病符合赔付要求，无论被保险人治疗本次疾病实际花费多少钱，保险公司都足额支付50万元赔偿款。至于被保险人如何分配使用这50万元赔偿款，保险公司不再干预。

这种一次性给付保险金的赔付形式就是“给付型”。同时，给付型保险也是抗风险能力较强的保险。

另外，所有的给付型保险都可以重复投保并获取叠加赔付。比如某人分别在A、B两家保险公司各买一份重大疾病保险，保障额度均为50万元。若该被保险人在保障期内不幸罹患约定的重大疾病，则可以一次性得到共计100万元的赔偿款。B保险公司不能因为A保险公司已经给予赔付，就拒绝支付赔偿款。

笔者建议普通家庭在制定家庭保险规划时，应首选给付型保险。

补偿型保险

补偿型保险也称为“报销型”保险，意思是保险公司根据被保险人实际支付的医疗费用，按比例进行报销（赔付）。目前市场上绝大部分医疗险都采用补偿型赔付方式，如“某某百万医疗险”等。

如果说给付型保险是“投多少赔多少”，那么补偿型保险则类似“实际花多少就赔多少”。实际上，“花多少赔多少”只是理想状态，因为大部分采用补偿型赔付形式的医疗险和住院险，对赔付金额都有各种限制条件，比如起赔额、赔付比例、最高赔付限额、赔付范围等。

因为上述种种赔付限制，普通投保者最终获得的赔付仅是实际医疗开销的一部分，有时还会因医疗费用支出较少、未达到赔付标准而无法获取赔偿。

最后，需要注意的是，采用补偿型赔付的保险即便累积投保也无法获得重复赔付，而且理赔时往往需要提交医疗发票原件。

津贴型保险

目前保险市场上大部分住院险都是采用津贴型赔付方式，意思是保险公司依照合同，按次、按住院天数或医疗项目给投保人支付津贴，一般以“日”为单位。这种保险的目的是为了降低被保险人的医疗支出。这种类型的保险是可以在不同保险公司重复购买并重复享受津贴的，理赔时也无需提交发票，只需出示住院小结，证明住院天数即可。

例如平安保险公司的某款住院医疗险就规定：被保险人经医院确诊必须住院治疗的，保险公司自住院的第 4 日起每天给付 80 元住院津贴，每次住院赔付天数以 15 天为限，全年累计给付日数最多为 180 日。

■ 案 例

王小姐给自己投保过一份重大疾病保险，保障额度是 10 万元，保障期限 20 年。最近王小姐在体检时被确诊罹患胃癌，保险公司确认无误后，即刻赔付给王小姐 10 万元保险金。

大家都知道，10 万元看胃癌是远远不够的，但保险公司不会顾及那么多，因为王小姐当时投保的重大疾病保险保障额度只有 10 万元，所以保险公司也只赔付 10 万元。

至于王小姐拿到这 10 万块钱赔偿款以后如何使用，如何分配，保险公司一概不问。

李先生也为自己投保过一份重大疾病保险，保障额度是 50 万元，保障期限 20 年。李先生在单位组织的例行体检中被查出并确诊患有甲状腺癌。虽然是癌症，但甲状腺癌却是所有癌症中最轻微的一种，目前国内治愈率高达 95% 以上，且医疗费用较低，花费 2 万元左右即可出院。

尽管治疗此疾病花费不多，但保险公司还是一次性给李先生赔付了 50 万元保险金，因为李先生投保的重大疾病保险保障额度是 50 万元。

通过对上述三个关键问题的讲解，大家应该对重大疾病保险有了初步了解。简单总结一下，投保重大疾病保险以后，只要满足以下几个条件，就可以获得保险公司的赔偿款。

前提：被保险人已经投保重大疾病保险。

期限：在保障期限内患病。

疾病种类：罹患保险合同中约定的疾病种类。

确诊：由保险公司认可的医疗机构和医生确诊。

赔付金额：一次性给付保险金。

实效：确诊后即启动赔付流程。

在目前的保险市场上，除了重大疾病保险之外，还有一种很容易与之混淆的保险——百万医疗险。很多投保者都想用医疗险代替重大疾病保险，以便用更少的保费获取更高的保障额度。那么百万医疗险又是什么？它能代替重大疾病保险吗？关于这个问题，我们下面再讲。

2.1.2　别让朋友圈里的“轻松筹”发生在自己和家人身上

重大疾病保险是被保险人一经确诊罹患合同中约定的重大疾病，保险公司就给付赔偿款的保险。被保险人拿到赔偿款后，可以利用该笔资金支付后续的相关治疗费用，以此弥补因大额医疗费用开销给家庭经济造成的损失。

目前大部分重大疾病的医疗开销巨大，基本上都是10万元起步且上不封顶。如果没有重大疾病保险，在一些经济拮据的家庭中，一旦有人罹患某种重大疾病，就会因为无法支付巨额治疗费用而听天由命；即便一些家庭有一定积蓄，往往也会因为治疗一场重大疾病而“返贫”。因此很多人开始考虑，要不要给自己或家人投保一份重大疾病保险？

是否需要投保重大疾病保险，取决于两个思考维度。

第一，若自己或家人不幸罹患重大疾病，家庭能否拿出足够的钱去治疗？

第二，自己或家人会不会患重大疾病(普通人患重大疾病的概率有多少)？

一旦患有重大疾病要花多少钱？

针对第一个问题，笔者认为，有两种人可以不买重大疾病保险。

一种是绝对土豪级的人物，没有必要投保重大疾病保险。并非他们不会生病，而是因为他们拥有大量的财富，即使没有保险公司给他们赔款，他们拥有的金钱也足够支撑治疗重大疾病的开销。

另外一种是在职或离退休高级干部。我国有部分高级领导干部或知名学者是享受百分之百公费医疗报销的，如果他们罹患重大疾病，即使没有重大疾病保险，也不用担心医疗费用的问题。

根据世界卫生组织公布的数据，我国重大疾病的治愈率和癌症治疗的5年存活率，都远远低于世界先进水平，其原因主要有两个。

第一，我国目前整体医疗水平与世界发达国家还存在一定差距。

第二，更为重要的原因是，我国很多家庭没钱治疗癌症或其他重大疾病，特别是广大农村家庭，甚至城市中的很多小康家庭，也会出现因无力筹措治疗费用，只能被迫采取保守治疗手段的尴尬情况。入院治疗率过低，也是导致我国重大疾病治愈率和癌症治疗5年存活率远低于世界先进水平的主要原因。

表2–2　常见重疾种类的治疗费用和康复费用

常见重疾种类	治疗费用（万元）	康复费用（万元）
恶性肿瘤	10～30	5～20
急性心肌梗塞	5～20	5～10
脑中风后遗症	10～20	5～15
重大器官移植术	20～30	5～20
冠状动脉搭桥术	20	10～20
终末期肾病	10/年	5/年
多个肢体缺失	10～30	5～10/年
急性重疾肝炎	4～5/年	1～2/年
慢性肝功能衰竭	3～7/年	2～3/年
脑膜炎后遗症	3～5/年	1～2/年
深度昏迷	8～12/年	5～10/年

按照我国卫生部发布的数据，在我国治疗一场重大疾病的花费，一般在10万元到30万元甚至更多。该费用只包括直接医疗费用，尚未包含患者后期的康复费、护理费、误工费等。针对多数重大疾病的治疗，即便出院后也会有漫长的康复期，甚至需要终生服药，所以后期的康复费和护理费也是一笔不小的数目。就算是有社会医疗保险报销，需要患者自付的部分仍然不少。

■ 案　例

美国苹果公司创始人乔布斯2004年被查出患有胰腺癌，2011年去世，乔布斯与号称“癌症之王”的胰腺癌足足抗争了7年。

事实上，胰腺癌患者从病发到去世的平均时间仅4到9个月。乔布斯能将生命延长达7年之久，并不是说他的意志有多么顽强，其原因只有一个——“有钱”。

几万美元一次的基因检测，最先进的细胞免疫疗法，最全面的医疗技术，最完善的癌症护理，每一项都是要花钱的，而且要花大价钱。如果钱不到位，乔布斯是不可能在病发后破纪录地将生命延长7年之久的。

现在，大家就要摸摸自己的口袋，想一想如果自己或家人不幸患上某种重大疾病，家里的那点存款够看病吗？如果不够或支付起来比较困难，还是趁早给自己或家人投保一份重大疾病保险，以做到有备无患。虽然重大疾病保险无法减少普通人的患病几率，却可以降低巨额医疗开销对家庭经济造成的影响。

最后，还有一个更残酷的现实，大部分重大疾病对人类的健康状况是有绝对威胁的。一般情况下，某人若不幸患上重大疾病后，想再继续上班是不太可能了，会直接导致收入中断或大幅减少。因此，患者及其家庭将面临“医疗费用开销剧增，家庭收入锐减”的经济困难境地。如果患重大疾病的人恰好是家庭的“顶梁柱”，那么后果更加严重。

很多人认为自己身体好、运气好、人品好，不会患重大疾病，那么就来看看第二个维度。

普通人患重大疾病的几率有多少？

随着社会经济粗放型发展，环境污染问题和食品安全问题异常突出，这些外在原因会直接影响我们的身体健康状况。

另外，大部分上班族都是在办公室久坐不动，运动量减少，生活习惯不科学，饮食不合理等，这些因素导致重大疾病越来越年轻化。

最后，人吃五谷杂粮，生病本来就是不能避免的。即便是经常参加各种运动的人，患重大疾病的几率也是一直存在的。有规律的合理运动确实能提高身体素质，提高免疫力，减少患感冒发烧等小病的几率，但却无法明显减少患重大疾病的概率。事实证明，即使有些人身体很棒，也难免会患各种大病，因为很大一部分原因和自身基因有关，是内在原因造成的。

其实，当我们在微信朋友圈中一次又一次看到“轻松筹”“水滴筹”等捐款求助的链接时，就会感到以癌症为代表的重大疾病就在我们身边。

可能很多人都听说过“人一生中患重大疾病的概率是72%”这个说法。这个数据在网络上流传很广，尤其是很多保险业务员都喜欢用这个数据来“吓唬”客户。但是72%这个数据到底出自何处，至今无从考证。有些保险业务员说该数据是由世界卫生组织发布的，也有人说是某些发达国家的统计数据。

目前在保险和卫生相关的学术界内，对“人一生中患重大疾病的概率是72.17%”这个数据仍存在很多争论，大部分学者认为在没有年龄限制的前提下谈重大疾病患病概率是不科学的。

现在，绝大部分人都是因病身故（除了少数因意外身故的之外），这些能致人死亡的疾病，一般都位居重大疾病清单之内。身故者的年龄越大，其因重大疾病导致身故的几率就越高。要想具体搞清楚目前中国人一生患重大疾病的概率是多少，必须结合平均寿命数据来一起分析。

■ 知识扩展

中国人一生患重大疾病的概率究竟是多少？

2013年11月14日，中国精算师协会发布我国人身保险业第一套重疾表《中国人身保险业重大疾病经验发生率表（2006-

2010)》，填补了我国重疾表的空白。从2013年12月31日起，保监会正式采用该表中的数据作为计算保险准备金的计算基础。

根据《中国人身保险业重大疾病经验发生率表(2006-2010)》中的数据，结合国内人均寿命数据，可以得到以下结论。

1.若男性从0岁生存至73.64岁，其在一生中“至少罹患一种重大疾病”的概率为49.60%；

2.若女性从0岁生存至79.43岁，其在一生中“至少罹患一种重大疾病”的概率为51.82%。

所以，关于中国人一生患重疾的概率，准确的说法应该是：以生存至人均寿命为限，我国男性一生中患重大疾病的概率是49.60%，女性为51.82%。虽然该数据和部分保险业务员所说的72%有较大差距，但也已经很高了。

那么72%的数据到底是怎么来的呢？很多保险业务员说是世界卫生组织发布的。这个数据合理吗？是否有夸大之嫌？

通过《中国人身保险业重大疾病经验发生率表(2006-2010)》中的数据可以看出，“寿命越长的人”，一生中患重疾的概率越高。采用逆向计算后可以很容易算出，当男性平均寿命达到83岁，女性平均寿命为88岁时，人一生患重大疾病的概率大约是72%。有些保险业务员说因为有些国家人均寿命较长，所以世界卫生组织统计出72%的概率。其实，即使是全世界人均寿命最高的日本，其2016年公布的人均寿命也只有男80.98岁，女87.14岁。

由此可见，某些保险业务员在十几年前提出的“人一生中患重大疾病的概率是72%”的说法是没有依据的。

据联合国世界卫生组织发布的数据来看，以恶性肿瘤为代表的重大疾病，在全世界的发病率仍然以每年3%到5%的速度增长。其中，以中国为代表的发展中国家，无论是重大疾病的发病率还是增长速度，均高于世界平均水平。

说了这么多，并不是动员大家尽快为家庭成员投保重大疾病保险，而是让大家认识到重大疾病高发病率的现状，以及一旦身患重大疾病后将面临的严重经济后果，同时知道怎样才能通过合理的保险规划来抵御因患重大疾病对家庭经济造成的打击。说来说去，最终目的还是为了保障或挽救家庭经济，因为保险本身就是一个经济工具。

笔者建议，在给家庭“顶梁柱”投保人寿险之后，要尽量再为家庭主要成员每人投保一份重大疾病保险，以便进一步提升家庭经济的抗风险能力。

其实，重大疾病保险除了和人寿险一样能提升家庭经济的抗风险能力外，还可以明显改善被保险人患重疾后的医治条件，提高被保险人患重疾后的治愈率，延长被保险人患病后的生命长度。总之，千万不要等到有家庭成员罹患某些重大疾病后，才后悔没有买份重疾险。

2.1.3　千万别用百万医疗险代替重疾险

目前，市场上有一种保险与重疾险“很像”，其保障额度“很高”，而且号称所有疾病都赔付，保费又超便宜，这就是近年来异常火爆的“百万医疗险”。

大部分普通投保者都不清楚医疗险与重疾险的区别，更有甚者会用“百万医疗险”代替重疾险，以为只要买一份百万医疗险，就可以完全抵御因疾病带来的家庭经济风险。其实，这种做法是不妥的。

笔者在本书没有单列模块讲解医疗险，主要是因为**医疗险不是普通家庭保险规划中必不可少的“标配”险种，而是一种只能起到锦上添花作用的“选配”保险**。鉴于很多读者对医疗险存在明显的错误认知，笔者特意在这里对医疗险相关内容进行讲解，以便读者在进行家庭保险规划时能作出科学的选择。

普通家庭在做保险规划时，主要涉及三大保险类型，分别是人寿险、意外险、健康险。

人寿险在本书第一个模块中已经作了详细讲解，意外险在本书第三个模块中为大家详细介绍，现在就来说说健康险。

健康险有两个子分类，分别是重大疾病保险和医疗险。从分类层级可以看出，重疾险和医疗险是兄弟险种，两者是并列的。其主要区别是：重疾险是给付型赔付，医疗险是补偿型赔付。

百万医疗险的前世今生

商业医疗险和重大疾病险有明显的不同，**医疗险只对被保险人因意外或疾病就医时实际产生的医疗费用提供报销式赔付**。大部分医疗险不限制被保险人所患疾病种类，而是针对免赔额度、赔付比例、赔付范围、医疗必要性等作出一系列限制和规定。保险业务员常说的“跌打损伤、猫爪狗咬、大病小病都能报销”的保险，就是指这种医疗险。

医疗险和重大疾病险在国内已有较长的发展历史，但在 2016 年之前，医疗险的知名度却远远不如重大疾病保险高，原因是医疗险在家庭健康保险规划中始终处于“配角”地位。根据健康险的作用划分，重大疾病保险负责抵御因重病产生的巨额医疗费用支出对家庭经济造成的打击；医疗险则肩负着抵御因治疗中小疾病产生的费用支出对家庭经济的影响。正是因为重疾险保额高、保期长，能为家庭经济抵御较大的风险，所以费用也较贵；医疗险则因为保额低、保期短（只有一年），只能抵御较小风险，所以费用明显便宜很多。

前些年，大部分保险公司都是把医疗险作为附属品和重疾险搭配在一起销售。当时，如果有客户投保健康保险，保险公司一般都会为顾客作如下规划和搭配。

表 2-3　传统的健康保险搭配方案

	某重大疾病保险	某医疗保险
被保险人信息	张志刚，男，37 岁	
主要作用	抵御较大经济风险	抵御较小经济风险
保障范围	25 种重大疾病，确诊即赔付（癌症、心肌梗塞、重大器官移植等）	因疾病或意外伤害住院治疗期间产生的符合医保报销范围的费用，按 80% 的比例给予赔付（免赔额 100 元）
保障金额	30 万元	最高赔付限额 6000 元
保障时间	25 年	1 年
缴费时间	15 年	每年
保费	3800 元 / 年	368 元

表 2-3 中这份较为传统的健康保险搭配方案是非常科学的，重疾险和医疗险搭配，高保额的长期重疾险负责抵御较大的经济风险；医疗险买一年保一年，小额保费支出换取对较小经济风险的抵御，这种搭配让医疗险和重疾险完美互补。需要注意的是，传统医疗险的保障额度普遍较低，案例中的医疗险最高赔付额度只有 6000 元。

很明显，传统的健康保险搭配方案是以重疾险为主，大部分顾客在买保险时，也是重点关心重疾险的性价比和赔付范围，对处于“配角”地位的医疗险不会太在意。同时大部分保险公司也很少把医疗险单独售卖，所以医疗险的知名度一直不高。

从 2016 年开始，情况发生了变化。

2016 年，一批互联网保险公司逐渐兴起，为了避免和传统保险公司正面竞争，以众安保险为代表的互联网保险公司开始从名不见经传的医疗险切入市场。

各互联网保险公司通过大幅提升医疗险的保障额度，设定较高的起赔额，扩展赔付范围，降低保费价格等方式重新设计、包装医疗险，并利用互联网公司特有的宣传和传播优势进行高频次营销推广，最终成功向市场推出了保障额度高达 100 万元的“新”医疗险，美其名曰“百万医疗险”。

这种一年买一次的高额医疗险，因为保费便宜，杠杆率高，不限疾病种类，花二三百元就能买到一百万元的保障额度，上市后一炮而红，大受市场欢迎，成为互联网保险公司在健康险领域的开山之作。

2017 年后，部分线下传统保险公司也纷纷跟进推出了自家的“百万医疗险”产品。此后，各保险公司为了博眼球，抢流量，占市场，纷纷升级医疗险的最高保障额度，200 万元、300 万元、600 万元……目前在售的医疗险中保额最高的已达 1000 万元！

因为这种“超高性价比”医疗险的出现，很多不懂保险的顾客纷纷开始用医疗险代替重疾险，以为自己捡了一个超大的便宜。其实，这些超高的保障额度只是吸引顾客眼球的噱头，医疗险真正的实质并没有改变。另外，有些保险公司在医疗险的名称和宣传描述中特意增加“重大疾病赔付”“恶性肿瘤赔付”“癌症赔付”等字样，或者针对癌症等重大疾病单独列出赔付限额，其目的就是把自家的百万医疗险“打扮”得很像重疾险，以便让更多不明真相的投保者误以为该保险和重疾险起到一样的作用。

表 2–4　百万医疗险产品信息

保险种类	保险名称	保障范围及保额（精简描述）	免赔额	保障年限	保费
“新”百万医疗险	某知名社交平台在售的百万医疗险	100 种重大疾病医疗保险金：600 万元； 一般疾病及意外医疗保险金：300 万元； （门诊、住院、医保外用药、自费药均可报销）	1 万元 （重疾无免赔）	1 年	372 元
	某知名支付平台在售的百万医疗险	100 种重大疾病医疗保险金：600 万元； 一般疾病及意外医疗保险金：300 万元； （门诊、住院、医保外用药、自费药均可报销）	1 万元 （癌症无免赔）	1 年	348 元
被保险人信息：张志刚，男，37 岁					

千万别用百万医疗险代替重疾险

为什么不能用百万医疗险代替重疾险？要搞清楚这个问题，请看笔者的分析。

第一，医疗险保障期限太短，无法保证续保。

以恶性肿瘤、心肌梗塞为代表的重大疾病医疗费用较高，会给普通家庭带来巨大的经济打击，也是普通家庭需要通过保险来抵御的主要经济风险。

针对健康人群而言，各种重大疾病的发病率、发病年龄段都是有一定随机性的，也是无法提前预测的。有些人连续十几年每年体检都很健康，最近一次检查却发现已经罹患恶性肿瘤疾病。总之，针对健康人群而言，**重大疾病的特点是“患病时间不确定，一生可能只患一次，一旦患病则会给家庭经济造成巨大打击”**。

要想通过保险抵御重大疾病带来的经济风险，除了要有充足的保障额度、快速的赔付速度外，还必须有较长的保障时间。只有保障时间足够长，才能将保险抵御此类经济风险的作用发挥到最大。毕竟，针对一个身体健康的人而言，未来一年患重大疾病的可能性是微乎其微的，但是在未来十年、二十年患重大疾病的几率就会大大增加。

鉴于重大疾病的上述特征，我们可以看到，重大疾病保险可以更大程度地起到抵御相关经济风险的作用。

首先，重大疾病保险的保障额度可以高达 30 万元、50 万元甚至 100 万元或更高，基本来说，30 万元以上的重疾险保障额度就可以起到明显的风险抵御效果。

其次，大部分重大疾病保险的保障都是 20 年或 30 年的长期保险或终身保险，可以在较长的时间跨度内起到抵御风险的效果。

最后，重大疾病保险是给付型赔付，一旦确认罹患约定的重疾，就一次性给付所有赔偿款。

因此，家庭主要成员在投保重大疾病保险后，在漫长的保障期限内，一旦罹患约定的重大疾病，保险公司就会一次性给付高额的赔付款，能立竿见影地起到缓解医疗费用支出、防止因病返贫的作用，提升家庭经济的抗风险能力。

所以，重大疾病保险最适合用来抵御因突发重疾而产生巨额医疗费用支出对家庭经济造成的打击。

讲到这里，相信有些读者会有疑问，投保百万医疗险也能起到抵御上述风险的作用，而且还更便宜啊。

部分投保者的观点

首先，百万医疗险的最高赔付额度高达数百万元，足够治疗一场重大疾病。

其次，虽然百万医疗险的保障时间只有一年，但它们都可以续保续期啊。比如某支付平台上所售的百万医疗险，就注明“可续保至 100 岁”，保障时间也足够长了。

同时，百万医疗险每年的保费支出大概只相当于重疾险保费的十分之一，所以用医疗险代替重疾险抵御罹患重大疾病对家庭经济造成的打击，是再好不过的。

图 2-1 某百万医疗险标明“可续保至 100 岁”

上述观点是非常有代表性的，很多投保者都有类似的想法，甚至很多人已经用医疗险代替了重疾险，认为买一份医疗险就万事无忧了，其实这种做法是非常不妥的。

关于医疗险，大家看到的表面信息和真相往往有很大差距。百万医疗险的最高赔付额度虽高达 300 万元甚至更多，但这些超高保障额度基本上都是吸引眼球的噱头，是严重虚高的数据，没有实际意义。关于医疗险保障额度虚高的问题，笔者会在下文具体分析。现在先说另一个更重要的“坑”——医疗险的续保问题。

相比重疾险而言，百万医疗险的保费确实便宜，只需要一顿饭钱就能转移“看病贵”的风险。但是很多人有顾虑：这种医疗险每次保障期限仅一年，若想延长保障期限，就需要每年续保一次。

如果今年因为生病理赔了，明年续保怎么办？

万一不能续保，再去买其他产品时，也不符合核保条件了，那可如何是好？

另外，这种医疗险能让我续保多少年？

等年纪大了进入疾病高发年龄时，保险公司还会卖给我这种保险吗？

总体来说，续保有没有保障，是很多人对医疗险较为担忧的问题。

每当遇到这种担心和疑问时，保险公司业务员就会主动把关于医疗险续保的条款展示出来。

百万医疗险合同中关于续保的常用描述

本医疗险合同期满，投保人可以向保险公司申请续保本合同，续保不计算等待期。

保险公司不会因为被保险人的健康状况变化或历史理赔情况单独调整续保保费率或拒绝被保险人续保。

本保险最高可续保至被保险人 100 岁（或 80 岁、88 岁等，一般都明显超过国人平均寿命）。

发生理赔后，仍然可以进行续保。

如果仔细查看百万医疗险的相关宣传描述和合同条款，就会发现大部分百万医疗险都打着可续保至 88 岁、100 岁的标语，但其用词一般是可“连续投保”至 xx 岁、“可续保”至 xx 岁、“允许续保”至 xx 岁等字样，而非使用“保证续保”至 xx 岁的描述。描述用词不同，带来的最终结果完全不一样，**因为没有“保证续保”的承诺，被保险人就随时面临无法续保的情况**。

■ 知识扩展

“允许续保”和“保证续保”有根本性的区别。

通俗地说，“连续投保”“允许续保”“可续保至 xx 岁”等词语的意思是，被保险人可以提出续保申请，至于保险公司是否同意该申请，则由保险公司根据实际情况而定。

“保证续保”至 xx 岁的意思是，只要被保险人在 xx 岁之前提出续保申请，保险公司就保证必须接受并给予承保，相当于保险公司作出的保证或承诺条款。

只要医疗保险合同中没有作出“保证续保”的承诺或描述，其宣称的“可投保至 88 岁”“可续保至 100 岁”等口号都没有任何实际意义。

为什么大部分医疗保险不给出“保证续保”的承诺呢？主要原因是**保险公司根本就没打算把这些所谓的百万医疗险长期卖给你**。

对于保险公司来说，一年期的百万医疗险虽然赔付额度较高，但因为合同周期较短，起赔额较高等因素，导致保险公司承担的实际赔付风险非常低，所以百万医疗险是一种能为保险公司“赚快钱”的产品。

保险公司最关心的肯定是如何降低产品的总赔付金额，他们希望能多收保费，少出赔款。针对百万医疗险来说，若被保险人因为小病小灾住院治疗后，保险公司给赔付个万儿八千的费用不算啥。保险公司最不希望被保险人身患癌症、器官移植等重大疾病，因为这些病赔钱太多，所以保险公司会想方设法降低被保险人罹患重大疾病而产生的理赔案件。

前面说过，对于身体健康的被保险人来说，未来一年内身患癌症等重大疾病的可能性几乎为零，但是在未来二十年内患重大疾病的几率会明显增加。原因很简单：时间越长，罹患重大疾病的几率越高。

站在保险公司的角度看，他们既想把医疗险尽量长时间地卖给投保者，以便收取更多的续保费用，又不想因为保障时间太长而导致被保险人患重大疾病的几率增加。所以，保险公司会找到一个关于“续保年数”和“被保险人患重疾几率”的平衡点。

保险公司精算师通过综合计算后发现，“六到七年”是比较安全的临界点，意思是针对各年龄段的平均数据，一个身体健康的人，在未来六七年内罹患重大疾病的可能性是非常小的，超过七年，重疾发病率就会明显提高。保险公司若能把被保险人续保百万医疗险的年数控制在六年以内，就能使该保险产品“稳赚不赔”，甚至可实现利润最大化。

保险公司在开发、设计百万医疗险之初，就没打算把这种产品长期卖给客户，最多就卖五六年。他们希望被保险人续保，但平均续保次数一般不会允许超过 5 次或 6 次。

保险公司怎样才能控制客户续保百万医疗险的次数呢？最主要的方法就是“产品停售”！一旦某百万医疗险产品停止销售，则任何人均无法再续保。

因此，几乎所有百万医疗险产品在合同中关于续保事宜都有如下类似条款。

> 某支付平台所售百万医疗险相关条款：
>
> 如本合同（该百万医疗险）统一停售，保险公司不再接受投保人续保。
>
> 某社交平台所售百万医疗险相关条款：
>
> 本合同为非保证续保合同……若我们不再接受续保，我们会在本合同保险期间届满之前通知您。
>
> 某第三方保险销售网站所售百万医疗险相关条款：

如被保险人超过 99 周岁或本保险产品统一停售，保险公司不再接受投保人连续投保。

在实际经营过程中，保险公司也是通过调整百万医疗险产品的“统一停售”时间，实现控制客户续保次数的，从而确保该产品始终处于盈利临界点之内。

大部分传统医疗险从上市销售到统一停售的时间跨度，一般都是五年到六年，主要目的就是为了控制整体赔付风险，确保产品在盈利区间运营。

现在市场上流行的“新百万医疗险”产品是在 2016 年 8 月首次出现的，上市销售时间至今还不满 3 年，所以尚未出现“统一停售”的百万医疗险。但是，因为百万医疗险的保额较高，保费更便宜，所以这种产品的连续销售时间估计不会超过五六年。

也许再过两三年，第一批投保百万医疗险的顾客就会惊讶地发现，自己当初买的“某某百万医疗险”，已经因为“统一停售”而无法缴费续保。仔细查看保险公司的网站，发现他们又推出了“某某百万医疗险Ⅱ代”或“某某百万医疗险（20×× 款）”等升级产品。虽然新款百万医疗险对外宣传的名称没有变化，但是**保险合同号已经完全不同**，已经是一款全新的百万医疗险了（保险产品以在保监会备案的编号及合同名称为准，与保险公司宣传时所用名称无关）。此时，如果再想投保其他医疗险或重疾险，则可能会因为被保险人在这五六年内患过一些疾病而不再符合投保条件。

■ 知识链接

针对目前保险市场上部分百万医疗险乱象丛生、恶意扰乱市场的行为，保监部门在 2018 年连发两份公告，一份要求保险公司规范销售行为，一份提示消费者谨防保险公司的宣传误导。

2018 年 4 月 18 日，天津保监局发布公告《加大对“百万医疗”类短期医疗险监管力度》。

公告明确要求：在销售环节，（保险公司应）阐明产品属性，必须向投保人明示产品本质是短期医疗险，保险期间为 1 年，厘清“连续投保”和“保证续保”的区别……必须明示产品存在停售或升级换代等“类停售”风险，可能导致发生过赔付的投保人不能连续投保。在核赔环节，对理赔依据的“近因原则”给予全面具体界定，增加制式规则，减少人工核议，最大限度减少理赔灰色地带。

两个月后，2018 年 6 月 13 日，中国银保监会发布《关于互联网渠道短期健康保险续保问题的消费提示》。

该提示说，针对部分消费者反映的通过互联网购买的短期健康险产品到期后不予续保的问题，明确短期健康险不含有保证续保条款等方面情况，提醒消费者对此类产品要谨防宣传误导。

当然，目前市场上也有极个别公开承诺可以“保证续保”的百万医疗险，比如平安保险公司旗下的“平安 e 生保百万医疗险（保证续保版）”，这款百万医疗险合同中明文规定可以“保证续保”，**但是有六年的时间限制**，意思是顾客投保该医疗险后六年内可“保证续保”，超过六年后就不一定会再卖给你了。

为什么限制为六年？原因与上述分析同出一辙。

由以上分析可知，**用百万医疗险代替重大疾病保险是不现实的，因为百万医疗险不能“保证续保”，无法提供长期、持续的抗风险能力。有可能在自己最需要保障的时候，它却无法续保了。**

如果选择重大疾病保险，就完全不用担心保障时间的问题，也不用担心所投保的重疾险停售带来的风险。长期重疾险合同成立、保险生效后，即便所投保的重疾险产品停售，也不影响已生效合同的效力。

百万医疗险保额虽高却华而不实

前文提到过，若想用保险抵御因患重大疾病产生的巨额开销对家庭经济带来的打击，该保险必须满足三个基本条件：保障时间长、保障额度高、赔偿款支付及时。

重大疾病保险恰恰可以完美地满足上述三个条件，所以要想通过保险抵御重大疾病对家庭经济的打击，应首选重大疾病保险，绝对不能选医疗险，即便是“百万医疗险”也不行。

下面就来讲解百万医疗险保障额度虚高的问题。

前面分别提到了一份传统医疗险和两份“新百万医疗险”的相关数据，现在把新旧两种医疗险放在一起横向对比一下。

表 2-5 新旧百万医疗险对比

保险种类	保险名称	保障范围及保额（精简描述）	免赔额	保障年限	保费
“新”百万医疗险	某知名社交平台在售的百万医疗险	100 种重大疾病医疗保险金：600 万元；一般疾病及意外医疗保险金：300 万元；（门诊、住院、医保外用药、自费药均可报销）	1 万元（重疾无免赔）	1 年	372 元
	某知名支付平台在售的百万医疗险	100 种重大疾病医疗保险金：600 万元；一般疾病及意外医疗保险金：300 万元；（门诊、住院、医保外用药、自费药均可报销）	1 万元（癌症无免赔）	1 年	348 元
传统医疗险	某线下传统医疗险	因疾病或意外伤害住院治疗期间产生的符合医保报销范围的费用，按 80% 的比例给予赔付。免赔额 100 元，最高限额 6000 元（只报销住院期间费用、医保内费用，报销比例 80%）	100 元	1 年	368 元

被保险人信息：张志刚，男，37 岁

通过“新百万医疗险”和传统医疗险的数据对比，可以发现一个非常值得深思的问题：相对传统医疗险而言，“新百万医疗险”把最高保障额度从6000元提高到600万元，但是每年所缴保费基本没有变化，也就是百万医疗险的保费**没涨价**！

按照正常的商业逻辑，医疗险的最高保障额度大幅提高，但保费没涨价，说明保险公司没有因此增加成本，那么投保者自然也就无法从中占到便宜，也说明百万医疗险的抗风险能力没有实质性增加，高达数百万元的保障额度只是吸人眼球的噱头而已。

通过上述数据对比也能发现，新旧医疗险在保障、赔付范围的限制方面有较大区别：以表2-5中的某传统医疗险为例，其赔付范围非常小，虽然对所患疾病种类没有要求，但只针对被保险人住院期间产生的医疗费用给予报销赔付（不承担门诊花费），而且还只报销医保范围内的费用（自费药、自费项目的花费不承担），最后还有总额限制，最高只给报销6000元。

与其形成鲜明对比的是，表2-5中展示的两款“新百万医疗险”的赔付范围，比传统医疗险大大增加，不但对疾病种类没有限制，而且门诊和住院费用都能报销，医保内、医保外、自费药、进口药也均可报销。若不幸罹患重大疾病，其最高赔付额度还可以翻倍，达到600万元之巨。最重要的是，这种保险的价格没有上涨。

不过仔细对比后会发现，“新百万医疗险”增加了1万元的免赔额限制，高额免赔额的出现，才是让百万医疗险做到“提量不提价”的主要原因。

■ 知识扩展

什么是免赔额

免赔额就是保险公司免于赔付的额度。在医疗险中，免赔额的含义是指被保险人因患疾病导致的在一定金额内的费用支出，保险公司不予赔付。

举两个简单的例子，假如某医疗险的免赔额是200元，小王某次看病的医疗开销是160元，即使这160元的费用均在保障范围内，保险公司也不予赔付。因为该医疗险的免于赔付额度是200元，意思是在200元以内的费用均由被保险人自行承担。

还是同一份医疗险，若另一位被保险人老张某次的看病费用是680元，且均符合该医疗险的保障范围，则保险公司会先扣除200元的免赔额后，针对超过免赔额的部分给予报销赔付，最终报销赔付金额是480元。

保险公司之所以在医疗险中设定免赔额的限制，是因为医疗险本身是一种“理赔件数占比高”“件均理赔金额低”的险种。

对保险公司来说，设定免赔额可以有效避免小额索赔案件频发的情况，降低理赔费用和人员应对成本。对投保人来说，一定的免赔额限制可以降低理赔概率，进而降低保险价格，提升医疗险保障的杆杠率。所以，免赔额的设置是有一定的客观道理和作用的。

但是免赔额的限制一般不会太高，大部分传统医疗险的免赔额一般在100元至300元，而且免赔额越低，对投保者越有利。

结合上文针对免赔额的扩展介绍，可以发现“新百万医疗险”的免赔额设定实在太高了，竟然高达1万元，其免赔额比传统医疗险的最高赔付限额还高很多，过高的免赔额明显是对投保者不利的。

如果普通投保者对百万医疗险较高的免赔额不满而质问保险公司，保险业务员一般会用如下解释给出答复。

尊敬的客户，你好，我司为旗下的百万医疗险设定较高的免赔额是有合理原因的，同时对投保者也有明显的好处，具体体现在以下两方面。

首先，提高百万医疗险的免赔额后，可以大幅降低该保险产品的投保费用，能实实在在地为客户节省保费支出。

目前我司此款百万医疗险最高保障额度高达 600 万元，虽然免赔额是 1 万元，但其只占保障额度的 1/600，保费也只需 300 多元；其他保险公司某些医疗险的费用虽然也是 300 多元，保障额度只有 6000 元，免赔额 100 元，其免赔额已占到总保额的 1/60。

正是因为适当提高了免赔额，保险公司才能用同样的售价为顾客提供更高的赔付额度。相比而言，这款医疗险的免赔额只提高 100 倍，但赔付额度却提升了 1000 倍。

所以，我司这款百万医疗险保额更高，免赔额占比更低，也明显具有更高的性价比。

其次，普通人之所以要买保险，是为了抵御一些较大的风险，而不是为了弥补一些小疾病带来的医疗费用支出。对于大部分正常家庭而言，绝对不会因为一次花费几千元的住院费而导致家庭出现经济危机，但大多数家庭都经不起癌症、恶性肿瘤等重大疾病的折腾，因为这些病情的治疗费用动辄 30 万元、40 万元以上，会使大部分家庭“辛辛苦苦几十年，一病回到解放前”，甚至有些人根本支付不起这高额的治疗费用。这些治疗费用较高的疾病带来的风险，才是我们真正应该通过保险来抵御的。我们这款医疗险针对罹患重大疾病的客户可以提供最高 600 万元的赔付额度，足够弥补相应医疗费的支出了，而且我们针对癌症等重大疾病是没有免赔额的。

因此，把免赔额设定为 1 万元，就是为了实现“小病自己负担，大病保险解决”的目标。因为只有这样，才能用极少的保费支出换来超高额度的赔付额度，最终让顾客“把钱花在刀刃上”！

针对保险业务员关于较高免赔额的解释，各位读者是否认可？其实，该保险业务员的上述说辞是完全站不住脚的，甚至还有误导之嫌。

百万医疗险之所以设置高达万元的免赔额，主要目的就是降低保险公司的总体赔付金额，减少医疗险索赔案件的数量。

大家已经知道，医疗保险采用补偿型赔付方式，需扣除被保险人从其他途径获得的补偿款后再给予赔付，意思是只对投保者为治疗所患疾病个人实际支出的费用给予补偿赔付。所以投保者通过商业医疗保险获得的补偿赔付款金额，注定只是全部治疗费用的一部分，而且个人实际支出的费用必须大于免赔额的部分才能获得赔偿。

■ 案　例

张先生周末在家时不慎从二楼摔下，导致胯骨骨折，住院一个月共花费 28000 元。

因张先生有职工医疗保险，所以部分医保范围内的开销已由职工医保承担，张先生本人实际支付的医疗费用为 7600 元。另外，张先生所在工作单位又给了 5000 元的人道主义补偿，所以最终张先生为治疗本次疾病实际花费 2600 元。

若张先生之前买过医疗险，则保险公司只对张先生实际支付的 2600 元费用给予补偿赔付。如果其所买医疗险的免赔额是 100 元，则张先生本次可以获赔 2500 元；若免赔额是 1 万元，则未达到赔付要求。

目前所有医疗险都是采用补偿赔付方式，并且各医疗险也会对补偿赔付的原则在保险合同中给出明确说明。

以下是某支付平台所售百万医疗险在合同中对补偿赔偿原则的描述，供参考。

本合同适用医疗费用补偿原则。若被保险人已从其他途径（包括社会医疗保险、公费医疗、工作单位、本保险公司在内的任何商业保险机构等）获得医疗费用补偿，则保险公司仅对被保险人实际发生的医疗费用扣除其所获医疗费用补偿后的余额按照本合同的约定进行赔付。

通过以上分析可知，如果某医疗险的免赔额太高，投保者获取赔付的机会就会大大减少。**如果保险公司把医疗险的免赔额调高至遥不可及，远超平均医疗费用的水平，那么购买这种医疗险也就没啥意义了。**

下面看看正常情况下的医疗支出费用是多少。以下数据是国家卫生健康委员会发布的《2018 年 1–11 月全国二级以上公立医院病人费用情况》中列明的数据。

《2018 年 1–11 月全国二级以上公立医院病人费用情况》

次均门诊费用

2018 年 1–11 月，全国三级公立医院次均门诊费用为 319.2 元；

2018 年 1–11 月，全国二级公立医院次均门诊费用为 203.9 元。

人均住院费用

2018 年 1–11 月，全国三级公立医院人均住院费用为 13378.2 元；

2018 年 1–11 月，全国二级公立医院人均住院费用为 6057.1 元。

从权威部门公布的平均医疗费用可以看出，即便是国内规模较大的三级医院（就是大家经常说的三级甲等医院、三级乙等医院），人均住院费用也只有 13378.2 元。除此之外的各级别医院人均门诊、住院费用均在 1 万元之内。我国居民基本都有医保（截至 2017 年，我国城乡居民基本医保参保人数已超 13 亿），因此，即便在三级医院住院就诊，经过基础医保报销后的人均住院费用也不会超过 1 万元。

所以，绝大部分购买百万医疗险的人，即便在保障期内生病住院，也很少有机会获得赔付，因为 1 万元的免赔额实在太高了。当然，我们买保险是为了防患于未然，不能因为之前没生过病就不买保险。但是，如果某些保险把赔付条件设定得极其苛刻，被保险人即便生病也无法达到获赔要求，那么这种保险也没有购买的意义了。

正是因为大部分投保者在身患一般疾病时花费极少超过 1 万元，很难获得百万医疗险的赔付（或只能获得很少的赔付金额），所以保险公司就最大程度地降低了百万医疗险的整体赔付支出，众多百万医疗险才可以放心地提升最高保障额度，100 万元保额、300 万元保额、600 万元保额，各竞品之间竞相提升保额，赚足了眼球。其实大部分百万医疗险在大幅提升最高保障额度时，几乎不会增加太多成本，其最高保障额度和保费之间没有密切关系，其噱头远大于实际意义。

针对部分保险公司百万医疗险在营销过程中出现的乱象，银保监会曾于 2018 年 5 月 4 日发文予以制止。

> 2018 年 5 月 4 日，银保监会下发《人身保险产品开发设计负面清单》，该文件明确禁止保险公司在设计医疗保险时给消费者留下“大坑”，其内容包括：费用补偿型医疗保险为追求营销噱头，在严重缺乏经验数据、定价基础的情况下，盲目设定高额给付限额，并在短期健康保险中引入“终身给付限额”“连续投保”等长期保险概念，夸大产品功能，扰乱市场秩序。

有些读者认为，投保百万医疗险后，虽然患普通疾病时会因为治疗费用较低无法达到赔付标准，但是万一被保险人不幸罹患治疗费用较高的重大疾病，此时就可以稳稳地获得赔付了呀。就像前文中那位保险业务员说的一样，“普通人之所以要买这款百万医疗险保险，是为了抵御一些较大的风险，而不是为了弥补一些小疾病带来的医疗费用支出。治疗费用较高的疾病带来的风险，才是我们真正应该通过保险来抵御的”，该言论的最后一句观点是正确的，保险主要是用来抵御较大风险的。但是医疗险绝对不是用来抵御较大风险的，这个观点就是在偷换概念，误导顾客说买这份保险虽然小疾病无法获赔，但大病可以赔付。

前文提到过，绝大部分百万医疗险都没有“保证续保”条款，保险公司会通过控制百万医疗保险的“统一停售”时间，把投保者的续费年数控制在六年以内，因为“六到七年”是各年龄段的健康人在未来患重大疾病概率由少变多的临界点。

综合以上分析，我们发现，部分百万医疗险用大幅提高免赔额的手段降低投保者患小病时获赔的可能性，又利用“非保证续保”条款间接限制投保者的续保年数，确保被保险人的重疾发病率处于安全临界点内，以减少对重大疾病的赔付案件数量，最终使保险公司达到降低总赔付金额的目的，确保百万医疗险产品的利润最大化。导致的畸形结果就是，某些百万医疗险产品针对小病和大病带来的经济风险都没有较好的抵御能力，完全成了部分保险公司“赚快钱”的工具。

由此可见，用百万医疗险代替重大疾病保险是绝对不可行的。当然，并非投保百万医疗险后一点获赔的几率都没有，而是明显低于传统医疗险的获赔几率。

从理赔数据看医疗险主要特征

根据同方全球人寿保险公司 2019 年 1 月 11 日发布的《同方全球人寿 2018 年理赔报告》中的数据，可以看出医疗险“理赔件数多”“件均理赔金额低”的主要特点。

2018 年同方全球人寿保险公司所有四类理赔案件的占比如下。

医疗险理赔案件数占比 86%，重大疾病 / 轻症疾病理赔案件数占比 10%，身故理赔占比 3%，残疾理赔占比 1%。

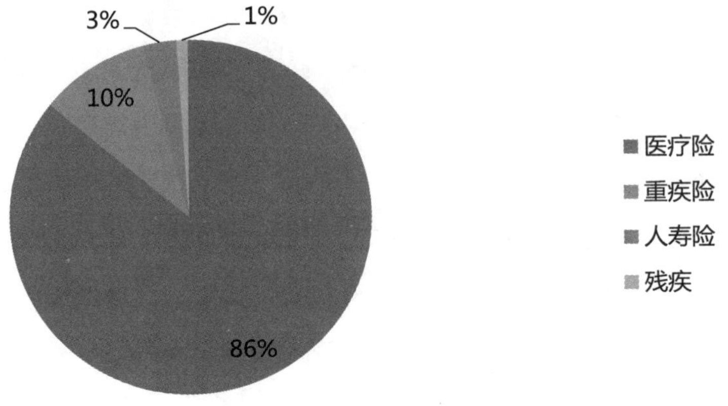

图 2-2 同方全球人寿保险公司 2018 年理赔案件分布图

其中同方全球人寿保险公司所有医疗险理赔案件的件均赔付金额仅为2229.3元，重大疾病保险理赔案件的平均赔付金额则为15万元。

另外，医疗保险件均理赔金额较低，并不是某一家保险公司特有的情况，而是整个保险行业的整体表现，也是医疗险“件均理赔金额低”的特性决定的。

下面看看其他几家保险公司的医疗险理赔数据。

泰康保险公司 2017 年的理赔报告数据显示，该公司 2017 年全年医疗险理赔件数占全部险种总理赔件数的 88.8%，医疗险件均赔付金额仅为 1562 元。

恒安标准人寿保险公司 2017 年的理赔报告数据显示，该公司 2017 年全年医疗险理赔件数占全部险种总理赔件数的 84.25%，住院医疗类保险件均赔付金额只有 1982.62 元。

合众人寿保险公司 2017 年的理赔报告数据显示，该公司 2017 年全年医疗险理赔件数占全部险种总理赔件数的 82%，医疗险件均赔付金额为 556.99 元。

阳光保险公司 2017 年的理赔报告数据显示，该公司 2017 年全年医疗险理赔件数占全部险种总理赔件数的 92.98%，医疗险件均赔付金额为 729.38 元。

笔者之所以在本节特意增加此内容，其**目的绝不是让读者远离百万医疗险，而是告诫大家：不能用百万医疗险代替重大疾病保险**。

那么针对普通家庭投保者而言，医疗险或百万医疗险还有没有投保的必要和价值呢?

有!

健康保险分为两大类，分别是重大疾病保险和医疗险。其中重疾险负责抵御因罹患重大疾病造成的家庭经济风险，医疗险肩负抵御中小疾病对家庭经济造成的打击，二者有明确的分工。

普通家庭在做家庭保险规划时，应该重点关注对较大风险的防御能力，在实际投保时应为家庭主要成员首选重大疾病保险。有了完善的重疾险保障后，再考虑增加投保医疗险，以便完善保障力度，绝对不能本末倒置。

■ 小　结

重疾险负责抵御因罹患重大疾病造成的家庭经济风险；

医疗险负责抵御中小疾病对家庭经济造成的打击；

重疾险和医疗险可以取长补短，起到互补作用，但绝对不具备相互替代性。

普通家庭在投保健康险时应首选重疾险，有了重疾险保障后，若想进一步增加保障力度，可以再增加一份医疗险。

投保重疾险，每年的保费支出约是医疗险的 10 倍左右，这也从侧面验证了“一分价钱一分货”的基本道理。想用十分之一的价格去实现和重疾险一样的风险防范效果是不可能的，别以为保险公司都是傻子。

总之，不能用医疗险或百万医疗险代替重大疾病保险。

2.2 应该给谁投保重大疾病保险

2.2.1 各个年龄段都有发生重大疾病的可能

每个年龄段人群都有患重大疾病的可能

人吃五谷杂粮，生病是不可避免的，患大病也是常见之事。

正常情况下，普通人年龄越大，罹患重大疾病的概率越高。但是种种迹象表明，近年**重大疾病年轻化**的现象也愈加严重。总之，各个年龄段人群都有患重大疾病的可能，只是各年龄段高发的疾病种类不同而已。

2013 年 10 月 30 日，中国保监会正式发布了由中国精算师协会负责编写的《中国人身保险业重大疾病经验发生率表（2006 - 2010）》，这是中国第一份人身保险业重大疾病经验发生率表。该套重疾发生率表在编制过程中采集了高达 7500 万条样本保单，几乎涵盖了所有高发重疾种类，为社会提供了非常宝贵的、高质量“重大疾病大数据”，也是研究我国重疾发生率的重要依据。

2013 年 10 月 31 日，保监会发布“保监寿险〔2013〕685 号”文件，正式将《中国人身保险业重大疾病经验发生率表（2006 - 2010）》作为包含重大疾病保险责任的人身保险产品法定责任准备金评估用表，为各家保险公司确定重大疾病保险和人寿险产品费率提供了科学依据。

表 2–6 25 病种经验发生率男表（代码：CI3 表）

年龄	ix	kx	年龄	ix	kx	年龄	ix	kx
0	0.000595	2.60%	35	0.001396	35.78%	70	0.038500	67.25%
1	0.000530	11.01%	36	0.001550	37.71%	71	0.041480	66.67%
2	0.000469	14.18%	37	0.001732	39.80%	72	0.044662	65.92%

年龄	ix	kx	年龄	ix	kx	年龄	ix	kx
3	0.000420	15.63%	38	0.001945	42.03%	73	0.047245	65.03%
4	0.000393	16.42%	39	0.002190	44.34%	74	0.049972	64.06%
5	0.000378	17.03%	40	0.002474	46.67%	75	0.052903	63.05%
6	0.000359	17.87%	41	0.002800	48.95%	76	0.056087	62.01%
7	0.000344	18.98%	42	0.003172	51.11%	77	0.059566	60.99%
8	0.000331	19.76%	43	0.003595	53.10%	78	0.062548	60.01%
9	0.000319	20.64%	44	0.004070	54.91%	79	0.065766	59.06%
10	0.000310	21.48%	45	0.004600	56.54%	80	0.069520	58.14%
11	0.000303	22.21%	46	0.005183	58.01%	81	0.073459	57.21%
12	0.000301	22.82%	47	0.005817	59.34%	82	0.077563	56.29%
13	0.000302	23.30%	48	0.006502	60.57%	83	0.081201	55.43%
14	0.000307	23.62%	49	0.007235	61.69%	84	0.085051	54.65%
15	0.000318	23.72%	50	0.008018	62.70%	85	0.089178	53.97%
16	0.000334	23.54%	51	0.008854	63.64%	86	0.093649	53.38%
17	0.000354	23.02%	52	0.009753	64.54%	87	0.098518	52.87%
18	0.000379	22.18%	53	0.010719	65.42%	88	0.103839	52.41%
19	0.000408	21.16%	54	0.011752	66.25%	89	0.109632	51.94%
20	0.000441	20.18%	55	0.012842	66.98%	90	0.115226	51.42%
21	0.000478	19.50%	56	0.013971	67.55%	91	0.121086	50.79%
22	0.000519	19.33%	57	0.015120	67.95%	92	0.127085	50.04%
23	0.000565	19.80%	58	0.016274	68.16%	93	0.133086	49.13%
24	0.000616	20.84%	59	0.017430	68.22%	94	0.138967	47.49%
25	0.000670	22.26%	60	0.018591	68.16%	95	0.144605	45.23%
26	0.000726	23.83%	61	0.019770	68.06%	96	0.149921	43.00%
27	0.000782	25.33%	62	0.020984	67.97%	97	0.155199	40.88%
28	0.000838	26.65%	63	0.022254	67.95%	98	0.159675	38.70%
29	0.000893	27.78%	64	0.023600	67.97%	99	0.164318	36.72%
30	0.000949	28.80%	65	0.025290	68.02%	100	0.169022	34.91%
31	0.001009	29.86%	66	0.027409	68.04%	101	0.173944	33.29%
32	0.001078	31.05%	67	0.030020	68.01%	102	0.179050	31.83%
33	0.001162	32.43%	68	0.032422	67.90%	103	0.184345	30.53%
34	0.001267	34.01%	69	0.035071	67.66%	104	0.189837	29.39%

表 2-7 25 病种经验发生率女表（代码：CI4 表）

年龄	ix	kx	年龄	ix	kx	年龄	ix	kx
0	0.000815	2.60%	35	0.001596	43.58%	70	0.025119	61.09%
1	0.000651	19.70%	36	0.001770	45.24%	71	0.027204	60.70%
2	0.000533	21.07%	37	0.001962	47.04%	72	0.029458	60.25%
3	0.000448	22.53%	38	0.002171	48.95%	73	0.031386	59.76%
4	0.000377	24.10%	39	0.002398	50.94%	74	0.033501	59.24%
5	0.000332	25.77%	40	0.002643	52.92%	75	0.035859	58.71%
6	0.000304	27.20%	41	0.002909	54.81%	76	0.038512	58.16%
7	0.000286	28.80%	42	0.003195	56.54%	77	0.041472	57.58%
8	0.000289	30.02%	43	0.003503	58.06%	78	0.043977	56.97%
9	0.000301	31.32%	44	0.003834	59.36%	79	0.046729	56.29%
10	0.000322	32.32%	45	0.004188	60.48%	80	0.049920	55.55%
11	0.000346	32.97%	46	0.004564	61.47%	81	0.053258	54.75%
12	0.000369	33.22%	47	0.004933	62.40%	82	0.056702	53.91%
13	0.000390	33.07%	48	0.005288	63.28%	83	0.059933	53.08%
14	0.000408	32.57%	49	0.005636	64.13%	84	0.063221	52.24%
15	0.000424	31.80%	50	0.005986	64.92%	85	0.066581	51.38%
16	0.000438	30.85%	51	0.006348	65.63%	86	0.070056	50.46%
17	0.000451	29.78%	52	0.006731	66.28%	87	0.073705	49.50%
18	0.000465	28.67%	53	0.007143	66.84%	88	0.077300	48.52%
19	0.000480	27.62%	54	0.007592	67.31%	89	0.081165	47.51%
20	0.000496	26.77%	55	0.008081	67.64%	90	0.084876	46.45%
21	0.000515	26.24%	56	0.008616	67.84%	91	0.088764	45.31%
22	0.000538	26.20%	57	0.009197	67.90%	92	0.092736	44.06%
23	0.000568	26.69%	58	0.009830	67.83%	93	0.096689	42.66%
24	0.000605	27.69%	59	0.010520	67.61%	94	0.100547	40.78%
25	0.000651	29.05%	60	0.011280	67.24%	95	0.104229	38.29%
26	0.000704	30.61%	61	0.012127	66.72%	96	0.107687	35.90%
27	0.000764	32.19%	62	0.013086	66.08%	97	0.111101	33.66%
28	0.000831	33.70%	63	0.014186	65.33%	98	0.113990	31.45%
29	0.000905	35.10%	64	0.015460	64.52%	99	0.116966	29.46%
30	0.000987	36.44%	65	0.016933	63.70%	100	0.119940	27.63%

年龄	ix	kx	年龄	ix	kx	年龄	ix	kx
31	0.001078	37.77%	66	0.018181	62.94%	101	0.123049	26.00%
32	0.001182	39.12%	67	0.019700	62.30%	102	0.125869	24.47%
33	0.001302	40.53%	68	0.021419	61.82%	103	0.128762	23.10%
34	0.001439	42.01%	69	0.023306	61.45%	104	0.131727	21.88%

表 2-6 和表 2-7 展示的数据就是《中国人身保险业重大疾病经验发生率表（2006 - 2010）》的部分核心内容。两份表格分别统计了男性和女性在 0 至 104 岁各个年龄段的重大疾病发病率等相关数据。

表格中的“ix”是指重大疾病的经验发生率，“kx”是指在包含重大疾病保险责任的人身保险产品中，因患重大疾病死亡的人数占全部死亡人数的比率。

■ 知识扩展

快速看懂《中国人身保险业重大疾病经验发生率表（2006 — 2010）》

该表中有三列数据，分别是年龄、ix 和 kx。

ix：重大疾病的经验发生率。

通俗地说，ix 就是“当前年龄段对应的重大疾病发生率”。

以表 2-6 中的 37 岁男性数据为例。37 岁男性对应的“ix”数据是 0.001732（若用百分比格式则为 0.1732%），其含义就是男性在 37 岁这一年内（365 天）发生重大疾病的概率是 0.1732%。

kx：在包含重大疾病保险责任的人身保险产品中，因患重大疾病死亡的人数占全部死亡人数的比率。

以表 2-6 中的 37 岁男性数据为例。37 岁男性对应的“kx”数据是 39.8%，其含义就是所有在 37 岁这一年死亡的男性，有 39.8% 的人是因重大疾病导致的。

综合上述两个指标，即可完整解读表中关于各个年龄的重大疾病发生率和致死数据。

以 45 岁女性相关数据为例（表 2-7），解读如下：我国女性在 45 岁这一年内发生重大疾病的概率是 0.4188%；在 45 岁这一年内死亡的女性中，有 60.48% 的人是因患重大疾病导致的。

很明显，在保监会发布的《中国人身保险业重大疾病经验发生率表（2006 - 2010）》中，只能查到某一年龄对应的重大疾病发生率，但无法查到某一年龄之前的重大疾病累积发病概率。比如，我们只能看到女性在 45 岁这一年间患重疾的概率是 0.4188%，女性在 46 岁这一年间患重疾的概率是 0.4564%，但无法知道女性在 0-45 岁这一段时间内（也就是 46 岁之前）累计患重大疾病的概率是多少。其实这个是可以通过《中国人身保险业重大疾病经验发生率表（2006 - 2010）》中的数据，根据概率学知识计算得出的，表 2-8 就是计算后的结果。

表 2-8 25 病种重大疾病累计经验发生率表

年龄	男性	女性	年龄	男性	女性	年龄	男性	女性
0	0.0595%	0.0815%	35	2.0635%	2.2346%	70	39.1975%	29.1531%
1	0.1125%	0.1465%	36	2.2153%	2.4076%	71	41.7196%	31.0804%
2	0.1593%	0.1998%	37	2.3847%	2.5991%	72	44.3225%	33.1106%
3	0.2012%	0.2445%	38	2.5745%	2.8106%	73	46.9530%	35.2100%
4	0.2405%	0.2821%	39	2.7879%	3.0436%	74	49.6039%	37.3805%
5	0.2782%	0.3152%	40	3.0284%	3.2999%	75	52.2700%	39.6260%
6	0.3140%	0.3455%	41	3.2999%	3.5812%	76	54.9470%	41.9511%
7	0.3483%	0.3740%	42	3.6067%	3.8892%	77	57.6306%	44.3585%
8	0.3813%	0.4028%	43	3.9532%	4.2259%	78	60.2808%	46.8055%
9	0.4130%	0.4328%	44	4.3441%	4.5931%	79	62.8929%	49.2912%
10	0.4439%	0.4648%	45	4.7841%	4.9927%	80	65.4726%	51.8226%
11	0.4741%	0.4993%	46	5.2776%	5.4263%	81	68.0090%	54.3884%

年龄	男性	女性	年龄	男性	女性	年龄	男性	女性
12	0.5040%	0.5360%	47	5.8286%	5.8928%	82	70.4903%	56.9747%
13	0.5341%	0.5748%	48	6.4409%	6.3905%	83	72.8865%	59.5533%
14	0.5646%	0.6153%	49	7.1178%	6.9180%	84	75.1925%	62.1104%
15	0.5962%	0.6575%	50	7.8626%	7.4752%	85	77.4048%	64.6331%
16	0.6294%	0.7010%	51	8.6783%	8.0626%	86	79.5208%	67.1108%
17	0.6646%	0.7458%	52	9.5690%	8.6814%	87	81.5384%	69.5349%
18	0.7023%	0.7919%	53	10.5383%	9.3337%	88	83.4554%	71.8898%
19	0.7428%	0.8395%	54	11.5897%	10.0220%	89	85.2692%	74.1714%
20	0.7865%	0.8887%	55	12.7250%	10.7491%	90	86.9666%	76.3636%
21	0.8340%	0.9398%	56	13.9444%	11.5181%	91	88.5448%	78.4617%
22	0.8854%	0.9931%	57	15.2455%	12.3319%	92	90.0006%	80.4591%
23	0.9414%	1.0493%	58	16.6248%	13.1937%	93	91.3313%	82.3485%
24	1.0025%	1.1092%	59	18.0780%	14.1069%	94	92.5360%	84.1233%
25	1.0688%	1.1735%	60	19.6011%	15.0758%	95	93.6153%	85.7781%
26	1.1406%	1.2431%	61	21.1905%	16.1056%	96	94.5725%	87.3096%
27	1.2179%	1.3186%	62	22.8443%	17.2035%	97	95.4149%	88.7195%
28	1.3007%	1.4006%	63	24.5613%	18.3780%	98	96.1470%	90.0054%
29	1.3888%	1.4898%	64	26.3417%	19.6399%	99	96.7801%	91.1744%
30	1.4824%	1.5870%	65	28.2045%	21.0006%	100	97.3243%	92.2330%
31	1.5818%	1.6931%	66	30.1723%	22.4369%	101	97.7898%	93.1887%
32	1.6879%	1.8093%	67	32.2686%	23.9649%	102	98.1855%	94.0460%
33	1.8022%	1.9372%	68	34.4645%	25.5935%	103	98.5200%	94.8127%
34	1.9266%	2.0783%	69	36.7629%	27.3276%	104	98.8010%	95.4960%

■ 知识扩展

快速读懂《25病种重大疾病累计经验发生率表》

表2-8和图2-3是根据《中国人身保险业重大疾病经验发生率表（2006—2010）》中的数据计算得来的。

《25病种重大疾病累计经验发生率表》可以直观地反映出某具体年龄前累计患重大疾病的概率。

以 46 岁为例，其数据解读如下。

我国男性在 46 岁之前（含 46 岁）累计患重大疾病的概率是 5.2776%，女性在 46 岁之前（含 46 岁）累计患重大疾病的概率是 5.4263%。

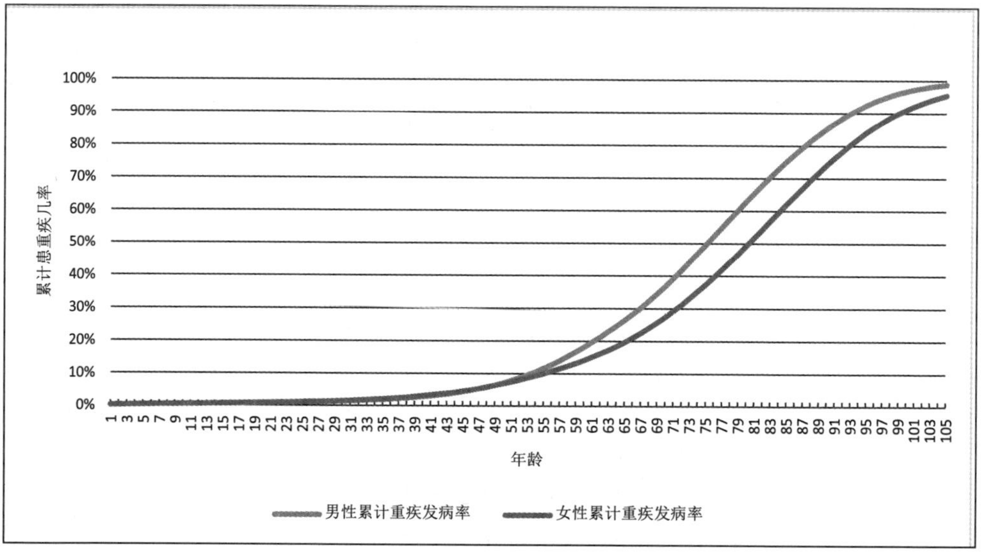

图 2–3 25 病种重大疾病累计发生率

结合表 2–8 和图 2–3 中的数据，可以看出以下几点。

1. 无论男性还是女性，重大疾病的累计发生率均随年龄的增长而增加；若寿命足够长，则累计患重大疾病的概率就会无限接近 100%。

2. 在 48 岁之前男性累计重疾发病率小于女性，48 岁之后男性累计重疾发病率超过女性。

3. 男性从 53 岁开始，女性从 54 岁开始，累计重疾发病率超过 10%，进入重大疾病高发年龄段，至此以后重疾累计发病率的增长速度也逐渐加快。

4. 我国男性人均寿命 73.64 岁，女性人均寿命 79.43 岁（数据截至 2015 年），结合表 2–8 中的数据，经过四舍五入后可知，目前我国居民一生罹患重大疾病的概率男性约为 49.6039%，女性约为 51.8226%。

5.男性在24岁之前,女性在23岁之前,累计罹患重疾的概率均不超过1%，处于明显偏低的阶段。

本书虚拟的六口之家由老、中、幼三个年龄段的成员组成。在这个家庭中，无论是 60 多岁的爷爷和奶奶，还是正直鼎盛之年的爸爸和妈妈，或者处于学龄前的两个儿童，从《中国人身保险业重大疾病经验发生率表（2006 - 2010）》中相应的年龄段数据可以看出，**每个年龄段人群都有罹患重大疾病的可能性，区别就是不同年龄的发病概率高低不同，不同年龄段高发的疾病种类不同**。

正是因为不同年龄的重疾发病率不同，重大疾病保险的费率对被保险人的年龄和性别因素很敏感。被保险人年龄越小，投保重大疾病保险的费用越低，年龄越大，费用越高。无论男女，从 35 岁以后，患重大疾病的概率开始明显上升，其投保重疾险的费用也开始同步增加。55 岁以后开始进入重大疾病高发年龄段，因为赔率较高，所以大部分保险公司均不再允许 55 岁以上的人投保重大疾病保险（即便有个别保险公司允许55岁以上的人群投保重疾险，也会对最高保障额度、保障时间作出一些限制，有些还会要求被保险人体检，同时每年缴纳的保费也非常高）。

另外，在同年龄段中，因为男性的累计重疾发病率整体高于女性，所以针对成年被保险人而言，在投保同样保额和保障期限的重疾险时，男性需缴纳的保费更贵。

不同年龄段对应的高发重疾种类不同

众所周知，因为各年龄段人群的生理、饮食、作息、生活环境等差异，导致人类在不同年龄段高发的重大疾病种类也有明显区别。

以本书虚拟的由老、中、幼三代人组成的六口之家中的各年龄段成员为例，以各保险公司发布的理赔数据和卫生部门公布的相关医疗数据为基础，来分析说明不同年龄段的人群易患的重大疾病分别有哪些。

未成年人阶段

虚拟家庭中的两个孩子，6 岁的儿子张思捷、4 岁的女儿张思慧都是未成年人。

参考《25 病种重大疾病累计经验发生率表》中的数据可知，男性和女性在 18 岁之前（0–17 岁）累计重疾患病率分别仅有 0.6646% 和 0.7458%。虽然这个年龄段的重疾发病概率较低，但也不可忽视，因为即便是 0.1% 的患重疾概率，一旦发生在自己家里，就是 100% 致命的经济打击。

部分保险公司根据幼儿理赔数据，列出了一些儿童发病率较高的重大疾病：白血病、严重的原发性心肌病、重症手足口病、严重幼年型类风湿关节炎等。

其中，白血病是对未成年人危害最大的一种恶性肿瘤疾病，其发病率高，治疗费用昂贵，且主要集中在未成年人群。如今白血病已连续多年成为我国儿童致死率最高的疾病。同时，儿童及青少年患者中，90% 是急性白血病，起病急骤，若不给予及时治疗，生命一般不会超过半年。

中国医学科学院血液病研究所调查 22 个省市自治区的数据显示，我国白血病具体发病率是 10 万分之 2.76。另外，根据国家儿童医学中心组织的研究显示，近 10 年，儿童急性淋巴细胞白血病 5 年以上长期生存率有所上升，总体接近 90%；儿童急性早幼粒细胞白血病 5 年无病生存率可达 90% 以上。国家卫生健康委员会在 2018 年 10 月 16 日举办的新闻发布会上表示，我国儿童白血病治疗同质化水平大幅提升，80% 以上的儿童白血病可以治愈。

但是，因为白血病的治疗费用高，治疗周期长，动辄几十万元的综合治疗费用，给大多数患儿家庭造成了异常巨大的压力。在巨额的医疗费用面前，钱多钱少成了衡量孩子生命长短的尺子。

根据太平人寿保险公司 2017 年理赔报告数据显示，18 岁以下未成年人发病率最高的重大疾病种类是白血病，占比 16%。

在所有重大疾病种类中，白血病是唯一未成年人占比超过成年人的病种，高达 42%。

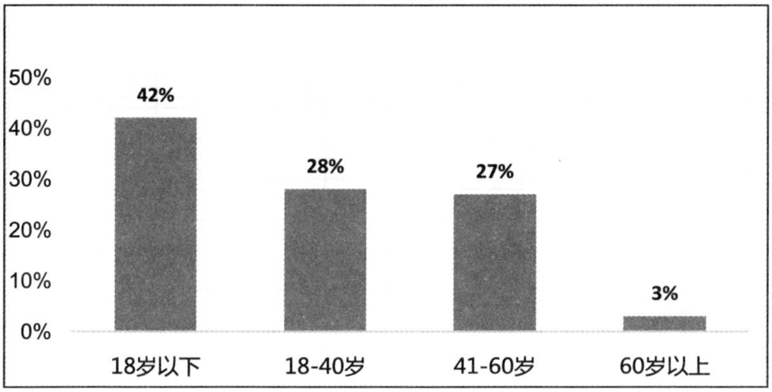

图 2-4 白血病发病年龄段分布

综合以上数据可以看出，在未成年人群中，虽然重大疾病的发病率较低，但是一旦罹患重大疾病，给家庭带来的经济压力却不可忽视，其终身治疗花费很可能超过其他年龄段的重疾治疗费用。

成年人阶段

在本书虚拟家庭中，37 岁的爸爸张志刚、34 岁妈妈李晓玲都已迈入而立之年，他们是整个家庭的“顶梁柱”，在承担较大家庭责任的同时，夫妻二人也将迈入重大疾病高发年龄段。

随着年龄的增长，各种成年人高发的重大疾病纷至沓来。从图 2-3 中可以看出，无论男性还是女性，从 40 岁开始，重大疾病累计发病率明显上升。

同方全球人寿保险公司 2018 年理赔报告数据显示，2018 年全年重大疾病投保者出险（指发生保险事故）年龄在 30 岁到 49 岁区间的人数占全部出险人数的 63%。该年龄区间正好是作为家庭“顶梁柱”的重要年龄段，被保险人往往承担着家庭和工作的双重压力，一旦罹患重大疾病，既导致家庭主要收入中断，又因治疗重大疾病产生巨额支出，给家庭经济造成致命打击。

另外值得一提的是，同方全球人寿保险公司 2017 年理赔报告数据显示，2017 年全年重大疾病投保者出险年龄在 30 岁到 49 岁区间的人数占全部出险人数的 60%。仅一年时间，30–49 岁人群的重大疾病出险率占比就上升了 3%！这也从侧面证明，重大疾病年轻化的趋势比我们想象得快很多，而且形势越来越严峻。

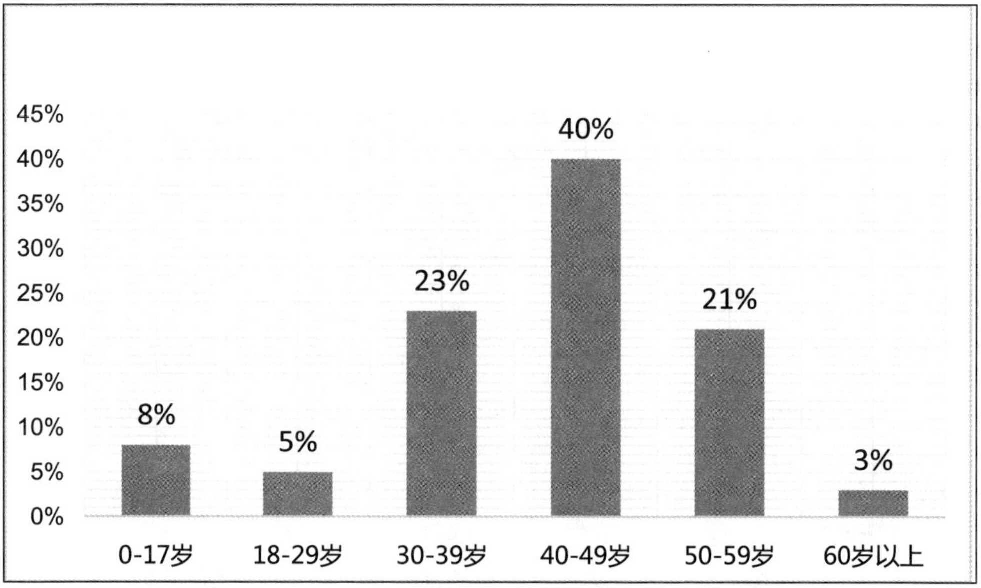

图 2–5 2018 年重大疾病理赔案件被保险人年龄分布图

恒安标准人寿保险公司 2017 年理赔报告显示，2017 年全年重大疾病保险理赔客户的平均发病年龄是 42.365 岁，占比最多的是 41–60 岁的中年客户，占比达 59.18%。

在这个家庭中肩负“顶梁柱”和“印钞机”责任的爸爸张志刚，在其所处年龄段，不但重大疾病的发病率开始逐渐上升，其重疾高发种类也有明显的集中性。

恒安标准人寿 2017 年理赔报告数据显示，重大疾病高发年龄段罹患重疾种类排在前四位的分别是：恶性肿瘤（癌症）占比 68.37%，脑中风后遗症占比 9.18%，急性心肌梗塞占比 6.63%，终末期肾病占比 3.57%，该四种高发重大疾病发病率占所有重疾的 87.75%。

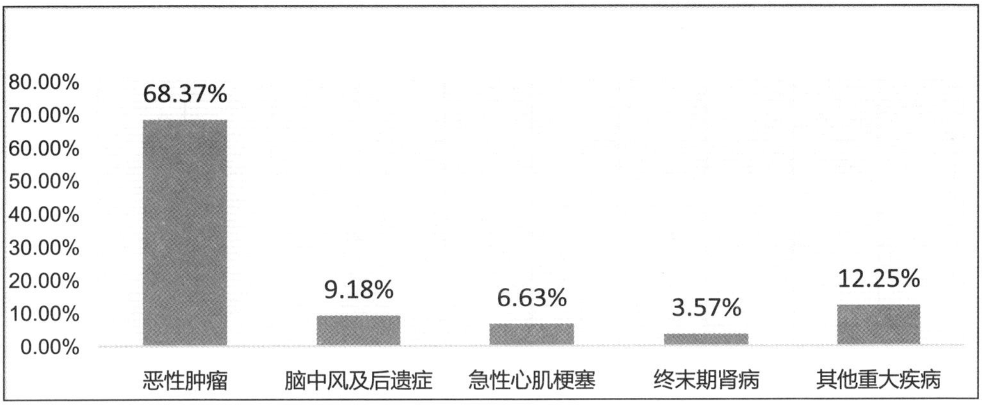

图 2-6　各重大疾病种类发生率占比（理赔数据）

从图 2-6 可以看出，恶性肿瘤是所有重大疾病类型中发病率最高的一种，也就是我们通常所说的癌症。

如果将占比 68.37% 的恶性肿瘤疾病具体展开来看，可以看到其中最为高发的癌症疾病是哪些。

恒安标准人寿保险公司公布的 2017 年理赔报告数据显示，**恶性肿瘤理赔客户的平均发病年龄为 42.23 岁**，其中甲状腺癌的发病率和理赔案件数排名第一，案件数量占所有癌症理赔数的 33.58%，甲状腺癌理赔客户的平均发病年龄为 39.53 岁；排在所有恶性肿瘤疾病发病率第二和第三位的分别是乳腺癌和肺癌，其中女性乳腺癌理赔客户的平均发病年龄为 41.64 岁。

另外，世界卫生组织下属国际癌症研究机构（IARC）2018 年 9 月发布了 2018 年最新全球癌症统计数据《2018 全球癌症报告》，该报告评估了

185 个国家中 36 种癌症的发病率和死亡率，其中中国无论是癌症发病率还是癌症致死率均居全球首位。

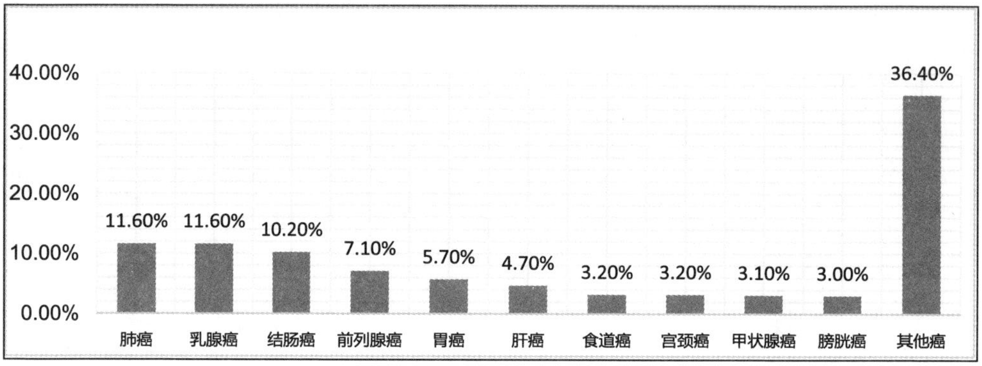

图 2-7 中国各种恶性肿瘤发病率占比

上述各种高发的癌症疾病中，除了甲状腺癌相对比较容易治疗外，其他常见癌症疾病的治疗难度都比较大，特别是肺癌、胃癌、肝癌等，治疗花费较高，被称为对家庭经济影响较大的“高费用癌症”。

虚拟家庭中 37 岁的张志刚、34 岁的李晓玲都即将迈入重大疾病高发年龄段，这个年龄段的人群一般都是上有老下有小，承担着重要的家庭责任，所以在此期间不能有任何闪失，否则会给整个家庭带来严重影响。

该年龄段的人群除了要定期体检，保持良好的作息和饮食习惯，加强锻炼，提升身体素质外，还应配置充足的重大疾病保险，以减少因重大疾病导致巨额医疗费用开销对家庭经济造成的打击。

老年阶段

无论男性还是女性，进入老年阶段后，随着身体机能衰退，自身抵抗力和免疫力下降等各种因素，直接导致疾病高发，其中就包括多种重大疾病。

从《25 病种重大疾病累计经验发生率表》数据可以看出，男性从 53 岁、女性从 54 岁开始，累计重疾发病率均超过 10%，进入重大疾病最为高发阶段。

进入 55 岁以后，各种重大疾病累计发病率的增长速度也越来越快。

按照目前已知的重疾高发数据，除了白血病主要高发年龄段集中在未成年人群之外，其他几乎所有的重大疾病都是年龄越大发病率越高，其中 60 岁以上的人群发病率更高。

在各种重大疾病种类中，60 岁以上老年人发病率最高的三种分别是：恶性肿瘤、急性心肌梗塞、脑中风后遗症。

因为大部分保险公司的重大疾病保险产品均不支持 60 岁以上人群投保，又因为我国重疾险起步和普及都较晚，尽管有些投保者在 60 岁之前为自己或家人购买了长期重疾险，并在 60 岁以后出险理赔，但是这种数据样本较少，没有说服力，所以目前各大保险公司尚未发布过专门针对 60 岁以上人群的各种重大疾病发病占比数据。

但是某些保险公司通过分析，专门针对中老年客户开发的“中老年防癌险”中的各种数据，总结出了针对投保该类险种的中老年人群的恶性肿瘤理赔资料。

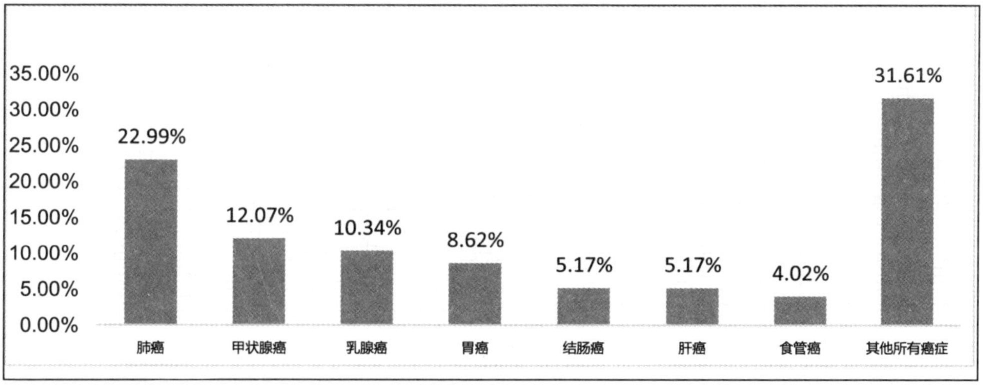

图 2-8　高龄人群恶性肿瘤发病率占比

对比图 2-7 和图 2-8 可以看出，高龄人群高发的恶性肿瘤种类更为集中，患肺癌、胃癌、肝癌等“高费用癌症”的概率也明显增加。

从以上分析可以得出明显结论，家庭中各个年龄段的人群都有发生重大疾病的可能性，只是不同年龄段人群重疾发病的概率不同，易患的重疾种类不同而已。

理论上来说，为了防止罹患重大疾病导致巨额医疗费用支出对家庭经济造成严重打击，应该给家庭中各年龄段的成员都投保重大疾病保险。但是，重大疾病保险比较贵，每个家庭的实际情况不一样，在规划重大疾病保险时，要根据实际情况制定合适的投保计划，根据不同家庭成员在家庭中的地位和重要性分出轻重缓急，安排好重大疾病保险的投保顺序。

2.2.2 家庭成员中应先给谁投保重疾险

目前我国居民在各个年龄段的重大疾病发病率都相对较高，而且还在逐年增长。因为重大疾病保险的赔付金额较高，导致重疾险的费用也比较贵。

在普通家庭中，特别是家庭成员较多的情况下，若想给每位家庭成员都投保足够保障额度的重大疾病保险，其保费开销一般家庭是无法承担的。现实地说，要根据每位成员对家庭的贡献，以及在家庭中的不同角色，确定各家庭成员的重大疾病保险投保顺序，以便做出科学、合理的重大疾病保险投保方案。

在确定投保顺序时，请务必牢记以下三个原则。

原则一，家庭“顶梁柱”应有充足的重疾险保障。

虽然各个年龄段的家庭成员都有罹患重大疾病的概率，但是因为每位家庭成员的收入高低不同，对家庭经济的贡献不同，其所患重大疾病后给家庭带来的经济影响也有明显差别。

以本书虚拟的六口之家为例，如果这个家庭中的“顶梁柱”张志刚不幸罹患重大疾病，整个家庭既要筹钱为其治病，又要面临家庭主要收入中断的困境。因为张志刚一旦患有重大疾病，就必须要住院治疗，肯定无法继续工作，自然也不能为家庭创造收入和财富。若张志刚所患的重大疾病较为严重，还会导致其终身无法参加工作，并且需要长期的康复治疗和终身服药等。

在一个家庭中，当罹患重大疾病的人是该家庭的“顶梁柱”时，整个家庭经济会因为家庭主要创收者失去收入能力，重大疾病导致巨额医疗费用等因素受到致命打击。届时，张志刚年迈的父母要为此心力交瘁，两个孩子的生活质量也会直线降低，所有的压力都将落在妻子李晓玲脆弱的肩膀上。当治病花完所有家庭存款后，此时的李晓玲将面临“上有老下有小，自己没收入，家里没存款”的悲惨境地。

因此，在制定家庭重疾险规划时，应首先给全家的“顶梁柱”投保充足的重大疾病保险额度，因为他们是确保整个家庭经济能够持续健康运行的根本保障，是全家的重点保护对象。

■ 案　例

很多保险业务员向客户推销重大疾病保险时，往往会用如下话术。

“杨姐，你听我说，你家老公是全家收入最多的人，你们全家老小都依靠他的工资来生活，所以你老公可不能有任何闪失呀。现在你老公已经 40 岁出头了，正是恶性肿瘤等各种大病高发的年龄，我建议你尽快给他买一份重大疾病保险，让他有更全面的保障。只有他安全了，你们全家的日子才会更稳当”。

话术分析：

上述这种保险推销话术是很常见的，推销“效果”也较好。很多客户会被这种话术打动，最终为家庭“顶梁柱”投保重大疾病保险。虽然最终结果是正确的，但是这种话术的思路却是错误的，而且很容易误导客户。

在这种话术中，保险业务员隐含的意思是：只要为“顶梁柱”

投保了重大疾病保险，他就安全了。其实根本不是这样，为顶梁柱投保重大疾病保险，并不会降低其罹患重大疾病的概率，不可能因为某人口袋里装着一张保险单，就从此“百毒不侵”，健康一生。即便有了重大疾病保险，人们也是会患病的，所以“顶梁柱”绝对不会因为投保重疾险后就变安全。

为“顶梁柱”投保重疾险无法让其更安全，无法降低其罹患重疾的概率，但是当“顶梁柱”罹患重大疾病时，却可以用保险公司给付的赔付款支付巨额医疗费用，以减少因“顶梁柱”患重疾给家庭经济造成的打击，还可以用保险公司的重疾险赔付款弥补因“顶梁柱”患病导致收入减少或中断对家庭生活质量带来的影响。

总而言之，为顶梁柱投保重疾险虽不能降低其患重大疾病的概率，却可以最大程度地降低“顶梁柱”患重疾对家庭经济产生的影响和打击。究其核心就是因为保险是个金融工具，是用来保障家庭经济的，不是保护人身肉体的。

在本书虚拟家庭中，假如患重疾的不是张志刚，而是该家庭中的儿童或老人等“非顶梁柱”人员，对家庭经济造成的打击就会小很多。

老人或儿童患重疾后，虽然家人也要动用存款或四处筹钱为他们医治，但是作为家庭主要创收人员的“顶梁柱”张志刚仍可以继续工作，继续为家里赚钱，其赚取的工资既可以维持家庭基础开销，又可以分担部分医疗费用。更重要的是，只要“顶梁柱”没有垮掉，就能为这个受重大疾病困扰的家庭带来希望。

此时，该家庭只需要解决老人或儿童筹钱看病的眼前困难，不用面临家庭收入彻底中断带来的长远经济困难。老人或儿童本身就没有为家庭创造收入，不承担家庭经济责任，他们罹患重大疾病后，对家庭经济的影响较小。

综上可知，普通家庭在规划重大疾病保险时，应该首先为家庭的“顶梁柱”投保。“顶梁柱”有了充足的重疾险后，再考虑其他主要家庭成员的重疾险投保需求，最后才是家里的儿童和老年人。

具体到这个六口之家，应该先给爸爸张志刚投保重大疾病保险，其次为妈妈李晓玲做好重疾险规划，最后再考虑两个未成年的孩子。在为上述家庭成员按顺序全部购买了相应的重疾险后，若还有余钱，可以适当考虑为家中的爷爷奶奶规划合理的健康险投保事宜。

■ 案　例

在实际生活中，很多家长特别喜欢只给孩子投保重大疾病保险，因为孩子是全家的掌上明珠，他们认为这是爱孩子的表现。

其实大部分家庭里，当孩子处于幼年时，孩子的父母一般 30 岁左右。此时孩子的父母恰好处于事业上升期，其收入和承担的家庭责任都在逐年增加，家庭负担也比较重。

这个时候孩子的父母才是最需要保险的人，所以应该先为家庭的“顶梁柱”配置充足的保险，以提升家庭经济的抗风险能力。只有当家庭经济坚不可摧时，才能为孩子提供更安全的呵护。

原则二，患重大疾病几率高的家庭成员应优先投保重疾险。

在为家庭“顶梁柱”做好重大疾病保险规划后，若经济能力允许，还可以考虑为患重疾风险高的其他家庭成员投保重大疾病保险。

如果家庭中某位成员符合以下情况中的一条或多条，间接说明其患重大疾病的风险可能比平常人高一些，应该为其投保一份重大疾病保险。

1. 年龄在 35-50 岁之间的家庭成员。

从《25 病种重大疾病累计经验发生率表》可以看出，无论男性还是女性，进入 35 岁以后，其重大疾病的累计患病概率就开始明显增长，重疾发病率每年递增的速度也在增加。不过，目前大部分保险公司的重疾险产品对被保险人的年龄都有严格限制，一般超过50岁就无法再投保重疾险了。因此，即便50岁以上人群患重疾的概率更高，我们也无能为力了。

2. 长期吸烟或喝酒的家庭成员。

从图2-7中可以看出，肺癌是成年阶段发病率最高，也是致死率最高的恶性肿瘤疾病。在我国，导致男性肺癌高发的罪魁祸首是吸烟，导致女性肺癌高发的原因是二手烟和厨房油烟。

在普通家庭中，若有长期吸烟、嗜酒或其他不良生活、饮食习惯的成员，也应该在经济条件允许的情况下，适当为其投保重大疾病保险，因为他们的各种重大疾病发病率明显高于正常人群，给家庭经济造成巨大打击的几率也较高。

当然，目前大部分保险公司的重大疾病保险产品对严重吸烟者都是有限制的，若每日吸烟数量较多，在投保重疾险时会受到影响。

阳光人寿保险公司在旗下的“阳光人寿关爱e生重大疾病保险”的《健康信息告知书》中，就提及以下关于烟酒的问题。

a. 被保险人是否每日饮啤酒大于3瓶或白酒3两？

b. 被保险人是否每日吸烟大于20支？

太平人寿保险公司的部分保险产品也对被保险人是否吸烟喝酒格外关心，该保险公司的部分保险产品会要求被保险人在《健康信息告知书》中详细填写如下相关信息。

a. 被保险人是否吸烟或曾经吸烟？若是，请详述烟龄几年、每日吸烟几支；若现已停止吸烟，请说明停止吸烟原因及时间。

b. 被保险人是否饮酒或曾饮酒？若是，请详述饮酒年数、每日饮白酒、红酒、黄酒各几两；若现已停止饮酒，请说明停止饮酒原因及时间。

c. 医生是否曾建议或要求被保险人戒酒或戒烟？是否因过量

饮酒接受过治疗?

以上两家保险公司只是对被保险人的吸烟历史比较关心，如果只是少量吸烟，仍然是可以投保重大疾病保险的。保险公司仅针对吸烟数量较大的被保险人给予拒保。

但是，有些保险公司则对被保险人吸烟的情况给出“零容忍”的态度，以中信保诚人寿保险公司为例，该保险公司在2017年推出了一款差异化对待吸烟者的保险产品。从产品费率表可以看出，如果被保险人从不吸烟，其保费会很便宜；若被保险人有吸烟的习惯（即便少量吸烟也算），则保费会比不吸烟的人几乎贵出1倍。

3. 血缘亲属中已有人患癌症或其他重大疾病或家族内有遗传病史的。

众所周知，无论是从基因学角度还是从遗传病学角度来看，若某人的直系血缘亲属中已经出现罹患恶性肿瘤或其他重大疾病的情况，则此人患此类疾病的概率会比其他人高一些。

若某些人的家族中有特定疾病的遗传病史，而且其遗传病情还有可能引发相关重大疾病，在这种情况下，此人患重大疾病的概率也会较高。

普通家庭在规划重大疾病保险投保方案时，应该重点考虑自己家庭中是否存在上述两种情况。如果有，则有必要为相关人员适当购买重大疾病保险，但是需要在被保险人没有患病之前、身体健康时投保。若某些人的家族成员或直系亲属的寿命明显低于人均寿命，也要格外关注，早做规划。

针对以上大家都知道的注意事项，保险公司自然也心知肚明，所以部分保险公司对有以上两种情况的被保险人作出了一定的投保限制。有些保险公司对家族相关疾病要求较为严格，如果被保险人存在上述情况，会给予拒保或针对性地提高保费价格，因为上述情况确实会大幅提高被保险人的出险概率。

不过，好在并非所有保险公司都会作出如此严格的限制，有些保险公司对家族成员的病史不作要求。

部分保险公司对被保险人血缘亲属病史的限制

泰信人寿保险公司旗下“信泰i立方多次给付防癌险”的《健康告知书》中，对直系亲属病史的限制如下。

被保险人的父母、子女或兄弟姐妹是否有2人及以上在60周岁前患癌症？

阳光人寿保险公司在旗下“阳光人寿关爱一生老年恶性肿瘤疾病保险”的《健康信息告知书》中也问到了相关问题。

被保险人的父母、子女、兄弟姐妹是否正在或曾患有或治疗过恶性肿瘤？

太平洋人寿保险公司部分保险产品的《个人情况告知书》中，也有类似的询问信息。

a. 被保险人的亲属（祖父母、父母、子女、兄弟姐妹）是否曾经患有或正患有高血压、肾病、心脏病、肝肾囊肿、肝硬化、糖尿病、精神病、白血病、多发性硬化症、结核病、赘生物、良性或恶性肿瘤、曾被发现为乙型肝炎及病毒携带者、其他肝炎及病毒携带者？若有，请说明与被保险人的关系以及所患疾病名称。

b. 被保险人的直系亲属中是否有在65岁前去世的？若有，请说明与被保险人的具体关系以及去世原因。

投保者在回答上述问题时，如果有某项选“是”，则有可能会被保险公司拒保或者有针对性地增加保费。

原则三，预期会给家庭带来可观经济收益的成员，也应优先考虑投保重疾险。

在本书虚拟的六口之家中，除了“顶梁柱”张志刚和他的妻子李晓玲外，只剩下一对老人和一双儿女了。如果要在老人和儿童之间再选择一位或两位家庭成员作为重大疾病保险的投保对象，应该如何抉择呢？

目前，老人和儿童都没有收入（或只有较少收入），均不承担主要家庭责任，现在他们都不属于家庭重大疾病保险的首选投保对象，但是我们有必要用发展的眼光看待他们，把眼光放长远。虽然这一老一少两组家庭成员现在都无法为家庭创造太多贡献，但不代表未来不会。

67 岁的爷爷张长运、62 岁的奶奶王桂琴都已是退休在家的老人，目前能为整个家庭作出的经济贡献和承担的责任都非常有限，而且其贡献和责任注定会随着年岁的增长而逐渐减少。

两个孩子分别是 6 岁的张思捷、4 岁的张思慧，他们以后的人生道路还很长，未来更是不可限量，以后是有可能为家庭创造更多经济贡献的，将来他们还将代替张志刚担负起家庭新“顶梁柱”的重担。如果从传统的家庭观念来看，两个孩子还肩负着家族传承的重任。

通过对比老少两组家庭成员就能发现，相对两位老人来说，孩子们更具有投保重疾险的价值。

原则四，老年人应适当减少重疾险保费支出。

目前，市场上绝大部分重大疾病保险产品对被保险人的年龄都有严格限制，主流保险公司基本上把投保年龄上线限定在 50 岁左右，有些性价比较高的重大疾病保险产品，甚至将被保险人的年龄限定在 45 岁以内，或者要求被保险人年龄超过 45 岁的需提交体检报告。当然，也有个别重疾险产品会将被保险人投保年龄限制在 55 或 60 岁以内。

一般情况下，只要被保险人的年龄超过 50 岁，重大疾病保险的费用就会飙升，部分经济条件不理想的家庭是买不起的。即便是相对殷实的家庭，在规划重大疾病保险时，也应该适当减少针对老年人的重大疾病保险投入，主要原因有以下几点。

1. 大部分老年人都已超过了重疾险投保年龄，即便想投保也不满足条件。

2. 为老年人购买重大疾病保险，保费较贵，很容易使家庭每年保费总支出超过年收入 10% 的红线。虽然有些专家认为总保费支出只要不超过家庭收入的 20% 就算合理，但这并不符合中国国情。在大部分城市家庭中，住房支出占据了过高的比例，一般家庭很难再拿出 20% 的资金用于保险消费。

3. 老年人因年事已高、身体机能衰退、抵抗力下降等各种生理因素，一旦罹患癌症等重大疾病，即使资金充足，治愈希望也很渺茫。同时，针对高龄重大疾病患者，大部分医院和医生都会建议采取保守治疗，所需医疗费用有限。

4. 大部分老年人对家庭经济贡献有限，其重大疾病保险投保价值不大。

很多读者可能会认为，不给老年人投保重大疾病保险是不孝顺的表现。很明显，这又是把保险当成了感情工具。

正确的做法应该是为家庭“顶梁柱”配置充足的重大疾病保险，用充足的保险保障抵御“顶梁柱”患病造成的经济风险，让其担负起家庭的重任，即便“顶梁柱”生病或者去世，保险公司给付的赔偿款也可替其完成未尽的责任。

通过之前的介绍大家知道，60 岁以上的老年人已经进入重大疾病最高发的阶段，该年龄段的人群既然无法通过投保重大疾病保险来转移相关风险，那么有没有其他方式能适当弥补这个遗憾呢？方法还是有的，我们可以通过投保中老年防癌险来为老年人增加保障，具体方法会在稍后介绍。

■ 小 结

每个年龄段都有罹患重大疾病的可能性，年龄越大，重疾发病概率越高。

不同年龄段的人，重大疾病高发的种类不同。

应首先为家庭“顶梁柱”投保重大疾病保险。

2.3 重疾险承保种类选多少

2.3.1 哪些病才算是“重大疾病”

前面多次提到“重大疾病”这个词，很明显，重大疾病并非特指某一种疾病，而是对多种较为严重疾病的总称。

大家已经知道，重大疾病保险就是被保险人在保障期内罹患合同约定的重大疾病时，保险公司就给付赔偿款。

相信很多读者会有疑问：具体哪些疾病才算是重大疾病？被保险人的病情严重到什么程度，保险公司才会给付赔偿款？被保险人所患疾病是否属于重大疾病，或病理指标能否达到赔付标准的最终解释权在谁手里？保险公司会不会刻意把某些高发的疾病种类刻意排除在合同约定之外？

以上种种疑问，笔者会在本节为大家详细讲解。

所有重大疾病保险在合同中都会明确载明：只有当被保险人在保障期内罹患“合同约定的疾病”，保险公司才给予赔付。此处的“合同”就是指投保者与保险公司签署的“重大疾病保险合同”。这份合同正文的相关条款里有详细描述，明确说明该保险合同具体承担哪些疾病的赔付责任，同时还对每一种疾病的病理严重程度作了详细界定。只要被保险人在保障期内确诊罹患合同中载明的其中一种疾病并达到相应的病理严重程度，保险公司就会给付赔款。

因此，具体被保险人罹患哪些疾病保险公司会赔钱，并不是等被保险人患病以后再由保险公司临时决定的，而是在购买保险、签署投保合同时就在合同中载明了具体的疾病承保范围。

2007 年之前，国内各保险公司发售的重大疾病保险产品对承保的疾病种类、疾病数量、各种疾病的病理严重程度等规定不尽相同。

大部分保险公司都是比较厚道的，会主动把一些发病率高、危害较大、治疗费用较高的重大疾病列入承保和赔付范围，以便为投保者带来实实在在的保障。但也有极个别的保险公司为了降低成本，降低保费，在重疾险承保范围方面做些手脚，致使某些重大疾病保险产品华而不实，无法起到实际的抵御风险的作用。

因为缺乏统一的重疾险承保种类、范围以及重疾险合同的制定标准，各家保险公司往往各吹各的号，各唱各的调，给普通投保者带来了极大困扰。

2007年之前，确实有极个别保险公司为了降低成本，减少保费，增加其重疾险的价格竞争力，在重疾险承保范围内刻意减少一些重要的疾病种类，降低赔付成本，同时又把一些极其罕见的疾病列入赔付范围，以此增加承保的疾病数量。

也有些保险公司经常以承保的疾病数量多来显示自己产品的优越性，实际上却华而不实，其承保的大部分疾病种类都是滥竽充数，有时甚至把同一种疾病的不同病理阶段分拆成各自独立的疾病种类。

还有些保险公司虽然将某种重要的、发病率高的疾病列入了承保范围，但是却把理赔标准定得非常高，比如仅当疾病发展到最严重的晚期时才达到赔付标准等。对于重疾患者而言，此时即便拿到赔款也无力回天了。

上述这些严重损害被保险人利益，有损保险行业整体形象的做法，虽然仅是个别事件，但也引发了投保者的不满，引起了监管层的注意。

为了有效遏制保险行业中的乱象，保监会发布了一份具有里程碑意义的文件：《重大疾病保险的疾病定义使用规范》（以下简称《规范》），该《规范》

于2007年8月1日正式发布，并强制要求各保险公司在制定重大疾病保险时，针对各种疾病承保范围和定义，必须统一采用《规范》中的内容和条款。

从2007年8月1日开始，各保险公司推出的重大疾病保险产品，其主要承保范围和每种疾病的定义全部按照保监会发布的《规范》执行，投保者再也不用担心保险公司在主要疾病保障范围和种类方面玩“猫腻”了。

■ 知识扩展

关于《重大疾病保险的疾病定义使用规范》的背景知识

由于各家保险公司对重大疾病保险中各种疾病种类和病理含义的定义存在差别，造成保险公司和被保险人存在理解上的差异，也使一些保险公司和保险业务员频频出现“营销误导行为”，导致大量保险理赔纠纷发生。

为了重新规范重大疾病保险市场，最大程度地保障投保者的利益，也为了方便投保者比较和选择重大疾病保险产品，中国保险行业协会与中国医师协会共同组成“重疾险专家委员会”，研究制定了《重大疾病保险的疾病定义使用规范》（以下简称《规范》），并于2007年8月1日正式发布。

该《规范》在编写时参考了现有重疾险合同对承保疾病的类型和范围，依据卫生部提供的国内高发疾病种类和数据，最终选出25种最常见的、危害较大的、治疗花费较高的疾病，将其列入重大疾病目录内。

在确定25种高发重疾目录后，又由中国医师协会根据临床诊断中对各种疾病的病理判断标准，同时参考了英国等其他国家针对重大疾病保险的各种规定，依次对这25种疾病的定义作出详细说明，对各疾病的病理表述和相关保险术语进行了统一。

据此，重疾险产品能保障哪些疾病，被保险人患病后在哪些情况下可以获得赔付，全都一目了然。

值得一提的是，《规范》中纳入的25种重大疾病的发病率占国内所有重疾发病率的98%，我国也是世界上第四个制定并使用统一重疾险定义的国家。

《规范》中纳入的25种重大疾病，按发病率从高到低排序如下。

1. 恶性肿瘤——不包括部分早期恶性肿瘤

2. 急性心肌梗塞

3. 脑中风后遗症——永久性的功能障碍

4. 重大器官移植术或造血干细胞移植术——须异体移植手术

5. 冠状动脉搭桥术（或称冠状动脉旁路移植术）——须开胸手术

6. 终末期肾病（或称慢性肾功能衰竭尿毒症期）——须透析治疗或肾脏移植手术

7. 多个肢体缺失——完全性断离

8. 急性或亚急性重症肝炎

9. 良性脑肿瘤——须开颅手术或放射治疗

10. 慢性肝功能衰竭失代偿期——不包括酗酒或药物滥用所致

11. 脑炎后遗症或脑膜炎后遗症——永久性的功能障碍

12. 深度昏迷——不包括酗酒或药物滥用所致

13. 双耳失聪——永久不可逆

14. 双目失明——永久不可逆

15. 瘫痪——永久完全

16. 心脏瓣膜手术——须开胸手术

17. 严重阿尔茨海默病——自主生活能力完全丧失

18. 严重脑损伤——永久性的功能障碍

19. 严重帕金森病——自主生活能力完全丧失

20. 严重 III 度烧伤——至少达体表面积的 20%

21. 严重原发性肺动脉高压——有心力衰竭表现

22. 严重运动神经元病——自主生活能力完全丧失

23. 语言能力丧失——完全丧失且积极治疗至少 12 个月

24. 重型再生障碍性贫血

25. 主动脉手术——须开胸或开腹手术

《规范》中不仅列出了25种重大疾病的名称，还对每种疾病的定义以及病理标准作出了明确说明。以恶性肿瘤、急性心肌梗塞和深度昏迷为例，具体看看《规范》是如何对它们进行定义的。

一、恶性肿瘤

恶性肿瘤指恶性细胞不受控制地进行性增长和扩散，浸润和破坏周围正常组织，可以经血管、淋巴管和体腔扩散转移到身体其他部位的疾病。经病理学检查结果明确诊断，临床诊断属于世界卫生组织《疾病和有关健康问题的国际统计分类》（ICD-10）的恶性肿瘤范畴。

下列疾病不在保障范围之内：

1. 原位癌；

2. 相当于 Binet 分期方案 A 期程度的慢性淋巴细胞白血病；

3. 相当于 Ann Arbor 分期方案 I 期程度的何杰金氏病；

4. 皮肤癌（不包括恶性黑色素瘤及已经发生转移的皮肤癌）；

5. TNM 分期为 T1N0M0 期或更轻分期的前列腺癌；

6. 感染艾滋病病毒或患艾滋病期间所患恶性肿瘤。

二、急性心肌梗塞

指因冠状动脉阻塞导致的相应区域供血不足造成部分心肌坏死。必须满足下列至少三项条件：

1. 典型临床表现，例如急性胸痛等；

2. 新近的心电图改变提示急性心肌梗塞；

3. 心肌酶和肌钙蛋白有诊断意义的提高，或呈符合急性心肌梗塞的动态性变化；

4. 发病 90 天后，经检查证实左心室功能降低，如左心室射血分数低于 50%。

三、深度昏迷

指因疾病或意外伤害导致意识丧失，对外界刺激和体内需求均无反应，昏迷程度按照格拉斯哥昏迷分级结果为 5 分或 5 分以下，且已经持续使用呼吸机及其他生命维持系统 96 小时以上。

因酗酒或药物滥用导致的深度昏迷不在保障范围内。

为了方便各保险公司更为灵活地设计重疾险产品，保监会允许各保险公司在确定重疾险产品的承保范围时，对《规范》中纳入的 25 种疾病灵活选择，但是要遵循一定的保险产品命名规则，以免对投保者产生误导。

《规范》中纳入的 25 种重大疾病是按照发病率由高到低排序的，排在第一位的就是“恶性肿瘤”，也就是大家常说的癌症。

恶性肿瘤疾病包括胃癌、肺癌、甲状腺癌、肝癌、血液癌（白血病）、子宫癌等，是各种癌症的总称。目前，恶性肿瘤是我国发病率最高的重大疾病，其发病率约占国内所有重大疾病发病率的 7 成左右。

因为各保险公司有权在《规范》中载明的 25 种重大疾病中选择特定的疾病种类纳入自家保险产品的承保范围，又因为排在第一位的“恶性肿瘤”疾病发病率最高，具有一定的代表性，也是老百姓最关心的疾病种类，所以很多保险公司开发疾病类保险产品时，有些只选择“恶性肿瘤”这一种重大疾病作为其保险产品的承保种类。

保险公司的上述做法是允许的，但是仅承保恶性肿瘤这一种疾病，明显无法为被保险人抵御因所有重疾带来的风险。因此，保监会规定，若某款保险产品只承保“恶性肿瘤”一种重大疾病，则该保险的名称不允许称为“×××重大疾病保险”，只能叫做“×××防癌险”或“×××恶性肿瘤疾病保险”，以免误导投保者。

正是因为这种“防癌险”或“恶性肿瘤疾病保险”保障的疾病范围单一，保险公司的赔付成本也低，所以该类型的保险产品费用也明显比重大疾病保险便宜。

中国人寿保险公司旗下的“国寿防癌疾病保险”，其承保的疾病范围主要就是各种恶性肿瘤，因此该保险产品的名称不能称为“国寿防癌重大疾病保险”，只能叫做“国寿防癌疾病保险”。

还有一些保险产品的承保范围仅仅是众多恶性肿瘤中的一种或几种，这种保险产品一般被称为“特定疾病保险”，例如太平洋保险公司旗下的“花样年华特定疾病保险”。该保险是一款针对女性顾客的疾病保险产品，其承保范围仅限于女性高发且特有的几款恶性肿瘤，比如乳腺癌、宫颈癌、子宫癌、卵巢癌以及系统性红斑狼疮等女性高发恶性肿瘤和疾病。

因为特定疾病保险的承保范围更小，被保险人的出险概率更低，所以消费者购买特定疾病保险的费用一般也较低。

前面说了，如果某款疾病保险的承保种类只有恶性肿瘤一种，该保险是不允许称为“重大疾病保险”的。那么满足什么条件的保险产品才能配得上“重大疾病保险”这个称号呢?

按照保监会相关规则规定，自 2007 年《规范》发布并实行以后，各保险公司新开发的重大疾病保险的保障范围必须包括《规范》中载明的 25 种疾病中发生率最高的 6 种疾病。

因为《规范》中的 25 种疾病名称是按照发病率由高到低的顺序排列的，所以发病率最高的 6 种疾病也就是《规范》中的前 6 种，分别是恶性肿瘤、急性心肌梗塞、脑中风后遗症、重大器官移植术或造血干细胞移植术、冠状动脉搭桥术、终末期肾病。

也就是说，**只有承保范围完整涵盖《规范》中前 6 种疾病的保险产品，才允许叫“重大疾病保险”**。

之所以规定所有“重大疾病保险”的承保范围必须包含前 6 种疾病，主要原因是这 6 种疾病的整体发病率实在太高，日常生活中绝大部分人所患的重大疾病都在这 6 种之内。

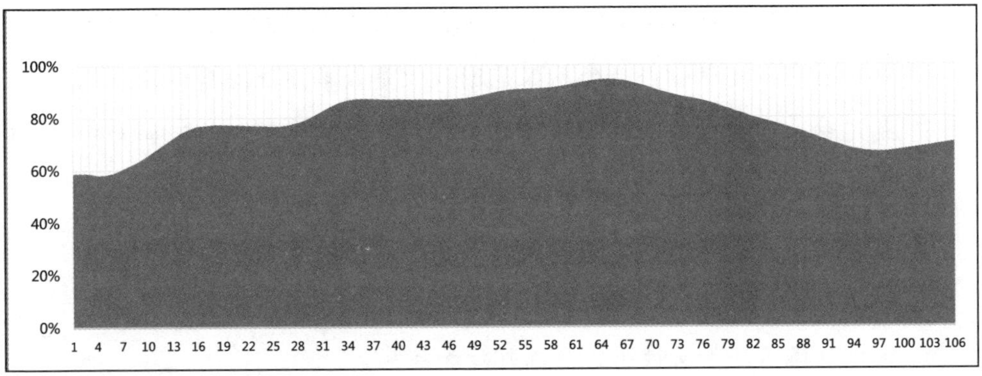

图 2-9 各年龄段前 6 种疾病发病率占 25 种疾病发病率的比例（男性）

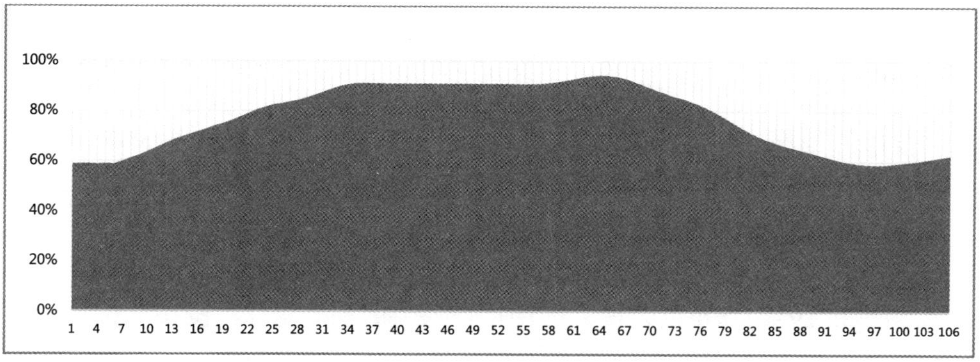

图 2-10 各年龄段前 6 种疾病发病率占 25 种疾病发病率的比例（女性）

图 2-9 和图 2-10 中展示的数据是《规范》中载明的前 6 种疾病在各个年龄段的总计发病率占 25 种疾病总计发病率的比率。

以图 2-9 中的男性数据为例，63 岁年龄对应纵坐标的百分比数据为 94.39%，意思就是在男性 63 岁这一年内，所有患《规范》中载明的 25 种重大疾病的人中，有 94.39% 的人所患疾病为前 6 种。

通俗地说就是，虽然《规范》中涵盖了 25 种重大疾病，但绝大部分人最为高发的都是前 6 种。

根据《中国人身保险业重大疾病经验发生率表（2006 - 2010）》数据可知，规范中前 6 种疾病发病率占 25 种疾病种类的比例最高可达 94% 以上。因此保监会强制要求，所有重大疾病保险的承保范围必须完整包含《规范》中的前 6 种疾病种类，以便为投保者带来重疾风险覆盖率较广的保险保障，这也是保监会对各保险公司重大疾病保险产品的最低要求。

同时，各重大疾病保险在合同条款中描述前 6 种疾病的定义及病理标准时，必须统一采用《规范》中对前 6 种疾病的描述内容，一个字都不能差。

在实际开发和销售保险产品过程中，几乎没有重疾险只承保前 6 种重大疾病，因为承保范围太少了有点“拿不出手”。绝大部分重大疾病保险产品的承保范围都完整包含《规范》中载明的25种疾病。

还有一个更主要的原因是，《规范》中前6种疾病是发病率最高的，其发病率在全部25种重疾中占比居高不下，在较多年龄段中占比60%~90%，部分年龄段最高占比达94.5%。所以前6种“包揽”了25种疾病中的大部分发病率。

站在保险公司的角度来说，即便把重疾险的疾病承保范围由6种提升至25种，其产品成本也不会增加太多，同时还可以让自家的产品“更好看”，毕竟承保25种疾病的保险产品，比只承保6种的保险产品更有吸引力。另外，《规范》中载明的25种疾病覆盖了国内已知约96%的重大疾病发病率，提升至25种后，也可以为投保者和被保险人带来更充足的风险防范作用。

按照目前主流重疾险产品的设计习惯，若某保险公司重大疾病保险产品承保的疾病种类是25种，则该保险会完整地采用《规范》所载明的25种疾病种类及其对应的定义说明；若承保的疾病种类超过25种，则承保疾病的前25种会采用《规范》中载明的25种疾病种类及其对应的定义说明，第26种及以后的承保疾病种类及相关病理说明由保险公司自行拟定。

如果大家以后看到某款重大疾病保险产品号称承保的疾病种类高达42种，在查看其具体承保种类和疾病定义时，只需重点关注第25种以后的疾病定义即可，因为前25种疾病及其定义都是按照保监会发布的《规范》执行的，是和《规范》中相关条款的原文一字不差的。只有第25种以后的疾病种类和病理定义，保险公司才有“自由发挥”的空间。

阳光人寿保险公司旗下的“阳光人寿关爱e生重大疾病保险（C款）”，该重大疾病保险的承保疾病种类为25种，这25种疾病种类和定义均和《规范》保持一致。为了便于投保者比较和甄别，保险合同条款中也特意标明：

该25种重大疾病定义完全采用了中国保险行业协会发布的《重大疾病保险的疾病定义使用规范》中的疾病定义。

百年人寿保险公司旗下的“百年康惠保重大疾病保险”产品承保的重大疾病种类高达100种，其中前25种与《规范》中载明的疾病种类保持一致。该重疾险合同中写明如下相关提示：

（本合同承保的）重大疾病定义中的第1种至第25种采用了中国保险行业协会发布的《重大疾病保险的疾病定义使用规范》中的疾病定义，如中国保险行业协会或保险监管机关对“重大疾病保险的疾病定义”进行调整，百年人寿会相应调整。

弘康人寿保险公司旗下的“弘康多倍保重大疾病保险”产品承保的重大疾病种类为105种，该保险在合同中也作了相关文字说明：

（本合同所指的重大疾病）第1至第25项为中国保险行业协会与中国医师协会共同制定的重大疾病保险的疾病定义，第26至第105项为本公司增加的疾病种类并自行制定的疾病定义。

通过本节讲解，以及查看上述案例中提及的几款重大疾病保险的疾病承保范围，相信读者会发现，目前市场上在售的重大疾病保险产品的承保范围、承保疾病种类各有不同。有些重疾险严格按照《规范》要求承保25种重大疾病，有些重疾险产品的承保疾病种类远远超过《规范》的要求，在承保25种重大疾病的基础上自行增加其他疾病种类，其重疾承保数量高达60种、100种、150种或更多，甚至有些重大疾病保险产品还额外增加了部分“轻症疾病”“中症疾病”的赔付责任。

普通家庭投保者面对各种不同的疾病承保数量，应该如何选择呢，我们下节再讲。

2.3.2 别花冤枉钱，承保150种疾病真的没必要

不同的重大疾病保险产品在保障期限、投保额度、被保险人年龄等因素相同的前提下，承保的疾病种类越多，保费越贵。但是若重疾险承保的疾病种类太少，又起不到相应的保障效果和抗风险作用。很多投保者在挑选保险产品时，具体选择承保多少疾病种类的产品，是很令人纠结的问题。

部分重大疾病保险承保数量虚高，华而不实

在保险市场发展之初，大部分重疾险的承保疾病种类都比较少，有些保险公司会根据其历年重疾险理赔数据确定承保范围和疾病数量，比如承保15种、20种重大疾病等。后来因为保险公司之间竞争更加激烈，又加上《重大疾病保险的疾病定义使用规范》发布，部分保险公司率先把重疾险承保的疾病种类提高到25种，之后又逐步扩大到42种、80种、100种，甚至200种。

有些保险公司为了进一步增加自家重疾险产品的承保种类，除了把《规范》中载明的25种疾病纳入承保范围，还会额外增加很多重疾种类。有些保险公司甚至把一种疾病的不同病理阶段拆分成两个疾病种类写入保险合同，以此提高自家产品的疾病承保数量，或者把一些全世界都非常罕见的疾病纳入其重疾承保范围之中，以此凸显产品承保范围之广泛，覆盖范围之全面。反正除了《规范》中载明的25种重大疾病之外，其他的新增疾病种类都可以由保险公司自由发挥，因此保险公司在扩充疾病种类时也无所顾忌，一味追求承保数量。

如今，各种重大疾病保险产品的承保疾病种类越来越多，各大保险公司之间已把承保疾病种类、数量作为互相攀比的对象，并成为各自宣传的噱头。更有些保险业务员在宣传产品时，声称自家产品是行业中承保疾病种类最多的一款，把疾病承保数量作为忽悠客户的主要利器。

■ 保险产品案例

2003 年，平安保险公司推出“平安附加开心果定期少儿重大疾病保险（2003）”，该重大疾病保险可以承保的重大疾病数量为 17 种。

2004 年，中国人寿保险公司推出“国寿团体重大疾病保险（2004 版）”，该重大疾病保险承保的疾病种类为 20 种。

2007 年，平安保险公司推出“平安提前给付重大疾病保险（2007）”，该重大疾病保险承保的疾病种类增加至 30 种。

2012 年，中国人寿保险公司推出“国寿康宁终身重大疾病保险（2012 版）”，该重大疾病保险承保的疾病种类上升为 40 种。

2015 年，华夏人寿保险公司推出“华夏常青树重大疾病保险（2015）”，该重大疾病保险承保的疾病种类上升为 61 种。

2017 年，恒大人寿保险公司推出“恒大恒久健康终身重大疾病保险（2017 版）”，该重大疾病保险承保的疾病种类达 100 种。

2018 年，复星联合健康保险公司推出“复星联合加倍保重大疾病保险”，该重大疾病保险承保的疾病种类高达 108 种。

当一些不明真相的普通投保者看到两款重大疾病保险，一款保障 25 种重大疾病，另外一款保障 150 种重大疾病，很明显后者会有更大的吸引力，这也是各家保险公司乐此不疲地扩充自家产品疾病承保数量的主要原因。

其实，投保者在选择重大疾病保险时，过度追求疾病承保数量是完全没有必要的，因为《规范》载明的 25 种重大疾病已经足够覆盖主要的重疾风险了。这 25 种疾病涵盖了 96% 的国内已知重大疾病种类，几乎所有发病率高、对健康影响较大、治疗费用较高的疾病都在其中。

即使有些保险公司把重疾险的疾病承保数量从 25 种增加到 100 多种，

其重大疾病发病率的总体覆盖范围也仅仅增加了1%~2%，100种重大疾病发病率占所有已知重疾发病率的98%左右。

很明显，在投保者和保险公司都一味追求重疾险承保数量的背景下，保险公司把重疾险承保数量提升了4倍，其累计重大疾病发病率的覆盖范围却仅仅提升了2%。导致这种结果的根本原因就是绝大部分高发的重大疾病，早已被保险协会和中国医师协会收录进《规范》文件之内，没有收录的疾病种类基本都是些无关紧要的、发病率极低的疾病。

另外，针对25种以外的由保险公司自行增加和定义的疾病承保种类，因缺乏统一的病理定义标准，不受《规范》文件约束，导致部分保险公司把相关疾病的理赔条件设定得较为苛刻，被保险人即便罹患该疾病，也无法达到理赔标准，致使一些重疾险承保的疾病数量很多却华而不实。

■ **案例扩展**

某健康保险公司于2018年推出了“××× 优选重大疾病保险（A款）”，该重大疾病保险的承保范围为80种。在该重疾险产品中，除了《规范》规定的25种疾病种类外，该公司自行增加了55种重大疾病，其中大部分都是发病率较低或极低的病种。

比如，在55种由保险公司自行增加的疾病中，有一个叫“肝豆状核变性”的疾病。该病是一种遗传性疾病，在世界范围内发病率约为1/10万，是一种发病率很低的疾病，其发病率比恶性肿瘤低270倍左右。

2018年5月11日，国家卫生健康委员会等5部门联合制定了《第一批罕见病目录》，“肝豆状核变性”就被收录其中，可见该疾病的罕见程度。

值得一提的是，“肝豆状核变性”是一种遗传疾病，如果被保险人家族内没有此病史，则罹患该疾病的可能性更低。

再比如，在55种由保险公司自行增加的疾病中，还有一种叫“进行性核上性麻痹”的疾病，该疾病又称为“Steele-Rchardson-Olszewski综合症”。该疾病是一种少见的神经系统变性疾病，通常发生在中老年阶段，主要症状是记忆力衰退、口齿不清、吞咽无力、眼球活动缓慢等类似轻度老年痴呆和帕金森综合症的典型症状。该病一般不会导致严重痴呆，但病情严重会造成活动困难。

在临床医学中，针对该病的确诊条件是：满足下列5项中的2项即可确诊为进行性核上性麻痹。

1.对称性运动不能或强直，近端重于远端；

2.假性球麻痹（构音障碍和吞咽困难）；

3.颈部体位异常，尤其颈后仰；

4.额叶综合征（智力迟钝，强握和模仿动作）；

5.对左旋多巴反应欠佳或无反应Parkinson综合征。

但是在该保险合同中针对此疾病的理赔条件是：“必须由三级甲等医疗机构的神经内科专科医生确诊，并且被保险人自主生活能力完全丧失”，才满足该疾病的理赔要求。

其实，该疾病极少导致患者达到“自主生活能力完全丧失”的状态，明显是在“重大疾病确诊的基础上再增加额外理赔条件”，有违重大疾病保险“确诊即赔付”的理念，导致被保险人即便确诊罹患该疾病，也很难达到理赔条件。

最后，在该保险合同中，由保险公司自主增加的55种疾病种类中，还有些发病率罕见且主要发病国家不在中国的疾病种类，比如“疯牛病”。

自从1986年首次发现“疯牛病”以来，人感染疯牛病的报道只出现在个别欧洲国家，目前全世界范围内只有69人被确认或疑似感染疯牛病死亡，在中国从未出现过人感染疯牛病的案例。

以上举例并非特意针对某家保险公司的个别重大疾病保险产品，而是业内普遍存在的现象。

因为主要的、高发的重大疾病种类早已被保险行业协会和中国医师协会收录在《规范》文件之内，保险公司如果想在此基础上大幅度增加承保的疾病种类，就只能挖空心思寻找一些罕见、不具有普遍性的、仅限于少量人群的遗传性疾病了。最终导致各家保险公司在开发重大疾病保险时，一味追求提高承保疾病的数量，实际上却华而不实，噱头大于实际意义。

大部分保险公司之所以毫无底线地持续增加承保疾病种类，除了把“承保数量”作为宣传的噱头和销量宣传的利器之外，还有一个更重要的原因，就是保险公司基本不会因为增加承保疾病数量而增加成本。

因为《规范》收录的25种重大疾病已经覆盖96%的国内重疾发病范围了，所以保险公司即便把重疾险的疾病承保数量由25种增加到100多种，其疾病发病率覆盖范围实际上也只提升1%~2%，由此增加的实际赔付成本微乎其微。这也是各重大疾病保险乐此不疲地增加承保疾病数量的主要原因之一。

重疾不够，轻症来凑

其实，早在2016年就有部分保险公司把重大疾病保险的承保疾病种类提高到了100种左右。后来，除了这100多种重疾外，其他保险公司发现再也找不到可以列入承保范围内的疾病了，意思是其他保险公司无法推出比该重疾险承保范围更多的保险了。

在这种情况下，多数保险公司都很焦虑，自家的重疾险产品若没有更多的疾病承保数量，就会在宣传、销售产品时缺少噱头，直接影响产品竞争力。但是保险公司内部人才济济，精算师如云，很快他们就找到了增加疾病承保数量的新方法——增加轻症疾病。

■ 知识扩展

什么是轻症疾病

目前，无论是医疗行业还是保险行业，都没有针对“轻症疾病”给出专业定义。简单地说，轻症疾病是早期的重大疾病或重大疾病的前期症状。一般而言，轻症疾病并非常见的小病小灾，而是具有一定严重程度的疾病，只不过这些疾病经过及时治疗可以彻底治愈或者对患者危害较小，但若不及时进行治疗，也会导致严重后果。

比如最常见的轻症疾病“原位癌”，严格来说原位癌不能算作癌症，发现原位癌后直接切除即可治愈，而且治疗费用也不高。但是若不及时治疗，也会引起较为严重的身体伤害。

保监会在《规范》文件中只对25种重大疾病作了统一定义，并没有对“轻症疾病”作任何解释和定义。根据医疗行业临床诊疗数据统计，常见的、发病率高的也是保险公司经常采用的轻症疾病，基本包括以下9种（按发生率从高到低排序）。

1. 极早期恶性肿瘤或恶性病变（原位癌）；

2. 不典型的急性心肌梗塞；

3. 轻微脑中风；

4. 冠状动脉介入手术（非开胸手术）；

5. 心脏瓣膜介入手术（非开胸手术）；

6. 主动脉内手术（非开胸手术）；

7. 视力严重受损；

8. 特定面积Ⅲ度烧伤（面积比例在 10%~20% 之间）；

9. 脑垂体瘤、脑囊肿、脑动脉瘤及脑血管瘤。

长期以来，重大疾病保险一直“饱受诟病”。一些不理解重大疾病保险核心意义的投保者经常抱怨《规范》中定义的重疾理赔条件过于苛刻，一般的疾病很难达到理赔标准。其实这正是重大疾病保险的意义所在：**重疾险的作用是用来抵御因罹患重大疾病导致巨额医疗费用支出对家庭经济带来的打击，简单地说，重疾险是用来抵御“大风险”的。**

这些道理并非所有投保者都能理解，因此，针对重疾险的“只保大病，不赔小病”的抱怨一直存在。正是这种抱怨现象的存在，为保险公司在重大疾病保险中增加轻症疾病赔付条款提供了市场。

从 2016 年开始，越来越多的保险公司开始在重大疾病保险中增加轻症疾病的赔付责任，并以此作为提高产品竞争力、吸引客户的主要手段之一。

因为《规范》没有对轻症疾病的赔付责任作约束，因此，所有的轻症疾病种类、疾病定义以及理赔标准，均由各保险公司“自由发挥”，所以每款重大疾病保险产品涵盖的轻症疾病数量也不尽相同。

泰康在线保险公司旗下的“e 无忧泰康重疾宝”，该重大疾病保险除承保 70 种重大疾病外，还承保 10 种轻症疾病。

百年人寿保险公司旗下的“百年康惠保（旗舰版）重大疾病保险”，该重大疾病保险除了承保 100 种重大疾病外，还承保 30 种轻症疾病，以及 20 种中症疾病。

复星联合健康保险公司旗下的“复星联合加倍保重大疾病保险”，该重大疾病保险除承保 108 种重大疾病外，还承保 56 种轻症疾病。

大部分保险公司都很厚道，会主动把上述 9 种发病率高、治疗费用高的轻症疾病列入重疾险承保范围内。但也有极个别的保险公司在制定轻症疾病承保数量时“只求数量不求质量”，针对轻症疾病的承保数量高达 30 多种，但真正高发的轻症疾病却不在其中。也有些保险公司在定义轻症疾病、制定理赔条件时，故意提高理赔标准，人为抬高理赔门槛。

■ 案例扩展

以国内某大型保险公司热销的产品“xx 福（2019）”为例，该重疾保险计划在疾病保障方面涵盖 100 种重大疾病的赔付责任，同时还承保 30 种轻症疾病。

虽然该保险计划承保的轻症疾病高达 30 种，实际上却华而不实，明显存在拆分疾病种类以提高轻症数量，减少发病率高的轻症种类，以降低赔付成本等多种问题。

该保险计划承保轻症疾病的前 3 种分别是：早期恶性病变、原位癌、皮肤癌。其实这 3 种轻症疾病由同一种轻症疾病“极早期恶性肿瘤或恶性病变（原位癌）” 拆分而来，其做法是把同一种或同一类轻症疾病拆分为多个，以增加承保的轻症疾病数量。

另外，虽然该保险计划承保的轻症疾病种类多达 30 种，却偏偏不包含“不典型的急性心肌梗塞”“轻微脑中风”“冠状动脉介入手术”等 3 种发生率较高的轻症疾病。反而一些发病率仅有 1~3/10 万的少见轻症疾病却赫然在列，比如“早期运动神经元病”。虽然承保的轻症疾病种类多，但是很多高发轻症疾病都不包含在内，其保障仍然不够完善。

最后，该保险计划对承保轻症疾病的理赔条件规定明显高于其他同类保险产品。以该保险对“视力严重受损”这项轻症疾病的定义为例，该保险合同中的相关描述如下。

视力严重受损指被保险人因疾病或意外伤害导致双目视力永久不可逆性丧失，但未达到本附加险合同所指重大疾病“双目失明”的标准，**但须满足下列全部条件：**

（1）双眼中较好眼矫正视力低于0.1；

（2）双眼中较好眼视野半径小于20度。

在同类保险产品中（以复星联合加倍保重大疾病保险为例），对“视力严重受损”的定义描述如下。

视力严重受损指被保险人因疾病或意外导致双目视力永久不可逆性丧失，虽然未达到重大疾病“双目失明”的给付标准，但**满足下列条件之一：**

（1）双眼中较好眼矫正视力低于0.1；

（2）双眼中较好眼视野半径小于20度。

以上所举案例并非特意针对某家保险公司，而是业内普遍存在的现象。存在上述类似问题的重疾险产品还有很多，有的问题甚至比该款保险更为严重。

通过上面对重大疾病保险中关于“重疾”和“轻症”疾病承保范围的讲解，相信大家已经知道，目前市场上的重疾险热衷于增加承保疾病的种类，以便增加产品竞争力。其实在各重疾险多达100多种的承保疾病中，隐藏着无数的“坑”，而且这些“坑”全部都隐藏在由保险公司自由发挥、自行拟定的25种重疾之外的疾病部分。

那么普通投保者在选择重大疾病保险产品时，面对各种不同的疾病承保数量，应该如何选择呢？笔者为大家提供几个选择思路。

凡是疾病承保种类涵盖《规范》载明的25种疾病的保险产品，基本都能满足绝大部分投保者的风险保障需求。目前市场上在售的重大疾病保险产品，承保的疾病种类都在 25 种以上，所以大家在选择重大疾病保险产品时，没必要一味追求承保种类多的保险，因为承保 50 种疾病和承保 108 种疾病的保险，其风险覆盖率几乎没有差别。当然，如果被保险人的家族中有某种特殊疾病史或有某种罕见遗传病，此时就要逐一查看各个保险产品的承保疾病种类了，以便找到对投保者最有利的保险产品。

投保重大疾病保险的主要目的，是用来抵御因罹患重大疾病导致巨额医疗费用支出对家庭经济带来的打击，是用来抵御“大风险”的，因此重疾险对各种高发的“重大疾病”的赔付责任才是重中之重，至于对“轻症疾病”的赔付责任则是其次。

大部分轻症疾病的治疗费用都不是太高，一般在 2 万元以内。个别费用较高的，也不超过 5 万元，经过医保报销后的实际花费更少。针对大部分家庭而言，即便没有商业保险，也不会因为治疗一场轻症疾病导致家庭经济破产。所以这种自己能抵御的风险没必要通过保险来解决，保险应该主要用来抵御家庭经济无法承受的风险。

由此可以看出，重大疾病保险中的轻症赔付责任不是必须要选的，大家要明白投保重大疾病保险的主要目的，抓住主要矛盾。

最后，轻症疾病也不是保险公司额外提供的福利，在重大疾病保险中增加轻症保障后，每年需缴纳的保费会明显增加。若某些投保者不差钱或保费支出预算较为宽裕，笔者建议可以考虑不选择轻症疾病的保障，把省下来的钱花在提高重疾险的保障额度上。

当然，如果投保者因为种种原因刻意要选择带有轻症疾病的保险，一定要重点查看其是否完整涵盖发病率最高的 9 种轻症疾病种类，避免买到华而不实的轻症保障。

■ 小 结

1.《重大疾病保险的疾病定义使用规范》载明的25种疾病是最重要的疾病种类；

2.只有承保范围涵盖《规范》中前6种疾病的保险才能叫“重大疾病保险”；

3.重疾险产品承保的疾病种类只要超过25种，其重疾发病率覆盖范围就没有太大差别；

4.重疾险的主要作用是防范“大风险”，针对轻症疾病的赔付不是主要投保目的；

5.若有多余的钱，应首先用来提升针对“重大疾病”的赔付额度，而不是购买“轻症赔付”，钱要花在刀刃上；

6.若一定要选择附加轻症赔付，要查看保险产品是否覆盖9种常见的轻症疾病。

2.4 重疾险保障额度、保障期限怎么选

2.4.1 很多癌症都能治好，前提是要有钱

在投保重大疾病保险时，投保的保障额度越高，出险时获得的赔偿金额越多，但是在其他条件不变的情况下，保障额度越高，保费就会越贵，价格也是众多投保者无法回避的问题。在规划重大疾病保险方案的时候，要找到保额与保费的平衡点，让保额基本够用，保费也不超标。

大家都知道，重大疾病保险的赔偿款主要用于被保险人罹患重疾后的医疗和康复费用支出。之所以为家庭中的主要成员投保重大疾病保险，主要目的有两个。

第一，利用重疾险抵御因被保险人罹患重疾导致巨额医疗支出对家庭经济造成的打击；

第二，当家庭主要成员罹患重疾时，能有充足的治疗费用，以增加疾病治愈率，提升患者的治疗条件。

要想知道重疾险的保障额度选择多少合适，首先要了解目前重大疾病的治愈率有多少。若重疾的治愈率较低，无论花多少钱都回天无术，那么普通家庭也没必要去花钱填这个无底洞。如果大部分疾病都能治愈或有效抑制病情发展，还要搞清楚治疗一场重大疾病大概要花多少钱，以便确定合适的重疾险保障额度。

越来越多的癌症可以治愈

首先，要告诉大家一个比较好的消息，按照现在的医疗水平，大部分癌症或其他重大疾病都是可以治愈或者能有效抑制病情发展的，其中有部分癌

症疾病的治愈率明显较高。

放眼全球来看，部分国外发达国家对于癌症和其他重大疾病的治愈率，是明显高于我国的。如果经济条件许可，可以选择出国治疗某些重大疾病，其治愈率和存活率会明显提升。

在所有已知的重大疾病中，恶性肿瘤是发病率最高的一种，其发病率占所有重疾的76%左右。本节就以恶性肿瘤为例，介绍一下其治愈率以及国内国外治疗水平的差异。

在国际范围内，对恶性肿瘤的治疗效果有一个主要评估标准——“5年生存率”。目前医学界普遍认为恶性肿瘤患者经过积极治疗后，若5年内仍然存活或所患恶性肿瘤5年内没有复发，即被认为治疗效果良好。因此医学界主要用“5年生存率”这个指标来评价恶性肿瘤的治疗效果。

当然，并不是所有的恶性肿瘤（癌症）都很严重，随着医疗技术不断发展，很多癌症已经找到治愈的方法，部分癌症疾病早已不像以前那么可怕。

比如甲状腺癌、前列腺癌这两种癌症的治愈率，在全世界范围内都是比较高的，尤其在个别医疗水平高、医保和保险普及率高的国家，其5年生存率甚至接近百分之百（以美国为例，甲状腺癌的5年生存率为98%，前列腺癌的5年生存率为99%）。

遗憾的是，在我国，各种癌症的治愈率还是比较低的，癌症患者的5年生存率与世界发达国家也有较大的差距。导致这个结果的原因主要有以下几个。

第一，大部分家庭因无法承担高额的癌症治疗费用被迫放弃治疗，最终只能采取保守治疗手段，其只能减少痛苦，无法有效抑制病情；

第二，国内整体医疗水平还有待提高；

第三，很多可以有效抑制癌症的特效药物尚未进入国内市场。

表 2–9 中国和美国各种癌症患者 5 年生存率对比

癌症部位	中国	美国
乳腺癌	73.1%	89%
甲状腺癌	67.5%	98%
膀胱癌	67.3%	78%
肾癌	62.0%	72%
子宫癌	55.1%	83%
前列腺癌	53.8%	99%
喉癌	51.7%	——
睾丸癌	48.0%	95%
结直肠癌	47.2%	结直肠癌 65% 小肠癌 65%
宫颈癌	45.4%	68%
鼻咽癌	43.8%	——
口咽癌	42.2%	62%
卵巢癌	38.9%	44%
皮肤癌	38.8%	91%
淋巴瘤	32.6%	非霍奇金淋巴瘤 69% 霍奇金淋巴瘤 85%
其他胸腔肿瘤	30.5%	软组织癌（含心脏）66%
胃癌	27.4%	28%
食道癌	20.9%	17%
胆囊癌	20.1%	18%
白血病	19.6%	慢性淋巴细胞白血病 79% 急性淋巴细胞白血病 66% 慢性粒细胞白血病 61% 急性髓细胞白血病 24% 骨髓瘤 43%
脑癌	18.2%	34%
骨肿瘤	17.1%	66%
肺癌	16.1%	17%
胰腺癌	11.7%	6%
肝癌	10.1%	16%
眼癌	——	82%
所有癌症	30.9%	66%

（数据来源《international journal of cancer》2014.9.20 刊发）

表 2-10 全球主要国家癌症患者 5 年生存率比较

国家	5 年生存率
中国	30.9%
加拿大	82.5%
日本	81.6%
澳大利亚	80.7%
德国	78.4%
法国	76.6%
英国	73.1%
美国	66%

（数据来源《international journal of cancer》2014.9.20 刊发）

表 2-9 和表 2-10 中的数据是 2014 年统计并发布的，距离现在已经接近 5 年。在科技迅速发展的今天，相信各国癌症患者 5 年生存率的数据一定比 2014 年时更高。

要想彻底解决我国医疗水平较低，癌症疾病患者 5 年生存率与发达国家差距较大的问题，首先要做的就是增加重大疾病保险的普及率，提高重疾险的保障额度。如果大部分国内居民都配置了适当的重大疾病保险，则原来经济拮据、无钱看病的家庭，可以利用保险公司的重疾险赔款，确保患者获得最基本的治疗。若本身就是有一定积蓄的殷实家庭，则可以借助保险公司给付的重疾险赔款，出国到医疗条件发达的国家或地区治疗，由此整个中国癌症患者的 5 年生存率就能明显提升。

■ 知识扩展

导致美国癌症患者 5 年生存率大幅高于中国的主要原因，除了美国整体医疗技术较高外，更重要的是美国拥有高质量、高水平的医生队伍。

美国对医生的培养制度是非常严格和完善的，对医生的培养模式和中国也有很大差别。

在中国大陆，学生高中毕业后就可以通过高考渠道考入医科大学或医学院。在大学学习5年获得本科学历并考取医师资格后，即可到普通医院当医生了。大多数中国医生的收入不是特别高，工资收入水平和其他行业相比没有明显优势。另外，中国的医生工作量大，长期处于疲惫状态，医生的社会地位和工作付出不成正比。甚至国内很多医护人员都不再希望子女继续从医，因此很难吸引优秀人才持续加入医生队伍。

美国的情况完全不一样。

在美国，医生永远是一个带着“荣耀光环”的职业。每年各职业收入排行榜中，名列榜首的始终都是医师职业，有些年份甚至出现收入排行榜前10名分别被不同学科的医生占尽的情况。美国的医生以其特有的高深学识和丰厚收入，在美国社会备受尊崇，并在主流社会中永远占有一席之地。正是因为美国医生具有极高的社会地位和诱人的收入回报，想报考医学院的学生也非常多，但是想在美国行医，门槛也是非常高的。

要想成为一名美国医生，高中毕业后要先读4年本科，然后才有资格申请医科大学研究生阶段的学习。一般情况下，只有优秀的本科毕业生才有机会申请攻读医学院，最终被录取的不到40%。若想进入顶尖大学的医学院，更是难上加难（以2013年数据为例：哈佛医学院录取率仅为2.3%，纽约大学医学院1.8%，耶鲁大学医学院2.5%，匹兹堡大学医学院3.2%，布法罗大学医学院3.5%）。因为各所医科大学不限制申请者的本科专业，所以报考医学院的学生中不乏本科专业是文史哲、艺术及建筑等，这也使得美国医生的跨专业研究能力很强，综合型医疗人才较多，从而进一步提升了医生团队的整体科研水平。

本科生被医学院录取后，就可以攻读医学专业的硕士和博士学位了。攻读学业期间除了要分别通过三个阶段的医师从业资格考试外，还要去相应的医院进行住院医师培训（相当于国内的实习）。几乎所有医学专业毕业生都要接受至少3年的住院医师培训，个别科室长达8年。住院医师培训合格并通过所有医师资格考试后，才算是一名合格的美国普通医生。如果想成为专科医生，比如胸外科专科医生、儿科专科医生等，必须参加3到5年的专科医师规范化培训，取得一定的科研成果，并且通过相应的专科医生考试才行。

以上所有环节加起来，在美国培养一个专科医生，从学生进入大学算起，一直到可以独立行医，总共需要13～15年才能全部完成，个别科室时间会更长。

经过如此漫长又严格的培养、培训，使得美国医生不仅训练有素，而且学术水平普遍较高，各方面的综合素质也普遍较高。在美式英语中，“医生”和“博士”两个词都是doctor，因为所有的医生必定都是博士。

不过，虽然美国整体医疗水平较高，想赴美看病也是不容易的，因为美国的医疗费用之高也是“举世闻名”的。美国的人均医疗费用是中国的22倍，若没有保险，别说穷人看不起病，就是有一定经济条件的人得了大病，也有可能因此倾家荡产。好在美国的保险普及率比较高，虽然美国的保险普遍比较贵，但是稍有经济实力的家庭都会配置充足的保险，因为在美国看病更贵。

看到上述这些数据，相信广大读者对癌症或其他重大疾病的治愈信心会有很大提升。确实，并非所有癌症都那么可怕，目前已经有很多癌症是可以治愈或有效抑制病情发展的，可以大大延长患者的寿命。

即便是一些目前尚未找到有效治疗方法的癌症疾病，日后随着医疗科学的发展，也会逐渐找到根治方法或出现特效抑制药物。很多医疗行业人士纷纷预测，人类在未来 20 年内会找到绝大部分恶性肿瘤疾病的有效治疗方法。微软公司更是在 2017 年成立了“生物运算”部门，并放出豪言：10 年内攻克癌症！

其实上述预测与豪言并非不切实际，随着基因技术的发展，以及超算机在医疗行业的广泛应用，加上纳米级医疗机器人的出现，全世界的医疗水平和技术革新速度早已今非昔比。相信在医药、材料、计算机等行业跨学科研究的带领下，实现攻克大部分恶性肿瘤的梦想并不遥远，至少也能大幅提升癌症的 5 年生存率。

■ 知识扩展

未来攻克癌症的几个希望

希望一：免疫检查点疗法和 CAR-T 疗法

2018 年，美国的詹姆斯·艾利森教授和日本的本庶佑教授荣获当年的“诺贝尔生理学或医学奖”，以表彰他们发现了“免疫检查点抑制癌症疗法”，以及在癌症治疗方面作出的贡献。

“免疫检查点抑制癌症疗法”即借助人体自身免疫系统去攻击癌细胞的治疗方法。

2012 年 4 月，时年 7 岁的美国小女孩 Emily Whitehead 成为全球试验这种疗法的第一人。当时她身患急性淋巴细胞白血病，病至晚期，但最终神奇般地被治愈。获得新生的 Emily 每年都会拍一张照片向公众发布，用来鼓励和她患有一样疾病的人。如今Emily已经14岁，病情再未复发。

2015年8月，年近91岁高龄的美国前总统卡特宣布自己罹患晚期黑色素瘤，癌细胞已转移到脑中，卡特准备向世界告别。幸运的是，根据“免疫检查点疗法”开发的PD-1药物正在进行临床测试，卡特在PD-1药物的治疗下，3个月之后肿瘤完全消失了。直到现在（2019年2月）尚无任何复发迹象。

2017年，三种根据“免疫检查点疗法”原理研发的新药陆续在美国上市；2018年8月，中国引进了其中两种，被广大癌症晚期患者称为“神药”。

其实，早在2016年10月，工信部、卫生部、国家食药监局等6部委就联合印发了重磅文件《医药工业发展规划指南》，该文件中特意提及要“重点开发肿瘤免疫治疗药物 PD-1/ PD-L1”。目前国内已有多家医药企业投入临床研究，这也是我国少有的与国外医药技术差距最小的研究领域。

希望二：靶向药物

对于普通药物而言，通常进入人体内仅有极少一部分能够真正作用于病变部位，从而大大制约了药物疗效。靶向药物能使药物瞄准特定的病变部位，并在目标部位蓄积或释放有效成分，从而大幅提高治疗效果并减少副作用。

靶向药物作为癌症治疗的一个主要手段，其副作用远小于化疗等其他治疗方法，目前已经被欧美国家广泛运用于一线治疗。以肺癌为例，治疗的靶向药物就包括吉非替尼（易瑞沙®）、厄洛替尼（特罗凯®）、埃克替尼（凯美纳®）、奥希替尼（泰瑞沙®）等。随着更多新靶点的发现，靶向药物也会逐步扩大治疗适用症，造福更多的癌症患者。

希望三：抗癌疫苗

自从 2017 年以来，抗癌疫苗频繁进入普通中国老百姓的视线，其中最出名的就是宫颈癌疫苗。如今，国内适龄女性在所属社区医院内就可以预约接种宫颈癌疫苗。

之所以能研发出宫颈癌疫苗，是因为人类找到了宫颈癌的发病原因，目前宫颈癌是唯一明确发病原因的癌症。相信随着对癌症研究越来越深入，人类会找出更多癌症的发病原因，并研发出相关的疫苗。

也许在不久的将来，可以像预防乙肝一样，注射几针疫苗就可以预防癌症了。

希望四：癌症基因检测（基因测序技术）

随着基因分子水平研究的不断深入，越来越多的肿瘤细胞信号通路被发现，我国现在已有 16 种常见癌症变异基因被破译，可做预测性基因检测。

好莱坞著名影星安吉丽娜·朱莉就是比较有名的基因检测技术的受益者。朱莉的母亲很早就患了乳腺癌，朱莉经过基因筛查测序发现，她本人体内携带 BRAC1 基因。因为有了这个基因，导致她体内的细胞分裂产生突变的几率比正常人高百倍，因此她估计有 87% 的可能性得乳腺癌，50% 的可能性得卵巢癌。

2013年4月，38岁的朱莉进行了双侧乳腺预防性切除手术，由此朱莉罹患乳腺癌的几率从87%下降到5%以下。

目前，遗传性肿瘤检测准确率高达50%~80%，例如上面提到的乳腺癌；非遗传性肿瘤检测准确率达30%~40%，比如最常见的胃癌和肺癌等。

相信随着医疗科技的发展，对基因测序和解读的准确性不断提高，人类完全可以通过基因测序提前检测自身患癌的风险，进而提前预防，尽早介入治疗。

癌症已从“要命的病”变成“要钱的病”

通过上述内容可以看出，随着医疗科技的不断发展，以癌症为代表的各种重大疾病早已不再是“要命的病”了。但是因为相关疾病的治疗费用较高，进口特效药价格奇贵，癌症却永远是“要钱的病”。

大部分普通家庭中，一旦有人罹患癌症等重大疾病，就会在短期内产生巨额医疗支出，进而对家庭经济造成打击。

辛辛苦苦几十年，一病回到解放前；

小病卖牛，大病卖楼；

十年努力奔小康，一场大病全泡汤；

穷人得大病雪上加霜，富人得大病一生白忙。

上述这些话既是老百姓对大病医疗费用较高的抱怨，也是保险业务员经常挂在嘴边的话术，其整体反映的是重大疾病医疗费用高这个不争的事实。

在2016年两会期间，保监会主席在答记者问时说：我们国家7000万贫困人口当中，因病致贫的占到了42%，这个比例是比较高的。在五大致贫原因中，大病致贫占首位。

目前，国内主要重大疾病的治疗费用基本都在10万元以上，部分严重的

“高费用重疾”，医疗费用更是高达 30 万元以上。这还仅是在住院医疗阶段的费用支出。大部分重疾患者出院后，还要面对同样高额的康复费用，部分疾病还要终身服药。这是国内相关医疗费用的情况。如果患者希望获得更好的治疗效果，提高重疾治愈概率，要去境外就医，相关医疗费用更高。

表 2-11　部分重大疾病治疗康复费用

序号	大病种类	治疗康复费	备注
1	恶性肿瘤	12 万 ~ 50 万元	CT、伽马刀、核磁共振等治疗项目为社保不报销或部分报销项目，同时 80% 以上进口特效药不在社保医疗报销范围内
2	急性心肌梗塞	10 万 ~ 30 万元	需要长期的药物治疗和康复
3	脑中风后遗症	10 万 ~ 40 万元	需要长期护理和药物治疗
4	重大器官移植术或造血干细胞移植术	20 万 ~ 50 万元	心肺脏移植不属于社保报销项目，器官移植后须终身服用抗排斥药物
5	冠状动脉搭桥术	10 万 ~ 30 万元	冠状动脉造影属于社保部分报销项目，搭桥每条 4 万元左右，需要长期药物治疗和康复治疗
6	终末期肾病	10 万元 / 年	换肾或长期依赖透析疗法，透析费用属于社保部分报销项目
7	多个肢体缺失	10 万 ~ 40 万元	假肢 3 到 5 年更换一次，并需要长期康复治疗
8	急性或亚急性重症肝炎	4 万 ~ 5 万元 / 年	该病并发症多，并且需要长期药物治疗
9	良性脑肿瘤	5 万 ~ 25 万元	需要长期的诊疗及药物治疗
10	慢性肝功能衰竭	3 万 ~ 7 万元 / 年	需要长期药物和护理治疗
11	脑炎或脑膜炎后遗症	3 万 ~ 5 万元 / 年	需要长期药物和护理治疗
12	深度昏迷	8 万 ~ 12 万元 / 年	需要长期药物和护理治疗
13	双耳失聪	20 万 ~ 40 万元	安装电子耳蜗 15 万 ~ 30 万元
14	双目失明	8 万 ~ 20 万元	移植角膜费用 2 万 ~ 4 万元
15	瘫痪	5 万 ~ 8 万元 / 年	长期护理及药物康复治疗
16	心脏瓣膜手术	10 万 ~ 25 万元	需终身抗凝药治疗
17	严重阿尔茨海默病	5 万 ~ 8 万元 / 年	需终身护理及药物治疗
18	严重脑损伤	4 万 ~ 10 万元 / 年	需终身护理及药物治疗

序号	大病种类	治疗康复费	备注
19	严重帕金森病	5万～10万元/年	需终身护理及药物治疗，进口特效药非社保报销范围
20	严重Ⅲ度烧伤	8万～20万元	需多次手术整形
21	严重原发性肺动脉高压	10万～20万元/年	心肺移植及终身药物治疗
22	严重运动神经元病	6万～15万元/年	长期护理及药物治疗
23	语言能力丧失	8万～15万元	依据病因治疗费用不同
24	重型再生障碍性贫血	15万～40万元	骨髓移植及长期药物治疗
25	主动脉手术	8万～20万元	

表 2-12 出国治疗的医疗周期和医疗费用

医疗项目	需要停留时长	平均医疗花费		
		美国	英国	日本
接受检查和问诊，拿到国外医生给出的治疗方案（后续可选择回国治疗或在国外继续治疗）	约1～2周（有的检查可能需要更长时间）	2万～3万美元	1万～2万英镑	3万～5万人民币
在国外接受放化疗、手术等治疗（含上述检查和问诊）	3～6个月（具体取决于治疗方案的需要）	20万～30万美元	5万～10万英镑	50万～100万人民币（日本更倾向于接受有手术机会的患者）
注：不同治疗方案的患者医疗花费差异较大，此表统计样本的中间值，仅供参考				

（数据来源：北京盛诺一家医院管理咨询有限公司统计）

通过以上对癌症等重大疾病相关治疗水平的介绍，以及重大疾病治疗费用的对比，相信大家对癌症等重大疾病会有一个全新的认识。正如本节标题所说的一样，如今癌症已经从“要命”的病变成了“要钱”的病。

目前，我国重大疾病已逐渐形成“三高一低”的基本态势，即发病率越来越高、治愈率越来越高、治疗费用越来越高、发病年龄越来越低。

对于普通家庭而言，如果没有充足的储蓄，又没有足额的重大疾病保险，一旦有家庭成员罹患重大疾病，对整个家庭经济的打击程度难以预料。所以，为家庭主要成员配置适当的重大疾病保险是当务之急，重大疾病保险也被称为人生的第一份保险。

重大疾病保险费用较贵，其费用大幅超过同期限、同额度的人寿保险费用。较高的重疾险费用使普通家庭很难为每位家庭成员都投保高保额重疾险，必须要根据每位家庭成员的年龄、收入等不同，有所取舍地确定不同的重疾险保障额度。

2.4.2　不同年龄段确定重疾险保额和保期的方法

我们已经知道，重大疾病保险的保费与投保的重疾险保额高低、保期长短以及被保险人的年龄等三个因素紧密相关。被保险人的年龄越大，保额越高，保期越长，所需缴纳的重疾险保费也就越贵。在投保重疾险时，要找到保额、保费、保期三者的平衡点，力求做到“保额能覆盖大病开销，保期能覆盖重点年龄段，整体保费不超过家庭年收入 10% 的红线”。

在上述三个条件的约束下，相信绝大部分普通家庭在制定重疾险投保方案时，都无法“随心而欲”地追求较高保额和较长的保障期限。若把重疾险的保障期限、保障额度都定高，那么保费支出就会百分之百超标，超过家庭年收入的 10%。因为 10% 的年收入要承担所有家庭成员的各种保费支出，若重疾险支出占比较高，其他险种就买不起了。

总之，在制定重疾险投保方案时，要统筹考虑全家各成员的投保需求，量力而行。要对保额、保期、保费三个主要因素作适当的取舍，不可贪大求全，追求虚高的保障额度，也不可幻想一步到位追求终身保障期限。

对于重疾险的保障期限来说，被保险人的年龄越大，各种重大疾病的发病率越高，因此很多读者认为，在投保重疾险时，只要经济实力允许，应该尽量选择终身型重疾险。保险业务员也大都建议客户选择终身保障期限的重疾险产品，认为这样可以起到最全面的保障效果。

其实，盲目选择终身型重疾险是不可取的。科学的重疾险保障期限要根据被保险人年龄的不同差异化确定，决不能一刀切全部选择终身型保障期限。

目前以癌症为代表的各种重大疾病治愈率越来越高，但治疗重大疾病的医疗花费却居高不下。因此，普通家庭为主要成员投保一份重大疾病保险是非常有必要的，但是因为重大疾病保险的投保费用普遍较贵，导致大部分普通家庭很难为每一位家庭成员都选择高额的重疾险额度。大家在为家庭成员制定重大疾病保险投保方案时，要根据每位家庭成员的年龄、收入、在家庭中的地位等各种因素，有主次、有取舍地确定不同的重疾险保障额度。

普通家庭投保者在制定家庭重大疾病保险方案时，往往都面临着重疾险保障额度和保障期限的纠结与取舍，下面就结合保障时间和保障期限两个因素，仔细为读者讲解不同年龄的被保险人应该如何确定重疾险的保期和保额。

未成年人重疾险保障额度和期限的确定方法

从图 2-3 可以看出，人类各年龄段的重大疾病发病率是从 40 岁以后才开始随年龄增大而快速上升的，40 岁之前的重疾发病率始终保持在较低水平，其中 0-18 岁的未成年阶段发病率则更低。

正是因为这个年龄段的重大疾病发生率非常低，所以其投保重大疾病保险的保费也是相当便宜的，可以用非常少的保费支出换取较高保额的重疾险保障。

在为家庭中的未成年人投保重疾险时，应该尽量提升保障额度，建议在 50 万元以上。如果是对保险认可度比较高的家庭，也可以投保多份重疾险，以便进一步增加保额，因为相对于成年人来说，未成年人的重疾险实在是太便宜了。

之所以给未成年人投保额度较高的重疾险，除了保费便宜外，还有其他几个原因。

首先,重大疾病年轻化现象越来越明显。虽然未成年人重疾发病率很低(18 岁之前男性和女性的累计重大疾病发病率分别为 0.70% 和 0.79% ），但这种不幸一旦发生在自己家里,就会给家庭带来致命的经济打击。各种数据都表明，重大疾病年轻化的问题越来越严重，尤其是白血病，更是 0–18 岁年龄的高发重疾，同时也是典型的“高费用重大疾病”。

其次，随着医疗技术水平的不断提升，更多有效的治疗手段和特效药物不断推出，以癌症为代表的重大疾病的 5 年生存率及治愈率越来越高，只要资金充裕，即便国内治不好的病，还可以到国外治疗。孩子们未来的人生道路还很长，但凡有一线希望，家长就会尽最大努力争取。为家庭中的未成年人投保较高的重疾险保额，可以防止“有病无钱医”的情况。

最后，正是因为孩子尚年幼，一旦罹患重大疾病，将面临更漫长的康复和护理时间，承担更多的康复和药物费用，毕竟有些重大疾病在初期治疗后还要定期复诊，甚至终身服药。一般来说，罹患重大疾病的年龄越早，其治疗和康复总费用也会越高。

综合以上几个原因，笔者建议普通家庭在为未成年人确定重大疾病保险保障额度时，应该尽量提高。

值得一提的是，目前市场上除了普通重疾险产品外，还有一些专门为儿童设计的“儿童重疾险”。大部分儿童重疾险或未成年人重疾险会把被保人的投保年龄限制在 0–18 岁以内，因为这个年龄段的人重大疾病发病率极低，所以保费的性价比也更高。

大部分“儿童重疾险”除了对《规范》中载明的 25 种重大疾病给予正常赔付外，还会针对部分儿童高发的重大疾病给予双倍赔付或额外赔付。这种赔付方式无疑为被保险人家庭提供了更多的经济保障，毕竟未成年人高发的重大疾病只有屈指可数的几种。

■ 保险案例

和谐健康保险公司旗下的“和谐健康慧馨安少儿定期重大疾病保险”，是专门为儿童设计的重大疾病保险。除了针对普通重大疾病给予正常赔付外，还对部分未成年阶段高发的8种“少儿特定重大疾病”给予双倍赔付。

该保险承保的8种少儿特定重大疾病如下。

1. 白血病；

2. 溶血性尿毒综合征；

3. 重症手足口病；

4. 严重原发性心肌病；

5. 严重瑞氏综合征；

6. 疾病或意外导致的智力障碍；

7. 严重脊髓灰质炎；

8. 严重幼年型类风湿性关节炎。

假如某被保险人投保了该款重疾险，保障额度为80万元。若该被保险人身患“良性脑肿瘤”等非儿童高发重疾，则保险公司赔付80万元；若罹患“白血病”等其他上述8种特定重大疾病中的一种，则保险公司给予160万元的赔偿金。

大家都知道，白血病是儿童阶段的高发疾病，也是唯一一种儿童发病率高于成人的癌症疾病。选择类似这种对儿童高发重疾有额外赔付的“儿童重大疾病保险”后，可以明显增强保障力度，性价比更高。

除了上述专门针对儿童设计的重大疾病保险产品外，也有一些特意针对儿童高发疾病的保险，比如只承保白血病的专项疾病保险，只承保恶性肿瘤的儿童防癌险等。这些保险产品因为承保范围单一，而且只允许18岁以内的未成年人投保，所以出险几率更低，保费往往也更便宜。

因为白血病是目前儿童阶段最为高发的一种重大疾病，无论是“儿童白血病专项疾病保险”，还是“儿童恶性肿瘤保险”产品，都是包含对白血病的赔付责任的，所以这种保险产品可以作为普通型重疾险的补充。

■ 保险案例

信美人寿相互保险社旗下的“爱我宝贝少儿白血病疾病保险”，该保险产品就是只承保白血病的专项保险，只要被保险人在保障期限内确诊罹患合同约定的白血病疾病，保险公司就给予赔付。

因为承保范围单一，仅限未成年人投保，所以保费也非常便宜。

以本书虚拟家庭中 6 岁的张思捷为例，为其投保该款白血病专项保险，保额 50 万元，保障期限至 25 岁，所有保费一次缴清也只需 865 元。

说完儿童阶段的重疾险保障额度之后，再简单说下该阶段重疾险保障期限的确定方法。

此阶段的被保险人因为年龄较小，重大疾病发病率低等原因，重疾险的保费也异常便宜。有些家庭觉得反正保费便宜，应该多买几年。有些保险业务员也经常使用这个观点“忽悠”客户：趁现在你家孩子年龄小，赶紧给孩子买一份终身型重大疾病保险吧。

其实这种观点是错误的。如果重疾险的保障期限过长，就将面临货币贬值、通货膨胀、医疗费用上涨等各种因素导致的“保额缩水”问题。

以 6 岁的张思捷为例，我们分析下为其投保 50 万元的终身重疾险，是否能真正达到“保障一生”的目的。

以当前的物价和重大疾病平均治疗费用来看，现在为张思捷投保 50 万元的重疾险，是足以抵御因患重大疾病而为家庭带来的经济打击的。但是 10 年或 20 年后会是什么情况呢？那时 50 万元的现金购买力相当于现在的多少钱？这些数据可以通过“通货膨胀影响消费计算器”计算出来。

2010–2018 年我国居民消费价格指数（CPI）的平均值是 2.6，我们用该数据代替未来 n 年的物价通货膨胀率，直观地分析一下张思捷投保终身重疾险后保额的缩水情况。

表 2–13 投保终身重疾险保额缩水情况

n 年后	张思捷当时年龄	n 年后 50 万元的现金购买力相当于现在的多少元
1 年后	7 岁	48.733 万元
3 年后	9 岁	46.294 万元
5 年后	11 岁	43.978 万元
10 年后	16 岁	38.681 万元
20 年后	26 岁	29.924 万元
30 年后	36 岁	23.150 万元
40 年后	46 岁	17.910 万元
50 年后	56 岁	13.854 万元
60 年后	66 岁	10.718 万元
70 年后	76 岁	8.292 万元
80 年后	86 岁	6.418 万元

从表 2–13 中的数据可以看出，受通货膨胀影响，重疾险的保障时间越长，其保额缩水程度越严重。给张思捷投保 50 万元的终身重疾险，到第 10 年时，50 万元保额的现金购买力只相当于现在的 38.681 万元，到第 30 年时，保额已经缩水一半多了。

因此，50 万元的重疾险保障额度现在看起来够用，但是二三十年后就明显不足了。也就是说，已经无法起到足够的保障作用了。所以，即便投保了终身型重疾险，真正能起到有效保障效果的也仅仅是前二三十年。

另外，终身型重疾险比保障期限二三十年的要贵很多，但其实作用提升不大。

表 2-14　不同期限重疾险保费对比

	重疾险 A	重疾险 B
被保险人信息	张思捷，男，6 岁	
重疾险保障额度	50 万元	50 万元
重疾险保障期限	30 年	终身
保费缴纳期限	分 20 年缴清	分 20 年缴清
年缴保费	430 元 / 年	2650 元 / 年

从表 2-14 中的数据对比可以看出，投保 30 年和终身两种保障期限的重疾险，每年所缴费用差别很大，但真正能起到保障作用的都是前二三十年。即便投保了终身重疾险，二三十年后也会因为保障不足需要补充投保，增加保额。

所以，**针对家庭中的未成年人，在规划重疾险时，保障期限建议不超过 20 年，或者投保至孩子预计参加工作的年龄，即便家境殷实也不建议投保终身型重疾险。**

对于普通家庭来说，若家庭中有年幼的孩子，那么父母也会比较年轻，而且大多处于事业上升期，承担着较重的家庭责任。这个时候孩子的父母才是最需要保险的，因此应该尽量减少孩子的保费支出，省下钱来为家庭的“顶梁柱”多买些保险，为家庭打造一个坚不可摧的抗风险保护伞，这才是对家庭和孩子最安全的保护。

总结：未成年阶段重大疾病保险的保障额度尽量提高，最好在 50 万元以上。保障期限控制在 20 年内或投保至预计参加工作、经济独立的年龄。

青年阶段重疾险保额和保期的确定方法

此处所指的青年阶段主要是从大学毕业刚刚参加工作到成家立业之前的这段时间，整体而言，基本上是 22-28 岁。

这个年龄段的年轻人大部分事业刚刚起步，每月工资结余一般不会特别多。不过虽然工资不高，开销却不少，租房、谈恋爱、充电学习、旅游……

样样都要花钱，因此这期间能花在保险方面的资金一般也不会太多。

因为这个阶段的年轻人已经逐渐脱离原生家庭，慢慢开始经济独立了，所以保险规划也是必不可少的。不过该年龄段还未承担过多的家庭责任，故暂时可以不投保人寿险，只需要把有限的资金花在重大疾病保险和意外险的投保上即可。

在投保重疾险时应该秉承和人寿险一样的基本原则：先确保充足的额度，再在经济条件允许的情况下适当延长保障期限。

20 多岁的年轻人投保重大疾病保险，保费较未成年人相比已经有明显上涨。此时没有太多积蓄的年轻人可以通过缩短保障期限的方式降低保费，从而取得较高的重疾险保障额度。这个年龄段的被保险人在选择重大疾病保险时，可以选择一些保障期限短或者是 1 年期的重大疾病保险产品作为过渡，等以后职位升迁，收入上涨后，再投保中长期的重疾险。

目前，市场上可以作为短期过渡所用的 1 年期重疾险产品还是比较丰富的，其费用低廉，保额较高，很适合刚参加工作、收入不高或尚未成家立业的年轻人选择。另外，因为 1 年期的重大疾病保险较为便宜，所以保障额度可以尽量提高，建议在 40 万元以上。

■ 保险案例

支付宝内销售的“健康金福重大疾病保险（A 款）”，该款保险就是典型的 1 年期重疾险。该保险可以承保 25 种重大疾病，因为保障期限较短，所以保费明显比多年期的便宜很多。

若某位 24 岁男性被保险人购买此款保险，即便保障额度高达 50 万元，保费仅为 355 元，这个费用对于大部分年轻人来说是没有压力的。

表 2-15　健康金福重大疾病保险（A 款）投保数据

健康金福重大疾病保险（A 款）	
保险类型	重大疾病保险（承保 25 种重疾）
保障期限	1 年
保障额度	50 万元
被保险人信息	24 岁，男
保费	355 元
注：一年期重大疾病保险，每年保费会随被保险人年龄增长而增加。若 25 岁男性投保此款，每年保费就是 380 元，年龄越大保费越高。	

因为普通人患重大疾病是有一定偶发性的，作为身体健康的年轻人，未来一年内患重大疾病的可能性微乎其微。按照保监会发布的《中国人身保险业重大疾病经验发生率表（2006 – 2010）》中的数据，以 22 岁的小伙子为例，可以计算出在 1 年内罹患重大疾病的概率仅为万分之五。但是，如果把时间拉长 20 或 30 年，则罹患重大疾病的概率会明显提高，在未来 20 年内罹患重大疾病的概率约为 2.72%，在未来 30 年内罹患重大疾病的概率约为 8.68%。

若想让重大疾病保险真正起到保障作用，发挥出家庭经济的抗风险能力，一定要适当延长重疾险的保障时间。所以购买 1 年期的短期重大疾病保险只是权宜之计，一旦条件允许，就应尽快投保长期重疾险。

还需要注意的是，重疾险的保障时间也不易太长，否则会出现保费缩水的情况。

如果 20 多岁的年轻人收入较高，或者可以获得父母的资助，在这种情况下，建议在此年龄段直接投保保障额度适当的中长期重大疾病保险。若能在此时为自己投保一份保障额度适中的中长期重疾险，会明显降低以后十几年间的保费支出压力。

总结：在 22-28 岁左右的青年阶段，若刚参加工作，收入不高，结余不多，可以选择 1 年期或其他短期重大疾病保险过渡几年，等以后收入稳定了再投保中长期重疾险。因为 1 年期重疾险保费很便宜，所以保障额度可以顶格投保。

要注意的是，短期重疾险过渡期不要太长。

如果年轻人的收入较高或投保时可以获得父母资助，也可在此阶段直接投保中长期重大疾病保险，保障期限建议定在20-30年，保障额度在35万元以上为佳（额度具体选多少，需要参考个人或家庭收入水平，原则是保障额度越高越好）。

壮年阶段重疾险保障额度和保障期限的确定方法

此处所指的壮年阶段基本涵盖28-40岁期间，这个年龄段的被保险人收入逐步增加，承担的家庭责任也随之加重，是“上有老，下有小”的“压力山大”阶段。这个年龄段的人要么是家庭的“顶梁柱”，要么是“顶梁柱”的配偶，总之都是家庭的主心骨，是需要重点保障的对象。

28-40岁期间的被保险人，因为年龄逐渐增加，罹患重疾的概率大幅上涨，所以其投保重疾险的保费也会明显高于青年阶段，但还没到最贵的时候。无论男性还是女性，40岁以后，其重大疾病发病率就开始有了明显上升，所以40岁以后的被保险人才会真正进入“高保费”阶段。

因此，建议广大投保人要在40岁之前规划好自己的重大疾病保险，28-40岁的壮年阶段是能买到高性价比重疾险的最后机会了。

针对处于此阶段的被保险人，若家庭经济实力较强，则应该适当提高重大疾病保险的保障额度。其保障额度建议35万元起步，且越高越好。当然，重疾险的保障额度越高，保费就越贵。在制定重疾险投保方案时，也不能一味追求高保额，还要兼顾保障期限和支出预算，建议全家当年的保费支出不超过同期家庭总收入的10%。

从表2-16张志刚投保的重大疾病保险数据可以看出，若要达到保额和保障期限都比较理想的状况，每年需要缴保费高达5000余元。这个费用对大部分普通家庭还是有一定压力的，毕竟家里需要投保重大疾病保险的并非一人，家庭的主要成员都需要投保，所以整体费用还是比较高的。

表 2-16　张志刚重疾险投保方案 1

健康随 e 保重疾保障计划（2018 版）	
被保人信息	张志刚，男，37 岁
投保产品	重大疾病保险
保障额度	40 万元
保障期限	至 70 岁
缴费期限	分 20 年缴费
保费	5148 元 / 年

当然，针对小部分收入较高的家庭来说，完全可以适当提高保障额度，毕竟重疾险的保额是越高越好。

如果家庭经济无法支持较高的保费支出，就要通过适当降低重疾险的保障额度或者缩短保障期限来减少保费支出了。

此时，笔者建议首先采用缩短保障期限的方法来减少保费支出。以张志刚的投保数据为例，可以将保障期限适当缩短至 60 岁。除非万不得已，不建议采用大幅降低保障额度的方式减少保费支出（该年龄段重疾险保障额度建议不少于 35 万元）。因为这一年龄段的被保险人基本上都是家庭的主要经济收入来源，是整个家庭的重点保障对象，充足的重疾险保障额度远远比较长的保障期限更重要。

当然，如果是经济特别拮据的家庭，既想为家中的壮年人士投保重大疾病保险，又无力承担较高的保费，也是可以适当降低保障额度的。若实在买不起 35 万元的重疾险，也无需强求，20 万元的保额也可以，总比没有强。

毕竟买保险是一种消费行为，要量力而行，不能为了防范未来不一定发生的风险而影响当前的生活质量。

表 2-17 中的数据是把保障期限缩短后的结果，可以看出，以 37 岁的张志刚为例，投保同一款重大疾病保险，把保障期限从“投保至 70 岁”改为“投保 20 年”，实际保障期限缩短了 12 年，每年需缴保费从 5148 元降低至 2506 元，变化幅度还是很明显的。

表 2-17 张志刚重疾险投保方案 2

健康随 e 保重疾保障计划（2018 版）	
被保人年龄	37 岁
性别	男
保障额度	40 万元
保障期限	20 年
缴费期限	20 年
保费	2506 元 / 年

20 年后，张志刚已经 57 岁，那时他承担的家庭责任已经减少，所以把重疾险的保障期限调整为 20 年也是可以覆盖其主要担责年龄段的。这种方案，可以供收入拮据的家庭参考。

对于大部分工薪家庭来说，为家庭中 28–40 岁的壮年成员投保重疾险时，保障期限建议以 30 年为限。若保期太长，会使保障额度严重缩水。

当然，如果被保险人年龄已经比较大（比如接近 40 岁），而且家庭经济情况也不错，此时也可以考虑选择终身型重疾险。目前国人平均预期寿命是 76.4 岁，40 岁左右的被保险人选择终身重疾险，实际保障期限也就是 36 年左右，和 30 年的保障期限差别不是特别大。不过，虽然实际保障期限只相差 6 年，但实际保费却会有明显差距。

表 2-18 不同期限重疾险保费支出对比

百年康惠保重大疾病保险		
被保险人信息	男，40 岁	
保障金额	50 万元	
保障期限	30 年	终身
缴费期限	分 30 年缴清	
年交保费	3650 元	6500 元

从表 2-18 可以看出，以 40 岁的男性被保险人为例，选 30 年保障期限和终身保期，实际保障年限平均只差 6 年左右，但所缴保费几乎翻倍，确实有些得不偿失。

■ 知识扩展

保险规划搭配基金定投

在家庭投资理财规划过程中，笔者建议把保险和基金定投结合在一起规划。

在表 2-18 的案例中，即便被保险人有能力支付每年 6500 元的保费，也没必要盲目地选择终身型重疾险。可以为被保险人选择保障期限为 30 年的重疾险，把每年节省下的 2850 元（6500-3650=2850 元）用来做基金定投。

每年可用定投金额 2850 元，相当于每月 237.5 元。

我们选择一只基金，设定自动扣款计划，每月自动买入 237.5元，连续买入30年。假设未来30年的平均年化收益为10%（该预期收益率是比较保守的，实际收益大概率会超过 10%），30 年后能获得多少本金和收益呢?

答案是：515688.76 元。

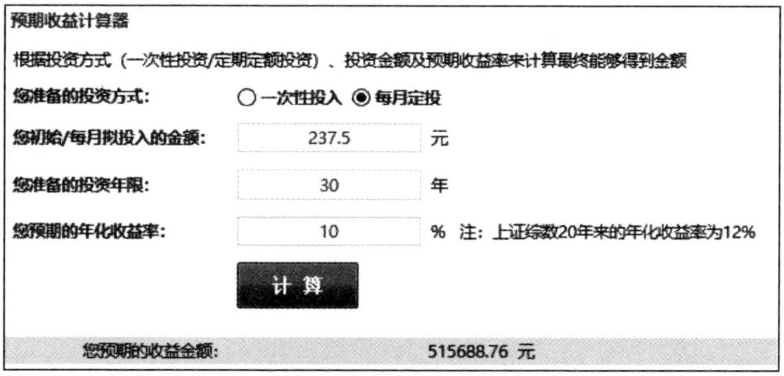

图 2-11　定投收益计算

通过基金定投，可以用较少的闲钱投入，通过长期坚持，获得较为理想的投资收益。30 年后该被保险人 70 岁时，完全可以用 50 万元的投资储备为自己支付有可能产生的重大疾病医疗费用支出。

总结：28-40岁期间的壮年阶段被保险人投保重疾险时，建议保障期限覆盖其主要创收年龄和承担主要家庭责任的年龄段即可，保障期限最好控制在30年。

重疾险保障额度建议至少35万元以上，在家庭经济条件允许的情况下可以适当提高。

中年阶段重疾险保障额度确定方法

此处所指的中年阶段大致涵盖41-55岁的年龄段，该阶段的被保险人基本上都是家庭中的重点保护对象。

41-55岁期间的中年阶段是一个人承担家庭责任最重的时候，该年龄段的人既要负责子女的教育支出，筹备子女的婚嫁费用，又要负责家庭的大额开销，同时还要承担赡养老人的义务。

身处中年阶段的被保险人，如果之前已经投保过重大疾病保险，此时要对以往投保的重大疾病保险进行查缺补漏，确保各种保障没有短板。比如，查看一下以往的重疾险有没有快到期的？之前购买的保障额度如今是否够用？承保的疾病种类覆盖面是否全面？

在查缺补漏时如果发现有不足之处，应该及时弥补，通过投保新保险，有针对性地增加重疾险的保障金额或保障期限，以便提升保障力度。

若身处该阶段的被保险人以前从没有投保过重大疾病保险，此时应尽快为自己或身处该年龄段的家人系统规划一份合理的重大疾病保险，因为一旦错过这个年龄段，就再也没机会投保重疾险了。

虽然41-55岁中年阶段的被保险人已经错过了重疾险的最佳投保年龄，这时候买重疾险价格会明显比壮年阶段更贵，但这已经是重疾险最后的投保机会了。被保险人年龄越大，重大疾病发病率越高，进入50岁以后，重疾发病率更是快速上升。这些数据保险公司比我们更清楚，所以目前市场上在售的重大疾病保险的投保年龄大多限制在50或55岁以内。

■ 知识扩展

究竟是什么因素让重疾险的保费上涨

有必要说明的是，很多保险业务员总说，重大疾病保险的保费和年龄直接相关，年龄越大保费越贵。

其实，让重疾险保费变贵的并不是被保险人的年龄。虽然保费会随着被保险人年龄增大而上涨，但两者的上涨幅度却是完全不同的，年龄的上涨是等比线性的，保费的上涨是非线性的。

事实上，投保重疾险时直接促使保费上涨的不是被保险人的年龄，而是“被保险人保障期内患重疾的概率”。被保险人在保障期内患重大疾病的概率越高，其每年需缴纳以及累计需缴纳的保费也就越高，反之亦然。

下面用实际投保案例来说明这个问题。

以国华人寿保险公司旗下的“国华华瑞 1 号国民定期重大疾病保险”为例，分别用 0 岁、5 岁、10 岁等不同的男性被保险人数据买入此款保险，选择的保障额度和期限均为 35 万元、30 年，保费都是分 30 年缴清。通过上述数据，最后算出不同年龄的被保险人每年需缴纳的保费。

然后再根据中国保监会发布的《中国人身保险业重大疾病经验发生率表（2006 — 2010）》中的数据，计算出不同年龄的被保险人在未来 30 年内患 25 种重大疾病的概率。

以表中“40 岁男性”的数据为例，40 岁的男性被保险人投保“国华华瑞 1 号国民定期重大疾病保险”，保额 35 万元，保障期限 30 年，分 30 年缴费，每年需缴保费 4095 元。其所缴保费是 35 岁的保费的 1.51 倍（4095÷2720=1.51）。导致保费大幅上涨的原因是“40 岁男性”在未来 30 年内（40–70 岁期间）患重大疾病的概率为36.17%，该概率是“35岁男性”在未来30年内（35-65岁期间）患重疾概率的1.38倍（36.17%÷26.14%=1.38）。

为什么要特意比较未来30年内的重大疾病发病率呢？因为此案例中选择的保障期限是30年，所以保险公司只关心被保险人在未来30年内患重疾的风险。

通过下方表格和折线图中的数据对比，就能明显看出，不同年龄的被保险人投保同一款重大疾病保险后，每年所要缴纳的保费和保障期内患重疾的概率，两组数据几乎是同步上涨的。

表2-19 不同年龄重疾发病概率和重疾险保费对比

被保险人信息	重疾险保额、期限	保费缴纳期限	年缴保费	该年龄投保者在未来30年（因为投保的重疾险保期为30年）内患25种重大疾病的概率
男，0岁	保额35万元，保期30年	分30年缴	156元/年	1.48%
男，5岁	保额35万元，保期30年	分30年缴	182元/年	1.79%
男，10岁	保额35万元，保期30年	分30年缴	252元/年	2.58%
男，15岁	保额35万元，保期30年	分30年缴	396元/年	4.19%
男，20岁	保额35万元，保期30年	分30年缴	655元/年	7.08%
男，25岁	保额35万元，保期30年	分30年缴	1085元/年	11.66%
男，30岁	保额35万元，保期30年	分30年缴	1754元/年	18.12%
男，35岁	保额35万元，保期30年	分30年缴	2720元/年	26.14%
男，40岁	保额35万元，保期30年	分30年缴	4095元/年	36.17%
男，45岁	保额35万元，保期30年	分30年缴	6073元/年	47.49%
男，50岁	保额35万元，保期30年	分30年缴	8715元/年	57.61%

注：该款保险投保年龄限制为出生28天-50岁

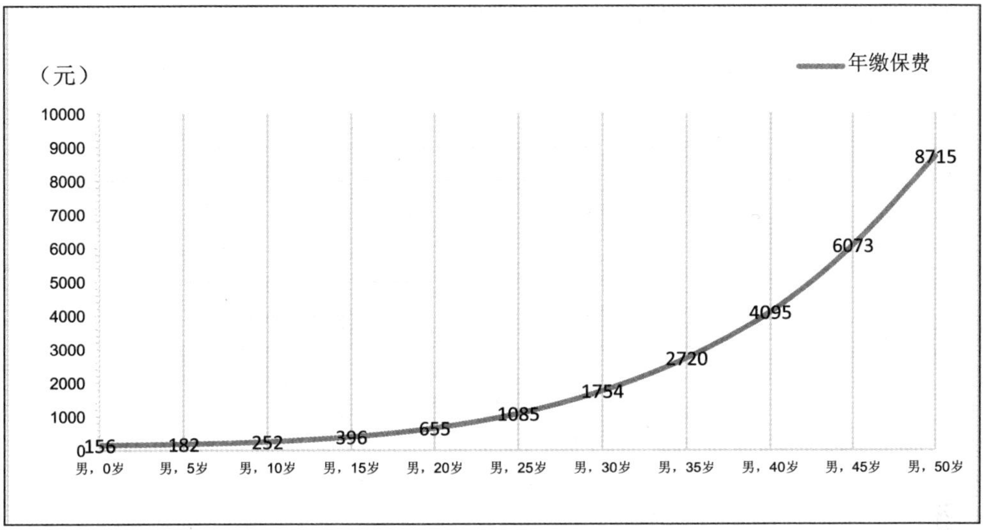

图 2-12 不同年龄的被保险人购买同款保险的费用对比

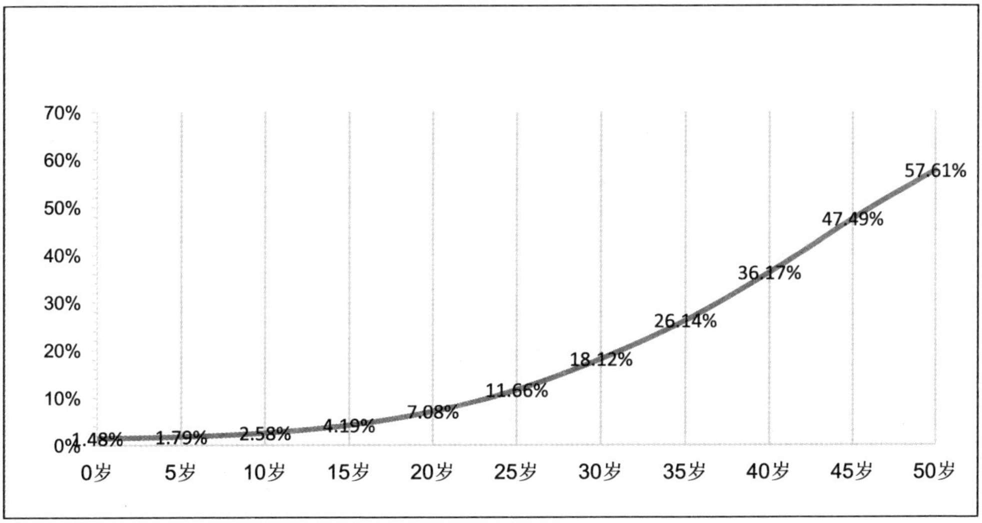

图 2-13 各年龄段未来 30 年内患重大疾病的概率

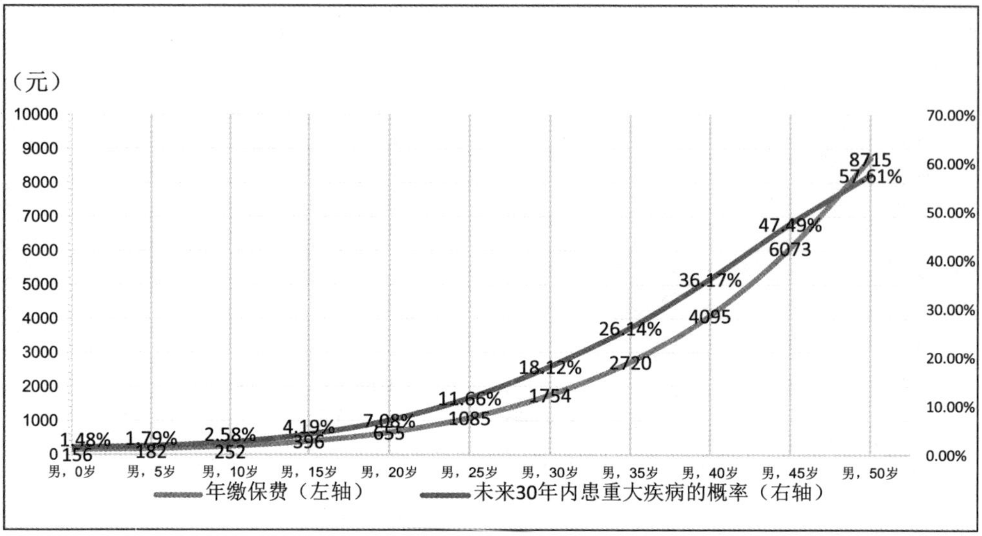

图 2–14 不同年龄的被保险人保费和未来 30 年重疾发病率对比

为 41–55 岁的中年阶段被保险人投保重疾险，保障额度建议在 35 万元以上。因为被保险人年龄较大，在保障期限内罹患重疾的几率较高，所以保费也是比较贵的。如果是家庭经济条件较好的投保人，可以选择终身型重疾险；普通工薪家庭不建议盲目贪大求全，选择保障期限为 20 ~ 30 年的重疾险性价比更高，更适合自身经济状况。

笔者的观点是：**在投保重疾险时，与其把钱花在终身保期上，不如花在提高保额上。只有当重疾险保额足够充足时，再考虑选择终身型保障期限。**

针对这个年龄段的被保险人，宁愿选择一款保额 40 万元，保期 30 年的重疾险，也不要选保额 20 万元，保期终身的重疾险，除非自己经济实力较强，可以同时实现高保额 + 终身保障。

总结：为 41–55 岁年龄段的人买重大疾病保险，保费是比较贵的。投保重疾险的保障额度建议至少在 35 万元以上，保障期限控制在 20 ~ 30 年为佳。若感觉此方案保费太贵，也可以将保障时间投保至被保险人预计退休的年龄。如果是不差钱的家庭，可以在保额不减少的情况下，直接选择终身型重疾险。

另外，此年龄段的被保险人也可以在投保重疾险后，适当增加一份“恶性肿瘤疾病保险”，用以提高恶性肿瘤疾病的赔付额度，毕竟恶性肿瘤是所有25种重大疾病中最高发的，而且单独的防癌险价格也会便宜一些。

老年阶段重疾险保额确定方法

此处所指的老年阶段大概涵盖56岁及以后的年龄段。

56岁以上的人已经接近退休年龄了，因为大部分重大疾病保险都拒绝50或55岁以上的人投保，所以该年龄段的人已不可能再投保重大疾病保险了。即使有个别保险公司的重疾险产品允许55岁以上的人投保，保费也是非常贵的，甚至贵到普通工薪家庭无法承受。

该年龄阶段的人若之前已经投保了相应的重大疾病保险，此时只需要按期缴纳保费即可。如果之前从未投保过重大疾病保险或保险已经过期，如今虽然迈入重疾高发的年龄段，也只能望“险”兴叹了。

此时，唯一的补救方法是选择一款合适的中老年防癌险。

中老年防癌险是专门针对中老年人群开发的一种恶性肿瘤疾病保险，因为只承保恶性肿瘤疾病一项，所以保费不高，大部分家庭都可以承受。同时，该款保险是针对中老年人设计的，所以在投保年龄限制方面较为宽松，大部分中老年防癌险可以投保至80岁以上。

不过，中老年防癌险的保障额度一般不会太高，大部分中老年防癌险的保障额度都在10万到15万元之间，保障期限基本上都是10到15年。虽然保障额度低，保障时间短，但总比没有强。

表2-20是以58岁男性为例投保某款中老年防癌险的费用。

该年龄段的被保险人已经没有“选择保险”的权利了，只能“被保险选择”，所以无论有多少积蓄，也买不到高额的重大疾病保险或防癌险了。

虽然年龄56岁以上的人无法再投保重疾险，但是可以在家庭中专门为老年人设立一个“应急小金库”，由家庭里的年轻人每月从收入中固定拿出一部分存入该账户，专款专用，以防老年人患重大疾病时的不时之需。这个小金库可以用基金定投的形式来运行，以便在资金积累的同时还能获得一定的投资收益。

表 2–20 某款中老年防癌险费用

平安康寿宝恶性肿瘤疾病保险	
被保人年龄	58 岁
性别	男
保障额度	15 万元
保障期限	10 年
缴费期限	10 年
保费	2310 元 / 年

总结：56 岁以上的老年人已经无法投保重疾险，只能选择一些中老年恶性肿瘤疾病保险（防癌险）来获得相应的保障。普通家庭在给家庭中的“顶梁柱”、壮年人士、儿童等配置了完善的重疾险后，如果还有余钱，可以为老年人投保一份防癌险。

中老年防癌险的保障额度一般不会太高，大多限制在 10 万 ~ 20 万元，即便有钱也无法投保更高的保障额度。关于防癌险的保障期限，建议控制在平均寿命年龄为宜。

总之，针对普通工薪家庭而言，不建议在老年人身上投入太多保险开支，应该把有限的保费开支重点投入在家庭中的“顶梁柱”身上，其次是孩子，最后才是家中的老年人。

2.5 重大疾病保险的扩展问题

2.5.1 消费型重疾险 vs 返还型重疾险

重大疾病保险产品根据保费是否返还，分为消费型重疾险和返还型重疾险。针对这两种重疾险类型，实际投保过程中应该如何选择呢？本节内容通过具体的产品案例和投保数据对比，详细分析哪种类型的重疾险更合适。

其实消费型重疾险和返还型重疾险的本质区别，和之前讲过的消费型人寿险和返还型人寿险是一样的，其基本的选择思路也几乎相同。这么一说大家肯定就明白了，普通家庭在制定重疾险投保方案时，肯定也要首选消费型重疾险。没错，结论就是这样的，消费型重疾险是最划算、性价比最高的。

为了公平地比较消费型和返还型重疾险的性价比，笔者特意选择了同一家保险公司、同一系列的两款重疾险产品，一款是消费型重疾险“新华 i 健康定期重大疾病保险”，另一款是返还型重疾险“新华 i 相伴重大疾病保障计划”。

表 2-21 消费型、返还型重疾险产品基础信息

新华人寿保险股份有限公司		
产品名称	i 健康定期重大疾病保险	i 相伴重大疾病保障计划
产品类型	消费型	返还型
保险责任	45 种重大疾病 + 身故	45 种重大疾病 + 身故 + 期满返还 1.3 倍累缴保费

第一款是新华人寿保险的“i 健康定期重大疾病保险”（以下简称“消费型 i 健康”）。从该保险产品的保险责任一栏可以看出，这是一款消费型重大疾病保险。其保障范围是 45 种重大疾病和身故赔付，也就是说被保险人只要在保险期内罹患合同约定的重大疾病或在保险期内身故，保险公司都会给

付约定的赔偿款。

第二款是新华人寿保险的“i 相伴重大疾病保障计划”（以下简称“返还型 i 相伴”）。这款重疾险产品的“保险责任”中，除了包含 45 种重大疾病和身故的赔付责任外，还有保费返还条款，叫做“返还期满生存金”，具体的返还金额是累计所缴保费的 1.3 倍。该款保险的意思是：如果被保险人在保障期限内罹患重大疾病或身故，保险公司就会给付约定的赔偿；若至保险期满被保险人既未患重疾也没有身故，保险公司则退还投保人累积所缴保费的 1.3 倍作为“期满生存金”（其实就是返还 130% 的保费）。就是因为“返还型 i 相伴”有了这个“返还”条款，所以它是一款标准的“返还型重大疾病保险”。

下面以一个 32 岁的男性为例，分别投保上述两款重疾险产品，并选择同样的保障期限、保障额度和缴费时间，以便对两款不同类型的重疾险进行对比和分析。

表 2-22 i 健康定期重大疾病保险（消费型）

被保险人信息：男，32 岁

保障范围	保障期限	保障额度	缴费期限	年缴保费	期满返还
45 种重疾 + 身故	30 年	30 万元	分 20 年	3810 元	无返还

表 2-23 i 相伴重大疾病保障计划（返还型）

被保险人信息：男，32 岁

保障范围	保障期限	保障额度	缴费期限	年缴保费	期满返还
45 种重疾 + 身故 + 期满生存金	30 年	30 万元	分 20 年	8040 元	累积所缴保费的 1.3 倍

通过表 2-22 和 2-23 中的数据可以看出，同一个被保险人，选择消费型和返还型两款保险，在保障期限、保障额度、缴费时间等因素相同的情况下，

每年所缴保费却相差很多。

“消费型 i 健康”重疾险每年缴费 3810 元，“返还型 i 相伴”年缴费却高达 8040 元，两者足足相差 2.11 倍，主要原因就是“返还型 i 相伴”保险多了一个期满生存金。选择返还型保险后，若被保险人至保险期满后未罹患重疾也未身故，可以获得 130% 的返还保费，具体返还金额是：8040 元 ×20 年 ×1.3=209040 元。

20.9 万元！还真不少。

高额的返还诱惑是大部分人选择“返还型重疾险”的主要原因，毕竟所有的投保者都不相信或不愿相信自己会在保障期内罹患重大疾病。为了防止自己每年缴纳的保费“打水漂”，宁愿多花钱也要选择返还型。

不过，此时我们有必要思考一下，保险公司期满返还给投保人的 20 多万元是哪儿来的？其实因果关系很明显，正是因为投保人选择返还型重疾险后，相对消费型重疾险每年多缴了 4230 元（8040−3810=4230 元）的保费，所以期满以后才有机会拿到这额外的 20 多万元返还款。

因此可以初步得出结论：投保人期满后获得的 20 多万元返还款，就是从每年多缴的 4230 元里“变”出来的。

保险公司是如何把每年 4230 元的差价，在 30 年内变成 20.9 万元返还金的呢？要想解释这个问题，需要大概了解一下保险公司针对重疾险产品是如何运营的。

保险公司也是要赚钱的，下面就简单介绍一下保险公司是如何运行重疾险产品，如何通过这些保险产品来赚钱的。

先看消费型重大疾病保险的盈利运营思路。保险公司根据消费型重疾险合同中所承保疾病种类的总体发病率，计算出该款保险产品的总体赔率，然后参考赔率系数确定该款保险产品的成本，最后再加上保险公司适当赚取的利润，最终制定出了不同年龄段投保人所要缴纳的保费。保险公司收到保费后，用保费减去运营的各种成本，剩下的部分就是赚取的利润。当然，这只是一个非常笼统的描述，在实际运营中，保险公司所做的工作比这个要复杂得多。

图 2-15 消费型重疾险大致的运营思路

再来看看返还型重疾险产品的盈利运营思路。返还型重疾险在计算赔率、确定产品成本阶段的运营思路和消费型是一样的：根据发病率计算出赔率，然后设定保费，赚取保费和成本之间的差价。

但是返还型重疾险除了赚取保费和成本的差价之外，还会再赚取部分投资利得差价。保险公司会在正常保费的基础上再额外多收一部分钱（上述案例中返还型重疾险比消费型重疾险每年多缴的 4230 元，就是多收的这笔钱），然后保险公司拿着每年多收的这部分钱去做各种投资。

因为中长期重大疾病保险一般都是 20 ~ 30 年的保障期限，保险公司就可以在足够长的时间内占用这笔钱进行各种长期投资，从而获取比较丰厚的投资利润。待 30 年保险到期后，若被保险人没有患重大疾病，也没有死亡，保险公司则会从多年来投资所赚的利润中拿出一部分，以“生存返还金”的名义返还给投保者。其实，这些钱本来就是用客户多年来多缴的保费赚来的投资利润。

看到这里大家就明白了，原来投保者每年多缴的 4230 元都被保险公司拿去投资了，30 年后再把投资赚来的钱分给投保者一部分。如果投保者当初不选择返还型重疾险，而是直接选择消费型重疾险，那么每年就可以省下 4230 元的保费。如果投保者用这 4230 元保费自己做投资，30 年后获取的投资收益会不会比保险公司返还给我们的钱更多呢？如果通过这种操作方法能获得比“生存返还金”更多的资金，那么投保者就没必要再选择返还型重疾险了。

在第一模块人寿险的相关章节中，我们用同样的思路和算法比较过消费型人寿险和返还型人寿险哪个更划算，现在我们还用这个思路，用基金定投的投资方法来作对比。

如果不选择“返还型 i 相伴”重疾险，而是选择“消费型 i 健康”重疾险，则每年可以节省 4230 元保费支出，相当于每月节省 352.5 元。然后投保者用基金定投的方法做投资，每月投入 352.5 元，连续投入 20 年。20 年后暂停投入并继续持有 10 年，这样 30 年以后，最终能获取多少本金加收益？

具体计算方法略复杂，但是网络上有很多类似的基金定投计算器可以使用。下面用汇添富基金公司官网提供的“基金定投预期收益计算器”作具体计算，计算过程和结果如下。

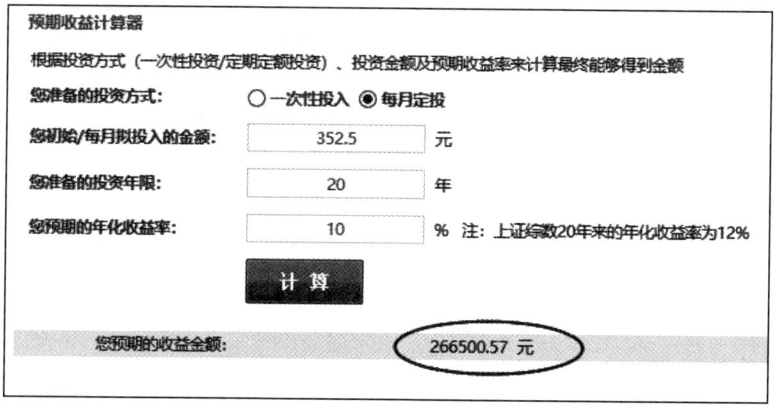

图 2-16 基金定投预期收益计算

从图 2-16 可以看出，每月投入 352.5 元，连续投入 20 年，在预计 10% 的年化收益率下，20 年后可以获得本金和收益总计为 26.65 万元（此处计算采用的 10% 的预期年化收益率是比较保守的，因为投资时间较长，整体风险较小，预计实际收益大概率会超过 10%）。

按照“返还型 i 相伴”重疾险的时间规定，该保险是连续缴费 20 年，保障期限为 30 年。所以 20 年以后就无需再缴纳保费。为了公平对比，20 年后我们也暂停基金定投的投入，而是把定投所得的 26.65 万元转为继续持有 10 年。看看 30 年后保险到期时，我们通过自己投资能获得多少钱。

图 2-17 持有基金预期收益计算

从图 2-17 可以看出，若投保者不选择返还型重疾险，而是选择消费型重疾险，并把每年省下的 4030 元以基金定投的方式投资，30 年后可以获得约 69 万元的本金和收益，远远超过返还型重疾险期满后给付的 20.9 万元“生存返还金”。

上述计算和对比是建立在“被保险人在保障期内未患重大疾病也没有身故”的前提下的。现在看另一种情况，假如被保险人在保险期内罹患重大疾病，又是什么结果。在这种情况下，是选择消费型重疾险合适，还是选择返还型重疾险更好。

通过表 2-22 和表 2-23 的数据可以看出，无论投保的是返还型还是消费型重疾险，一旦被保险人在保险期内被确诊患有合同约定的重大疾病或者身故，保险公司都是直接赔付理赔款。30 万元理赔款赔付之后，合同随之结束。因此，无论是每年缴费 3810 元的消费型重疾险，还是 8040 元的返还型重疾险，保险公司都是赔付 30 万元。针对返还型重疾险来说，既然已经赔付了保险金，就不会再给付“期满返还金”。

通过上述分析能很清楚地看出，**假如被保险人在保障期内“出险”，则肯定是选择消费型重疾险更划算**。

综合本节的分析可知，无论被保险人在保障期内是否罹患重大疾病或身故，还是生存至保障期满，都是选择消费型重疾险更合适。所以笔者建议大家在为家庭成员制定重疾险投保方案时，一定要首选消费型重大疾病保险。另外，因为返还型重疾险的保费较高，如果给家庭成员投保返还型重疾险，每年的保费支出肯定会大幅超过家庭年收入 10% 的红线，这是不科学的。

2.5.2　最大诚信原则和不可抗辩条款

普通投保人无论投保重疾险还是投保人寿险，都需要填写或者回答保险公司给出的“人身健康情况告知书”。《保险法》要求投保人要遵循“最大诚信原则”，如实填写、告知健康告知书中的问题。

如果投保人在回答和签署健康告知书时撒了谎，并被保险公司当场识破，则大部分保险公司都会直接给予拒保。个别情节严重的案例，保险公司还有可能将该投保人的信息共享给其他同行保险公司。

若在申请保险索赔时被保险公司查出投保人填写健康告知书时撒了谎，保险公司很有可能会直接拒绝理赔，同时也不退还所缴保费，可以说是“偷鸡不成反蚀把米”。

■ 知识扩展

《中华人民共和国保险法（2015 年修正）》第 16 条第一、二款规定：

订立保险合同，保险人（保险公司）就保险标的或者被保险人的有关情况提出询问的，投保人应当如实告知。投保人故意或者因重大过失未履行前款规定的如实告知义务，足以影响保险人决定是否同意承保或者提高保险费率的，保险人有权解除合同。

很明显，“最大诚信原则”的核心出发点是为了维护保险公司的利益，防止极少数投保人以隐瞒、欺骗等方式获得投保资格，进而损害保险公司的利益。但是我国《保险法》绝对不是只用来维护保险公司利益的，也要维护投保者和被保险人的利益，是一个对保险参与双方都公平的法律。为了“一碗水端平”，也为了让我国保险法和世界通行法则接轨，最大程度地保护投保人的利益，2008 年 8 月 1 日，国务院总理温家宝主持召开国务院常务会议，讨论并原则通过了《中华人民共和国保险法（修订草案）》，这份修订草案正式引入了广大投保人期待已久的“不可抗辩条款”。

究竟什么是“不可抗辩条款”，它和“最大诚信原则”又有什么关系？笔者通过下面这个案例具体讲解。

■ 不可抗辩条款案例

2010 年 10 月，张三投保了某保险公司的一款重大疾病保险，保障金额为 30 万元人民币，保障期限 20 年，自投保后每年均正常缴纳保费。

四年多以后的 2014 年 12 月，张三以罹患甲状腺癌为由向保险公司报案，并申请 30 万元的重大疾病保险赔偿款。保险公司通过查看张三提供的病例以及前往医院调查后发现，张三早在 2009 年曾患过严重的淋巴系统疾病，但张三在投保该重疾险时却未如实告知与此相关的既往病史，因此保险公司以张三在投保时没有如实告知自己的健康情况为由拒绝理赔。

张三不服，一纸诉状把保险公司告上法庭。法院经过审理，最终依据《中华人民共和国保险法》第 16 条第三款之相关规定，以及依据 2008 年 8 月 1 日通过的《中华人民共和国保险法（修订草案）》中的相关规定，判决保险公司应当依法给张三赔付重大疾病保险理赔款，并承担本次诉讼费用。

从法院的判定依据可以得知，法院是根据保险法第 16 条第三款的规定以及保险法修订草案中的相关规定作出最终判决的。那么，这两条相关法律的内容是什么？为何有如此大的作用？

■ 知识扩展

《中华人民共和国保险法（2015 年修正）》第 16 条相关条款：

自合同成立之日起超过两年的，保险人（保险公司）不得解除合同；发生保险事故的，保险人（保险公司）应当承担赔偿或者给付保险金的责任。

上述条款通俗的解释就是：**保险公司有权解除合同，但这个权利是有时间限制的。如果保险合同成立超过两年，保险公司就不能再解除合同了。**

在这个案例中，张三是 2010 年 10 月购买的重疾险，到 2014 年 12 月张三向保险公司报案并请求赔偿的时候，该保险合同已经成立四年多了，符合该条款的规定：**自保险合同成立起超过两年的，保险公司不得解除合同。**

下面再看看法院引用的第二条法律依据《中华人民共和国保险法（修订草案）》是如何规定的。

我国在 2008 年 8 月 1 日通过了《中华人民共和国保险法（修订草案）》，并在这个草案中第一次引入了“不可抗辩条款”，以此维护投保人或者被保险人的利益。不可抗辩条款的大概内容是：**保险合同生效满两年后即成为无争议合同，保险公司不得再以投保人在投保时违反了最大诚信原则、没有如实履行告知义务等理由而解除合同或者拒绝理赔。**

在该案例中，张三向保险公司申请索赔时，其保险合同已经成立四年多，符合修订草案中“不可抗辩条款”对年限的要求，所以张三的主张最终得到了法院认可。因为重疾险合同成立超过两年，保险公司不得再以张三当时没有如实告知身体情况为由拒绝赔付。

目前市场上在售的绝大部分人寿险和意外险产品也都认可保险法中的不可抗辩条款，在保险合同中也会明文注明。

■ 保险案例

阳光保险公司旗下的“阳光人寿关爱E生重大疾病保险C款”，该款重疾险就在合同正文中注明了以下内容：

自本合同成立之日起超过两年的，我们（保险公司）不得解除合同；发生保险事故的，我们（保险公司）承担给付保险金的责任。

通过该案例的解读，相信大家对不可抗辩条款就有了充分的认识和理解。

但是大家千万别拿“不可抗辩条款”当作自己不诚信的挡箭牌，别以为有了“不可抗辩条款”，在填写健康告知书时就随意撒谎，也别以为只要能撑过保障期前两年，以后就可以百分之百获得赔付，这种想法和做法都是错误的，也是不可取的。因为在保险法中还有其他相关规定，投保人故意撒谎，不如实告知的，保险公司有权拒赔。

■ 知识扩展

《中华人民共和国保险法（2015年修正）》第16条相关条款：

投保人故意不履行如实告知义务的，保险人对于合同解除前发生的保险事故，不承担赔偿或者给付保险金的责任，并不退还保险费。

因此，大家在投保重大疾病保险或其他险种时，应该始终秉承“最大诚信原则”，如实告知相关身体健康、既往病史以及和保险产品有关的所有信息，只有这样才能最大程度地保证投保人以及被保险人的利益。如果因为投保人疏忽大意或是投保人对被保险人的以往病史不太了解，导致错误地填写了健康告知书，此时投保者是可以利用“不可抗辩条款”来主张权益的。总之，绝对不能因为有了“不可抗辩条款”就故意撒谎，违反最大诚信原则。

2.6 重大疾病保险规划实战

本节笔者将通过一个图表，讲述人生各阶段的重大疾病保险规划方案。

假定人一生的寿命为 100 岁，并用横向坐标轴来表示，再根据普通人一生的学习、工作、成长等历程，将一个人的一生分为七个阶段，然后系统地分析在不同的人生阶段应该如何规划、投保重大疾病保险。

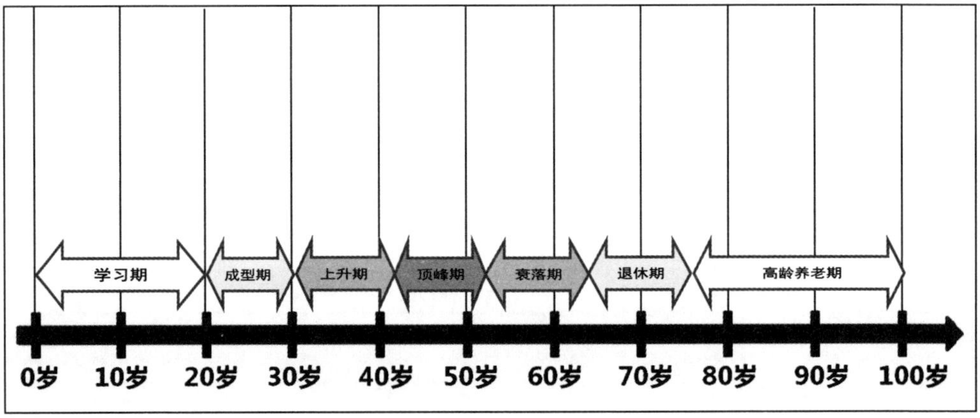

图 2-18 人生各年龄段重疾险规划

如图 2-18 所示，将人生划分为七个阶段。

0-18 岁：学习期（或称为消费期）；

19-30 岁：事业起步期（或称为成型期）；

31-40 岁出头：事业上升期；

40 多岁 -55 岁：事业顶峰期；

55 岁 - 退休年龄：衰落期（事业开始稳中有降）；

退休以后 -75 岁：退休期；

75 岁 - 去世：高龄养老期（或称为暮年期）。

在对各年龄段进行重大疾病保险规划时，保障额度、保障时间、具体产品类型等三个维度都要统筹考虑，相当于是对整个重疾险模块的综合实战。

首先，从 0-18 岁的学习期阶段说起。

给处于 0 岁到 18 岁学习期阶段的被保险人投保重大疾病保险时，应该重点选择低保费、高保额的产品。建议保障额度在 50 万元或以上，投保期限控制在 20 年以内或以不超过被保险人预计工作年龄为佳（建议最多不超过 25 年）。

即便被保险人是刚刚出生的婴儿，投保 20 年的重疾险，其保障时间也足以覆盖整个学习期阶段了。大部分情况下，当被保险人 23-25 岁时就将参加工作，那时自己可以赚钱了，工作以后的保险规划由孩子自己决定即可，不应该由父母代劳。

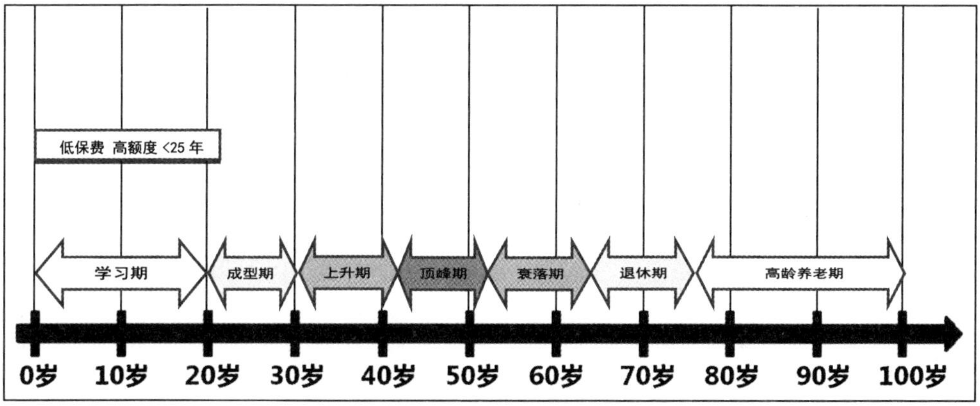

图 2-19　0-18 岁学习期阶段重疾险规划

给 0-18 岁的未成年人投保重大疾病保险，因为年龄小，重疾发病概率非常低，保费就很便宜，因此重疾险保障额度可以定得比较高，就算保障额度有 100 万元，也交不了多少钱。

普通家庭在为低年龄段的被保险人投保一份重疾险后，还可以额外增加一份白血病专项疾病保险，因为白血病是唯一一个在儿童时期高发的恶性肿瘤疾病，同时白血病专项疾病保险的费用也很便宜，几百元钱的保费支出就可以搞定20年的高额白血病保险。通过这样两份健康保险的叠加保障，0–18岁被保险人的重疾险规划就非常完善了。

最后要特意强调两点。

1.在为0–18岁阶段的被保险人投保重疾险时，千万别因为便宜就盲目投保终身型重疾险，即便家庭经济实力雄厚也没有必要。

2.尽量选择专门为儿童开发的“儿童重疾险”，因为大部分儿童重疾险都有针对儿童高发重疾的双倍或额外赔付条款，整体设计对儿童被保险人更友好。另外，作为一款真正科学的“儿童重疾险”，其保障期限绝对不应该是“终身”。如果发现某款重疾险标有“儿童重疾险”字样，其保障范围却只能选择“终身”，建议直接放弃这种产品，因为太不科学。

下面再分析20–30岁事业起步期的重疾险规划。

从20岁开始一直到28岁或者30多岁，基本上是一个人的事业起步期（或成型期）。这个阶段有些被保险人还在上学，有的可能已经参加工作，开始自己赚钱了。

这时候投保重大疾病保险有两种可选方案。第一种情况，如果此时被保险人或者投保人资金不充裕，刚参加工作，每月收入较低，实在没有多余资金投保长期重疾险，可以选择投保短期重疾险，比如1年期的产品。这种短期重疾险保额高，保费低，适用于短期过渡。买一年保一年，等下一年快到期时再续保一次。过几年后，被保险人工资收入提高且稳定时，可以再规划一款中长期重疾险。

第二种情况，虽然被保险人身处成型期但收入已经比较高，或者可以获得父母资助，此时可以直接选择中长期的重疾险产品，保障时间选择20年或30年，保额选35万元或者40万元以上都可以。至于重疾险产品的种类，建议一定要选消费型重疾险。

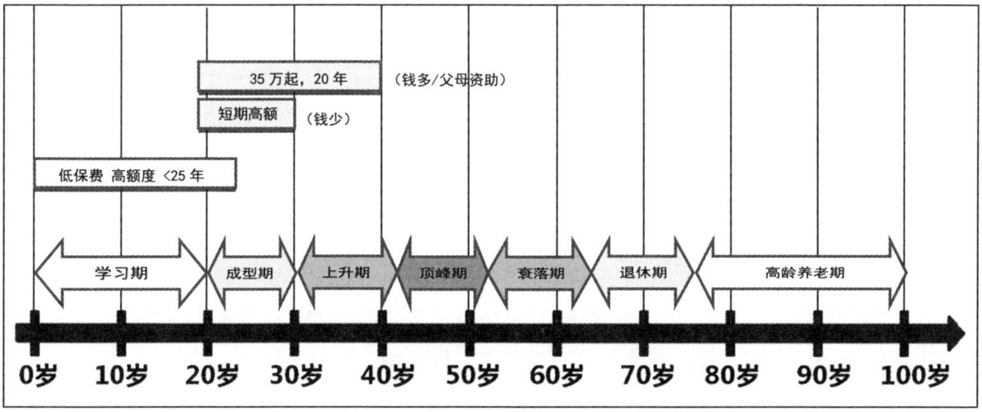

图 2-20　20-30 岁事业起步期重疾险规划

当被保险人进入事业上升期时，应该如何规划重疾险？

处于这个阶段的被保险人，大多已经参加工作 10 年左右，职位和薪水都已经有明显上升，同时基本上也都成家立业、结婚生子，并逐渐开始承担家庭“顶梁柱”的角色。这阶段的被保险人由于收入较高，家庭责任重大，开始迈入一生中的重点保障阶段，建议选择一份保障期限为 20 ~ 30 年，保障额度 35 万元或 40 万元以上的消费型重大疾病保险产品。若家庭经济实力较强，建议适当提高保障额度或投保两份保险产品，享受叠加保障。

若是个别土豪家庭，也可以在确保额度充足的前提下，将重疾险的保障期限投保至平均寿命年龄，甚至选择终身保障。其实，若重疾险的保障期限太长（比如超过 30 年），到保障后期，其保额会严重缩水。如果想让自己在各个年龄段都获得更完善、更有效的重疾保障，应该采用分段投保的方法，把每次保障期限控制在 30 年以内，这样做才是更科学、有效的。

总而言之，当被保险人特别是家中的“顶梁柱”迈入 35 岁以后的年龄段时，其重疾险的保障额度要充足（35 万元起步）。在保额充足的前提下，再考虑保障期限（建议不超过 30 年）。如果收入比较少，没必要追求大而全，可以只投保 20 年甚至 10 年，等日后收入增加后，再补充增加投保期限。但是保障额度一定要足，因为在“事业上升期”，被保险人上有老下有小，承担的家庭责任非常大，此时若罹患重疾且医疗费或重疾险保额不足的话，对整个家庭经济都将是致命的打击。

在讲完30-40岁出头“上升期”阶段的保险规划以后，再回头看一下20多岁“成长期”时投保的重疾险产品。如果当时选择的是第二种方案，被保险人在20多岁时就为自己规划了一个中长期的、保额充足的重疾险，则当被保险人步入“上升期”时，就可以获得两份重大疾病保险的叠加保障，实现了重要年龄段重点保障的目标。也就是说，在被保险人30-40岁的“顶梁柱”期间，其重疾险保障可以达到两份总计70万元的保障额度，这个保障额度是非常高，也是非常有效的。

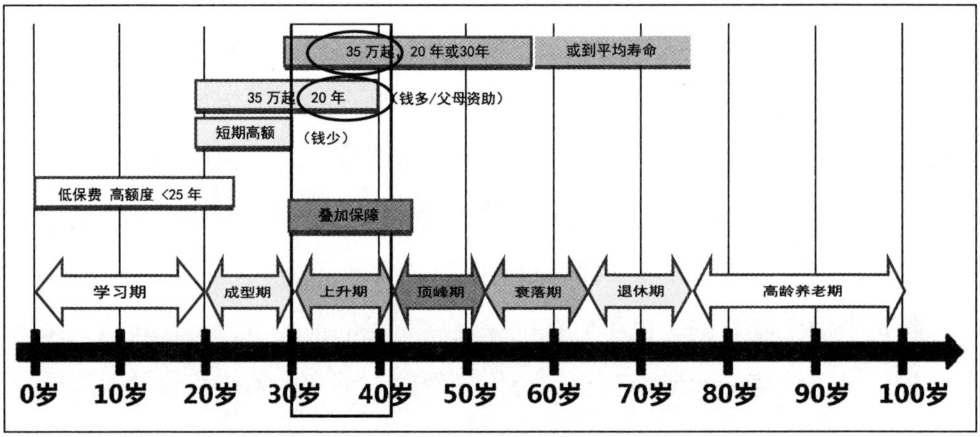

图2-21 30-40岁事业上升期重疾险规划

因此，在经济条件允许的时候，要尽早做好中长期重疾险规划，而且要确保保障额度充足。但没必要盲目追求终身型重疾险，保障期限选择20年或30年就可以。

■ 扩展答疑

有些读者看到此处会有疑问：如果在20多岁的“事业起步期”

已经投保了保障期限 20 ~ 30 年的中长期重疾险，那么该份保险肯定会在 40 岁以后才到期。为何不等到 40 多岁该产品快到期时再投保新的重疾险呢？为何在 30 多岁的“事业上升期”就投保新的重疾险，难道仅仅是为了制造出重点年龄段的“叠加保障”效果吗？

若要回答上述问题，首先要了解“叠加保障”和“动态调整”的概念。

大家知道，保险是用来保障家庭经济，用来抵御意料之外的巨大费用支出（如罹患重疾）或突然间的收入减少（如“顶梁柱”去世）等情况对家庭经济带来的打击。保险是个金融工具，与家庭经济息息相关，无论重疾险还是人寿险，其重点投保对象都是家庭中扮演“顶梁柱”和“印钞机”角色的成员。但是每个家庭的“顶梁柱”在不同年龄段承担的家庭责任和为家庭创造的财富收入都是动态的。30 岁之前为家庭创造的财富少，其对应的保障额度也应该较少；30 岁 -50 岁期间，上有老下有小，压力大，责任重，收入高，其对应的保障额度也应该较高。所以在重点年龄段为“顶梁柱”谋求较高的保障额度是非常有必要的。采取分阶段投保理念，用各阶段投保 20 ~ 30 年保障期限的重疾险逐渐拼接，覆盖一生中的重要年龄段，并在重点年龄段实现叠加保障效果，整体而言是非常科学的重疾险规划方法。

第二个原因，在为家庭规划保险方案时，全家每年的各种保费总支出建议控制在家庭年收入的 10% 左右。保费占比太少，说明保障力度不够，保费占比太多，会增加经济压力。但是每个家庭的年收入金额是动态变化的。以本书虚拟的张志刚家庭为例，当张志刚 27 岁时，全家年收入是 10 万元，在规划保险时，全家各种保费总支出应控制在 1 万元左右。此时张志刚为自己投保了一份保额30万元、保期30年的重大疾病保险。

当张志刚37岁时，他的家庭年收入已经上升到20万元。虽然10年前投保的各种保险尚未到期，但总保费支出仍然是每年1万元左右，此时保费支出相当于只占家庭年收入的5%了。很明显，随着张志刚年龄增长，家庭收入增加，各种保障却没有同步增加，出现了保障不足的情况。因此，尽管10年前投保的各种保险还没有到期，也应该再拿出家庭年收入5%的资金配置相应的保险，以作补充之用，确保始终有10%左右的开支用于保险开销。只有这样，才能为整个家庭带来持续、有力的保障。

由此也可以看出，科学的家庭保险规划不是一劳永逸的事情，也不应该盲目追求一步到位，而是每隔5-10年就要审视一遍家庭中已有的各种保单，并结合当前的家庭收入情况查缺补漏，实现动态调整。

下面看40多岁到55岁“事业顶峰期”阶段应该如何规划重大疾病保险。

当被保险人进入到40多岁以后，普遍已经到达了事业的顶峰期，这期间被保险人的职位和薪水可能是一生中最高的阶段。

因为之前在“事业上升期”阶段为自己投保的20～30年期限的重疾险目前尚在保障期内，所以此时被保险人首先要做的就是重新审视自己已有的重疾险保单，进行查缺补漏。

通过审视已有保单可以发现，受到收入增加、物价上涨、货币贬值、治疗费用提高等各方面因素影响，在10年前“事业上升期”阶段投保的重疾险保额已经明显不够用了，此时可以再追加一份保障金额为20万元左右的重疾险，用来弥补现有保额不足的问题。

还有另外一种情况，若此时发现10年前在“事业上升期”阶段投保的重疾险保额是绝对充足的，但因为当时保障期限只选择了20年，眼看就要到期了，此时应该尽快投保一份新的重疾险以延续相关保障。经过补充后的重疾险保障期限应覆盖至 70 岁或者平均寿命年龄，如果资金充裕的话，也可以选择终身型重疾险。

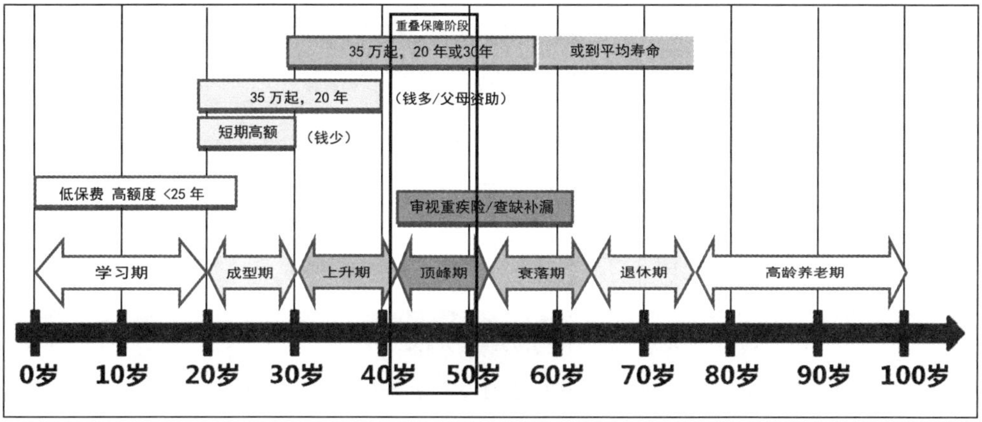

图 2–22 40–55 岁事业顶峰期重疾险规划

总之，40–55 岁的“事业顶峰期阶段”，是投保重疾险的最后机会。一旦超过 55 岁，基本就无法再投保重疾险，所以该年龄段一定要重点审视已有保单，并针对重疾险保额或保期的“短板”适当补充新保险。

下一个阶段：衰落期、退休期。

当被保险人进入“事业衰落期”或退休期时，基本上已超过 60 岁，此时被保险人所需要的各种保险保障基本上已经配置妥当，如无额外需求，则不需再投保相关保险，此时已是“享受保险”的年龄段了。该年龄段的被保险人已经不是家庭中的主要收入者，也不再承担“顶梁柱”的责任，因此无需特意为该年龄段的被保险人补充重疾险。

部分经济条件较好的家庭，在为家庭“新顶梁柱”以及儿童配置好完善的重疾险后，若还有余钱，可以再为这位退休的“老顶梁柱”适当增加一些中老年防癌险以作补充。

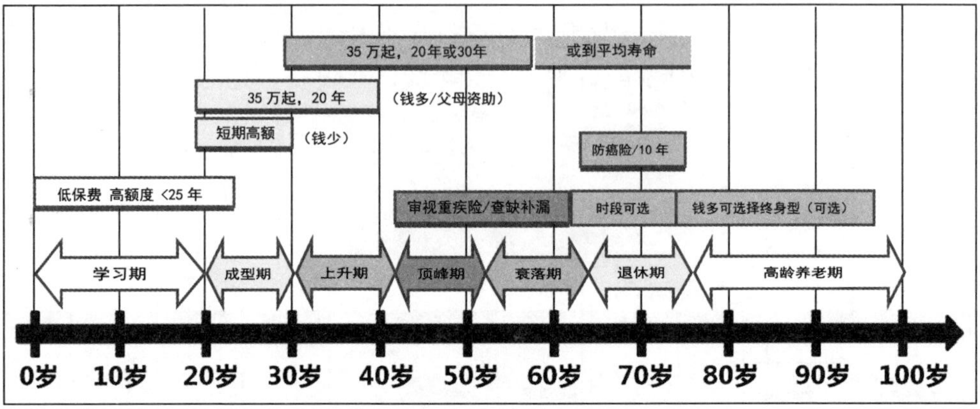

图 2-23 衰落期、退休期重疾险规划

再往后就是 75 岁以上的“暮年期”阶段了。

针对“暮年期”的老年人，无需再投保任何重大疾病保险。如果之前有投保过终身重疾险，此时只需继续享受它即可。

75 岁以上的老年人已经接近当前国人平均寿命年龄，该年龄段即便罹患重大疾病，医院也会建议采取保守治疗手段，目的是减少痛苦，延长寿命，不再追求“治愈疾病”，这种保守治疗一般不会花费太多钱。在“暮年期”这个阶段里，家里的子女可以为高龄老人储备一个应急备用金，以备不时之需。

到现在为止，通过这个图表，就把第二大模块重大疾病险的四大核心内容全部讲完了，分别是重大疾病保险应该给谁投保、家庭成员中重疾险的投保顺序、重疾险投保金额、重疾险的保障期限等实际操作问题。

现在大家可以根据本模块所讲的重疾险规划方案，动手为自己或家人制定一份科学的投保方案了。

第三部分

人身意外险

第三个模块开始讲解人身意外险的知识，探讨普通家庭在制定保险规划方案时，应该如何妥善配置人身意外险。

人身意外险非常简单，作用也较为单一，大部分投保者也不会因投保意外险而被保险业务员忽悠，因此关于意外险的讲解不会费太多笔墨。但是意外险却是一个非常有用的险种，它可以让投保者以很小的保费支出获得高额的保障额度，是典型的“四两拨千斤”“花小钱办大事”。

3.1　了解意外险

3.1.1　人身意外险既简单又便宜

意外险全称是“人身意外伤害保险”，**是以意外伤害导致被保险人身故或残疾为给付保险金条件的人身保险**。

意外险的定义比较简单，它不像人寿险或者重大疾病保险那样，在具体定义中有很多赔付限制条件。意外险给付保险金的条件很简单：只要因**意外伤害**导致被保险人身故或残疾，保险公司就赔钱（前提是要在保障期限内）。另外，人身意外险的保障期限一般较短，目前市场上可供选择的意外险绝大部分都是1年期的。

下面通过分析两款具体的意外险产品，向大家讲解人身意外险的实际作用。

表3-1　人身意外险案例

中国人民保险旗下“E-都市白领”人身意外保险（舒心保C款）	
保险责任	1. 意外身故、残疾保险金5.7万元； 2. 意外医疗费用补偿1万元。 （意外医疗费用补偿，每人每次意外事故免赔额100元，赔付比例80%，门急诊赔付限额500元。）
适用年龄	18-65周岁
保障期限	1年
保费	100元

表3-1展示的是中国人保官网正在销售的一款人身意外险，名字叫“E-都市白领”人身意外险，适用投保年龄限制为18-65周岁，很明显它是一款针对成人的意外险产品；保障期限为1年，说明它是一款短期意外险；该款意外险的费用统一为100元，与被保险人的年龄无关，由此看出，意

外险的费率对年龄因素不敏感，因为各个年龄段被保险人发生意外事故的概率差别不大。

“E- 都市白领”意外险的保障范围由两部分组成。

1. 意外身故、残疾保险金 5.7 万元。

如果被保险人在保险期内因意外事件导致身故，保险公司直接赔付 5.7 万元（该意外险每份身故保额为 5.7 万元，若想提高保障额度，可以一次投保多份）。

假如被保险人周末在家打扫卫生，擦玻璃时失足从阳台坠落，遗憾的是被保险人家住 16 楼，导致坠落死亡，这个死亡就是由意外造成的，此时保险公司就会给付 5.7 万元保险金。

再举个例子，假如该被保险人还是在擦玻璃时从阳台坠落，但他家住在二楼，虽然坠落没有造成生命危险，但是导致身体残疾，事后经鉴定为 9 级伤残，最终获得保险公司给付的 1.14 万元赔偿款（保险法规定被保险人因意外事故导致残疾的，按伤残评定等级给予相应档次的赔付）。

■ 知识扩展

意外伤残的等级评定和赔付

2014 年，中国保监会发布了一份行业标准《人身保险伤残评定标准及代码》，该标准建立了保险行业人身保险伤残评定和保险金给付比例的基础。自此以后，各保险公司对被保险人的伤残评定有了统一的规范。

该标准将人身伤残程度划分为 10 个等级（最严重的残疾为第一级，最轻的伤残为第十级），同时也将保险金给付比例分为 10 档，伤残程度第一级（最严重的伤残）对应的保险金给付比例为 100%，伤残程度第十级对应的保险金给付比例为 10%，每级每档相差 10%。

举例说明如下。

若某款人身意外险的“身故或残疾”赔付额度是 10 万元，当被保险人因意外事故导致残疾时，会根据《人身保险伤残评定标准及代码》对其进行伤残评级。若评定结果为 8 级伤残（比较轻微的伤残等级），则给予保障金额 30% 的赔偿款（10×30%=3 万元）。

若最终评定结果为 3 级伤残（偏严重的伤残），则给予保障金额 80% 的赔偿款（10×80%=8 万元）。

若是最严重的 1 级伤残，就赔付 100% 的全额赔偿款 10 万元。其他伤残等级依此类推。

表 3–2　伤残等级及保险金获赔比例

伤残评定等级	保险金获赔比例	假如某意外险的“身故或残疾”保额 10 万元，则该伤残等级可获赔金额
1 级伤残（最严重等级）	100% 比例赔付	10 万
2 级伤残	90% 比例赔付	9 万
3 级伤残	80% 比例赔付	8 万
4 级伤残	70% 比例赔付	7 万
5 级伤残	60% 比例赔付	6 万
6 级伤残	50% 比例赔付	5 万
7 级伤残	40% 比例赔付	4 万
8 级伤残	30% 比例赔付	3 万
9 级伤残	20% 比例赔付	2 万
10 级伤残（最轻微等级）	10% 比例赔付	1 万

伤残等级划分标准及《人身保险伤残评定标准及代码》原文，可在笔者微信公众号中回复“伤残评定”查看。微信公众号：周小树家庭投资课堂。

另外，“E- 都市白领”意外险除了对意外导致的“身故或残疾”给予赔付外，对因意外导致的医疗费用开销也给予报销型赔付。

2. 意外医疗费用补偿 1 万元（意外医疗费用补偿，每人每次意外事故免赔额 100 元，赔付比例 80%，门急诊赔付限额 500 元）。

还是通过案例来说明。还是这位被保险人，周末在家擦玻璃时失足从阳台摔落。他家住二楼，没摔残疾，但是在坠落过程中被一楼的防盗窗刮伤，去医院门诊清理缝合伤口，共计花费 400 元医疗费用。很明显，这 400 元医疗开销是因“意外事故”产生的，所以符合该意外险的赔付条件。

“E- 都市白领”意外险对“意外医疗费用”的补偿赔付最高限额为 1 万元，其中门诊医疗的免赔额 100 元，赔付比例 80%，所以本次意外医疗的赔付金额为：（400−100）×80%=240 元。

上面列举的“E- 都市白领”意外险属于综合性意外险，只要是意外事故导致的身故、伤残都给予赔付。除此之外，还有一种意外险，只赔付特定意外事故导致的人身伤害，称为“专项人身意外险”。

表 3–3 专项人身意外险案例

中国人民保险旗下的营运交通工具乘客意外伤害保险	
保险责任	飞机交通事故身故、残疾给付 40 万元 火车交通事故身故、残疾给付 30 万元 轮船交通事故身故、残疾给付 30 万元 汽车交通事故身故、残疾给付 2 万元
适用年龄	18–75 周岁
保障期限	1 年
保费	38 元

表 3–3 中列举的就是一款“交通意外专项保险”。

很明显，这是一款交通工具意外险，它的适用人群是差旅人士。该保险的保障范围仅限于乘坐各种交通工具导致的身故或残疾。只有当被保险人乘坐合法营运的飞机、火车、轮船、汽车等交通工具时发生意外，保险公司才给予赔付。

正是因为这种专项意外险的赔付范围较窄，尽管其保障额度明显比综合意外险高很多，保费却不是很贵，一年才 38 元。

3.1.2　满足这三个条件就算是“意外”

在规划和选择人身意外险时，普通投保者唯一需要搞清楚的知识点就是“究竟什么样的伤害才算意外伤害？”

当被保险人受伤时，其所受伤害若想被保险公司确定为意外导致的伤害，要满足几个基本特性，分别是非本意的伤害、外来的伤害、突发的伤害。这三个特性看起来比较抽象，下面笔者通过几个通俗易懂的案例逐个解释。

非本意的伤害

所谓“非本意的伤害”，是指当事人或者被保险人**无法预见的、非本人意愿的不可抗力事故**造成的伤害。

■ 案　例 1

张三因在高速公路上超速行驶导致车祸，张三受伤，左腿撞残。

这种伤害就不符合“非本意”的特性。因为当张三超速行驶的时候，完全可以预料到超速行驶会给他带来危险，所以这种伤害是由被保险人主观本意造成的伤害，不属于“意外”范畴，所以超速行驶、无证驾驶、驾驶不合格车辆等造成的意外伤害，保险公司是不会赔的。

■ 案　例 2

张三与他人因言语不合而出手打人，在双方打斗过程中，张三被对方殴打致死。

这种情况导致的事故，保险公司也不会给予意外险赔付，因为张三的死亡是其主动打架斗殴造成的。当他动手打架的时候，就应该预料到自己可能会因打架而受到伤害，所以这种伤害也不符合“非本意”的特性，不能算作是“意外”伤害。

从上述两个小案例可以看出，凡是被保险人能预料到的危险或伤害，都不算是意外。特别是被保险人违法违规时发生的伤害，人身意外险是不予赔付的。上述案例中无论是超速驾驶还是打架斗殴，都属于违法行为。

外来的伤害

所谓“外来的”伤害，是指被保险人所受伤害的原因是**由被保险人自身之外的因素造成的，导致伤害的主要原因来自于自身之外**。

比如被保险人被高空掉下来的花盆砸到，被开水烫伤，不小心触电身亡，按交通规则过马路时被汽车撞伤，走路时被台阶绊倒受伤等，这些都符合“外来的伤害”特征。如果被保险人投保了人身意外险，遇到上述情况造成的身故或伤残时，保险公司都会按照约定给予相应赔付。

但是，如果伤害是由自己身体内部因素造成的，就不符合“外来的”特性。

■ 案 例1

李小姐长期严重贫血，某日她在上班路上因为贫血头晕而摔倒，导致左臂骨折。这种情况导致的伤害，人身意外险不给赔付。因为李小姐摔倒是由贫血所致，最终原因来自李小姐身体内部，并不是外来的因素（比如被台阶绊倒受伤），不符合“外来的”特性。

■ 案 例2

夏天中午，张阿姨在路边站台等公交时突然中暑晕倒，送往医院后经抢救无效死亡。

张阿姨的儿子拿着母亲的意外保险单向保险公司申请索赔，但保险公司拒绝了他的索赔请求，保险公司给出的回复是“中暑不属于意外”。中暑的主要原因不是因为天气炎热、烈日高悬等外部因素导致的，而是与被保险人身体健康情况和体质有关。按照医学规定，中暑本身是一种疾病，因此不符合“外来的”特性。

突发的伤害

所谓“突发的”伤害，是指**人体受到猛烈撞击或猛烈袭击而造成的伤害，伤害的原因和最终受伤的结果之间有直接和瞬间的关系**。比如交通事故中的撞车、高楼掉下的花盆导致的伤害或死亡都是突发性的、瞬间完成的，只有满足这些条件才可以定义为“突发的”。

如果是长期在某种恶劣环境下工作，最终导致对身体的伤害，则不满足此条件，不属于意外伤害，因为这种伤害不是瞬间造成的伤害。

■ 案　例

张先生在公司连续加班一个月后，某天突然栽倒在地，送往医院的途中停止了呼吸，医生诊断为“过劳猝死”。

保险公司拒绝给张先生支付意外险赔付，理由是“猝死不是意外”。张先生的家人很不理解，明明是突然发生的死亡，怎么就不是意外呢？其实保险公司给出的结论是正确的，也是合情合理合法的。过劳猝死是因被保险人在长期高强度的环境下工作，身体极度疲劳，从而诱发某些病理变化导致的。猝死的当事人本身大多患有其他慢性疾病，却因为自己不知道或者不以为然，任由身体消耗，最终导致疾病爆发身亡。

在此需要额外说明一点，按照医学定义来看，“中暑”确实是一种疾病，“猝死”也不满足“突发的”特性，两种情况均不符合意外险的赔付条件。

但是很多被保险人往往抓住“中暑是因为阳光剧烈、天气炎热等外部因素造成的”“猝死是突然性暴亡”等观点，强烈要求保险公司给予意外险赔付，并经常以此为由把保险公司告上法庭。大部分法院在审理类似案件时，会采用“偏向弱者”的思想，往往判定保险公司败诉并承担相应的赔付责任。

鉴于此，部分保险公司在最近几年新开发的意外险产品中，均在合同中特意注明：中暑、猝死等导致的身故或伤残不在意外险赔付范围之内。

■ **保险产品案例**

中国人保公司旗下的“意外伤害保险条款”，在保险合同中的“责任免除条款”中就注明：

被保险人因高原反应、中暑、猝死而导致身故或残疾的，保险公司不承担赔付责任。

通过以上几个案例和对意外险特征的讲解，大家可能会觉得，保险公司对意外伤害的条件限制好多呀，这也不赔，那也不赔，那么买意外险还有什么意义呀?

其实意外险赔付的范围还是非常广泛的，之所以提出这么多限制条件，是为了防止某些不合规的投保人把不是意外造成的伤害也来找保险公司索赔，从而间接损害合规投保人的利益。

3.1.3 我们需要投保意外险吗

当我们知道什么是人身意外险，满足什么条件才可以获得赔付时，就需要考虑一个问题：普通家庭是否有必要投保人身意外险?

笔者的观点是，普通家庭投保者有必要投保人身意外险，特别是家庭中的“顶梁柱”。

通过前面章节的学习，大家会发现，人身意外险和人寿险的保障范围有一定的重叠，这两个险种都包含对“被保险人身故和残疾”的赔付责任，只不过对导致身故和残疾的原因要求不同。

人寿险几乎不对被保险人身故的原因作限制，无论被保险人是因疾病医治无效身故，还是因意外事件导致身故，都给予赔付（因战争或被保险人违法导致死亡的不赔付）。意外险只对意外事故导致的身故或残疾给予赔付。

很明显，意外险对被保险人身故、残疾的赔付范围比人寿险更窄，所以意外险的保费价格也很便宜。

一般来说，因意外导致的死亡称为“非正常死亡”。近年来，我国每年非正常死亡率基本稳定在 2.6% 左右，其中 80% 以上是交通事故，意思是所有死亡人数中有 2.6% 是因意外等原因造成的非正常死亡。

正是因为意外死亡的人数较低，所以同等保障额度的人身意外险费用，一般也仅是同等保障额度人寿险保费的 5% 左右。

如果被保险人已经投保了人寿险，此时再额外增加一份人身意外险，可以适当提升对身故的赔付额度，让人身意外险成为一个强有力的人身保险补充。

表 3-4　人寿险和人身意外险对比信息

投保险种及内容	
张志刚，男，37 岁	人寿险：保障期限 30 年，保额 50 万元，年缴保费 2840 元
	人身意外险：保障期限 1 年，保额 60 万元，保费 90 元

如表 3-4 所示，张志刚投保了 2 份保险，分别是保额 50 万元的人寿险和保额 60 万元的人身意外险。若张志刚不幸因交通事故或其他意外事故身故，可以累积获得 110 万元的赔付。若张志刚因疾病身故，则只能获得人寿险 50 万元的赔付。

通过以上案例可以看出，人身意外险的主要作用是对身故责任的补充，并且仅限于因意外导致的身故。另外，人身意外险是比较便宜的，几十块钱就可以获得 50 万元甚至更高额度的意外身故保障，是一种以小博大的产品，大部分家庭不会因为多买一份意外险而产生较大的保费支出压力。

建议大家根据家庭成员的日常工作、生活、出行情况，合理为其增加一份意外险保障，特别是家庭中的“顶梁柱”。如果是某些经常驾车和出差的人士，还可以单独再增加一份偏向交通意外的专项意外险。

还有一种情况，如果被保险人没买过人寿险或人寿险投保额度不足，那么笔者强烈建议投保一份高额的人身意外险。因为人身意外险很便宜，就算人寿险买不起，这100多元的人身意外险总能投保吧。另外，人身意外险投保也很方便，其保障额度也没必要像计算人寿险保额那样用到各种复杂的算法，所以无需特意规划，看到合适的意外险后就可随手投保，以免让被保险人在没有任何保险的情况下“裸奔”。

3.2　投保意外险

3.2.1　未成年人意外险投保注意事项

处于 0 到 18 岁之间的未成年人，面临的各种意外风险是比较小的。现在大部分孩子在学龄前阶段都有父母或者爷爷奶奶专职照顾。进入学龄阶段，在校学习期间也不会面临较大的意外风险。

针对未成年人可以预见的或者经常发生的意外伤害，无非就是跌打损伤、猫抓狗咬之类的小风险，真正出现因意外导致身故或伤残的事故极少。因此，给未成年人选择意外险时，应重点关注“小意外”造成伤害的赔付责任，以及意外医疗费用的补偿赔付责任，重点查看关于免赔额、赔付比例等限制条款。

下面通过一个具体的“学生幼儿意外险”案例，来讲解未成年人意外险选择和投保的注意事项。

PICC 学生幼儿意外保险（放心款）

适用被保险人年龄：18 个月以上 -18 岁以下

保障期限：1 年

每年保费：100 元（不区分被保险人年龄）

保障范围：

意外身故、残疾给付：10 万元

（在保险期间内，被保险人因遭受意外伤害导致身故或残疾的，我司将根据合同约定给付保险金）

意外医疗费用补偿：1.5 万元

（在保险期间内，被保险人遭受意外伤害，在中华人民共和国

境内（不包括港、澳、台地区）二级或二级以上医院或保险人认可的医疗机构进行治疗，我司将按合同约定给付意外医疗保险金）

意外住院津贴：7200 元

（在保险期间内，被保险人遭受意外伤害，在中华人民共和国境内（不包括港、澳、台地区）二级或二级以上医院或保险人认可的医疗机构进行治疗，我司将按合同约定给付意外医疗保险金）

注意事项一，查看保障时间是否合理。

上述案例中提供的“PICC 学生幼儿意外保险”中，针对意外身故和意外医疗的保障范围都是 1 年，而且只要在保障期内，无论是工作日还是节假日发生的意外情况，保险公司都给予相应的赔付。这种意外险对被保险人较为有利，也是比较正常的条款规定。

目前市场上并非所有的儿童或学生意外险都像这款保险一样为被保险人提供完善的时间和空间保障。大家在选择儿童意外险时会发现，有些产品的价格明显比较便宜，当我们仔细查看它的具体保障条款时，会发现在条款里有注明：“仅对被保险人在学校期间发生的意外事故导致的身故、残疾和医疗费用承担赔付责任。”在遇到这种类似描述的儿童意外险时，一定要避而远之，千万不要贪便宜选择它们。历史数据表明，大部分儿童和学生发生意外事故，都是在节假日以及寒暑假期间。这种针对时间和空间都具有选择性的意外险，无法为孩子提供完整的意外险保障。

注意事项二，看清免赔额、赔付比例等限制。

目前市场上绝大部分学生和儿童意外保险，除了包含意外身故和意外残疾赔付责任外，还有意外医疗费用补偿。

所谓意外医疗费用补偿，是指被保险人受到意外伤害后，尽管没有身故或残疾，却因此意外而受伤（比如骨折、各种皮肉伤等），被保险人为了治疗、处理伤害所支付的医疗费用，意外险也会给予补偿。

在上述案例“PICC 学生幼儿意外保险”的宣传页面中，只写明了“意外医疗费用补偿 1.5 万元”的最高赔付金额，却没有详细说明每次意外医疗费用补偿的具体赔付标准。仔细查看合同条款时会发现，该保险针对意外医疗费用补偿赔付时，有如下关于免赔额和赔付比例的约束条款，同时还有因人而异的门诊最高限额。

> 对于被保险人因每次意外伤害所支出的必要且合理的、符合本保险合同签发地政府颁布的基本医疗保险报销范围的医疗费用，保险人在扣除社会基本医疗保险或任何第三方（包括任何商业医疗保险）已经补偿或给付部分以及本附加险合同约定的免赔额后，对其余额按本附加险合同约定的给付比例和门急诊限额给付意外医疗保险金。免赔额、赔付比例和门急诊限额根据被保险人是否参加基本医疗保险的情况，由投保人、保险人双方约定，并在保险单中载明。

上述保险条款中有额外说明，该意外险只承担医保范围内的医疗费用补偿，同时有一定的免赔额，而且被保险人有没有医保，其报销赔付比例是不同的。类似情况在投保时要和保险公司一一落实，不要稀里糊涂地投保。

注意事项三，轻身故，重医疗。

给未成年人选择意外险时，应注重提升意外伤害保险中对“意外医疗费用”的赔付责任，并尽可能降低“意外身故”的赔付金额。

“意外身故”是“被保险人因意外导致身故的，保险公司赔付意外险赔偿金”，这种身故赔付作用明显类似于人寿险。未成年人不承担家庭责任，因此在给未成年人选择意外险时，无需特意提高“意外身故”的赔付标准。

“意外医疗费用”的赔付责任是儿童投保意外险时的主要关注点，也是最实用的保障，此项保障金额应该尽量提高。

上述案例中的意外险产品赔付标准分别是意外身故、残疾给付 10 万元，意外医疗费用补偿 1.5 万元。很明显，该款意外险中的两项赔付标准和我们所期望的不一样：我们希望降低身故赔付标准，提升意外医疗赔付标准，但此款保险的两项赔付责任却与此相反。其实目前市场上大部分意外险都是按照这个套路来设计的，因为这种赔付责任的设计使保险公司的成本更低，投保人所缴的保费也较低。

如果想特意提高意外医疗部分的补偿赔付金额，可以选择一些可自定义赔偿额度的保险产品，比如平安保险的“1 年期意外保险”。这种产品可以在平安保险官方网站上自己选择每项责任的保障金额，然后根据顾客选择的保障范围和金额自动生成保费。投保这种意外保险后，就可以对“意外身故”和“意外医疗”分别作如下选择：

意外身故、残疾给付：5 万元；

意外医疗费用补偿：10 万元。

图 3–1

当然，调高意外医疗的赔付金额后，该意外险的保险费用也会同步大幅提高。

3.2.2　成年人意外险投保注意事项

总体而言，普通家庭投保者在买人身意外险时不会遇到太多“坑”，但是针对成年人投保意外险，还是有几个注意事项需要额外关注。

注意事项一，意外险和人寿险需统筹考虑。

成年人意外险的主要保障范围是“意外身故和伤残”赔付，其次是“意外伤害医疗”赔付（和儿童意外险追求的目标相反）。

如果一位成年人或家庭的“顶梁柱”既投保了人寿险，又投保了人身意外险，就会在意外身故时同时享受两种保险产品针对身故的叠加赔付。

表 3–5　人身意外险和人寿险保障范围对比

	平安 1 年期意外保险	弘康大白定期寿险
被保险人信息	37 岁，男	37 岁，男
保障额度（范围）	意外身故：50 万元	身故：50 万元
保障期限	1 年	20 年
缴费期限	一次缴清	10 年
保费	437 元	2300 元 / 年

从表 3–5 中的数据可以看出，人寿险和重大疾病保险都包含对身故的赔付责任，唯一的区别就是对被保险人身故的原因规定不同。

在人寿险中没有对被保险人身故的方式作具体限制，无论被保险人是因病死亡，还是因意外死亡，或无疾而终正常死亡，人寿险都负责赔付寿险保险金。而意外险则仅当被保险人因意外导致身故时，才赔付保险金。

人身意外险和人寿险除了对被保险人身故的方式要求不一样外，在相同的保障额度下，每年所缴纳的保费也差别很大。由此可以间接知道，这两种保险对于保险公司而言，成本是不一样的。有数据统计，我国近年来“意外身故”人数仅占所有身故人数的2.6%，因此，正常人“意外身故”的几率明显小于“正常身故”（包含病故），所以人身意外险的成本和保费较为低廉。

为被保险人特别是家里的“顶梁柱”投保以死亡为给付条件的保险时，最基础的投保目的是防止被保险人去世以后，家里其他成员的生活无以为继。既然人身意外险和人寿险中都有针对被保险人身故的赔偿内容，那么在为“顶梁柱”投保意外险和人寿险时，就要统筹考虑，避免重复投保。

第一种情况，在给被保险人投保人身意外险之前，如果该被保险人已经有了充足的人寿险保障，此时为其规划人身意外险时，可以重点考虑“意外医疗补偿”部分的保障金额，无需过度追求“意外身故”部分的保障金额。因为此时被保险人的人寿险中，已经包含了对意外身故的赔付责任。

第二种情况，给被保险人投保人身意外险时，如果该被保险人尚未投保人寿险或仅投保了额度较低的人寿险，此时就应该重点考虑并提高意外险“意外身故”的保障金额，以此来弥补被保险人人寿险保障不足的缺口。

注意事项二，根据工作和出行习惯增加额外单项保障。

目前市场上销售的大部分人身意外险，除了常规的意外身故保障之外，还会针对特殊事项导致的意外身故给予额外或加倍的保障。具体来看下面的意外险产品案例。

平安1年期意外险

适用被保险人年龄：18岁以上成年人

保障期限：1年

每年保费：160元（不区分被保险人年龄）

保障范围及金额：

意外身故、伤残：10万元

（在保险期间内，被保险人不幸遭受意外事故导致身故或伤残，按条款给付意外身故/伤残保险金）

飞机意外身故、伤残：100 万元

（被保险人以乘客身份乘坐民航客机期间不幸遭受意外伤害事故导致身故或伤残的，将赔偿意外身故保险金或意外残疾保险金。和意外身故、伤残累计赔付）

火车意外身故、伤残：100 万元

（被保险人以乘客身份乘坐商业营运的火车（含高铁、地铁）期间不幸遭受意外伤害事故导致身故或伤残的，将赔偿意外身故保险金或意外残疾保险金。和意外身故、伤残累计赔付）

轮船意外身故、伤残：100 万元

（被保险人以乘客身份乘坐商业营运的轮船期间不幸遭受意外伤害事故导致身故或伤残的，将赔偿意外身故保险金或意外残疾保险金。和意外身故、伤残累计赔付）

汽车意外身故、伤残：30 万元

（被保险人以乘客身份乘坐商业营运的汽车（含公交、出租车）期间不幸遭受意外伤害事故导致身故或残疾的，将按照条款给付保险金。和意外身故、伤残累计赔付）

上述案例中的意外险，除了正常的“意外身故、伤残”有 10 万元的保障额度之外，还针对某些特殊的意外导致身故给予额外赔偿。

如果投保上述这款意外险的被保险人因普通意外（比如失足坠楼或落水等）导致身故，则保险公司赔付 10 万元保险金；若因乘坐民航飞机遭遇意外导致身故，保险公司除了赔付“意外身故”保险金 10 万元之外，还会累加赔付“飞机意外身故”赔偿金 100 万元，总计可获赔 110 万元。

被保险人可以根据自己的出行习惯以及工作性质，选择更为适合自己的意外险，而且上述各项特定意外身故的保障金额还可以自定义调整。如果某位被保险人因工作原因需要经常坐飞机出差，可以最大程度地调高“飞机意外身故”的赔偿标准，其他情况可根据自身情况依此类推。

注意事项三，中老年人可选骨折险。

中老年人特别是已经退休的老年人的生活半径会明显缩小，出行方式也更依赖公共交通，不会像年轻人一样经常驾车出行。中老年人的生活方式节奏减慢，不再进行高风险的活动和运动，所以整体而言，中老年人面临的各种意外风险会大幅降低。在为家庭成员确定意外险投保顺序时，一般会把中老年人排在最后。

中老年人虽然面临的整体意外风险较小，但是有个别特殊的意外是中老年人无法避免的，那就是意外骨折。由于身体原因，一般年龄大的人都患有骨质疏松的毛病，特别容易骨折，有些老年人仅仅轻微摔倒一次，就会导致大腿骨折。

大部分面向中老年人开发的意外险中，都会特意包含中老年骨折赔付的条款。

不倒翁骨折险——安联健康关爱计划

保险介绍：中老年人出行或运动，跌倒等意外情况偶有发生，本产品会为因此所致的骨折提供全面的赔偿保障。

适用人群：承保年龄50-90周岁

保障期限：1年

保费：300元（不区分被保险人年龄）

保障范围和金额：

意外伤害身故、残疾保险金：2万元

（保险期间因遭受意外伤害事故导致身故、伤残的，保险人依照合同约定给付保险金，残疾根据残伤程度给付）

意外伤害骨折保险金：5万元

（在保险期间内若遭受意外伤害，并经专科医生确诊及X射线或 CT 等放射科检查确认骨折，保险人将以保险单载明的意外伤害骨折保险金金额为基数，所列骨折部位对应的给付比例给付意外伤害骨折保险金）

意外骨折每日住院津贴（30 天为限）：100 元 / 天

（在保险期间内若遭受意外伤害，并经专科医生确诊及 X 射线或 CT 等放射科检查确认骨折而接受住院治疗，保险人依据本附加条款约定，按被保险人实际住院天数给付每日住院津贴保险金，但最高给付住院日数以保险单所载明的为限）

从上述这份中老年骨折险中可以看出，此保险的赔付标准比较科学，因为明显降低了身故赔偿的责任，提高了意外骨折导致伤害赔偿的金额。老年人已经不再承担家庭的主要责任，所以针对身故赔付的这块保险责任必要性较小，相比而言，针对大多数患有骨质疏松的老年人，骨折伤害赔偿金更实用。

后记　牢记家庭保险规划的五大铁律

一份科学的家庭保险规划或投保方案，其核心目的永远是为了保障家庭经济，提升家庭经济的抗风险能力。在制定家庭保险规划时，有五个重要的原则要始终牢记，笔者称其为“家庭保险规划的五大铁律”。各位读者在为自己或家庭成员投保各种保险产品时，只要牢记并遵守这五项铁律，就不会犯原则性的错误。

铁律一，保险是金融产品，是经济工具，不是家庭的感情牌。

“保险是经济工具，不是感情工具”，这是最重要的家庭保险规划铁律，也是大部分投保者最容易犯的错误之一。

笔者作为家庭投资理财顾问，经常会有身边的亲朋咨询，说自己的孩子刚出生，全家人都超爱这个宝宝，一致决定要给孩子买份保险，不知道哪种保险最合适。这种想法就明显违背了家庭保险规划中的第一条铁律。

读完这本书的朋友现在都明白了，保险并非保障某个人的人身肉体，而是保障整个家庭的经济命脉。孩子是无法为家庭创造收入的，也不承担任何家庭责任，因此孩子不是主要的投保对象。如果真的爱孩子，就要为其提供坚实稳定的成长环境，构建坚不可摧的家庭经济，这才是对孩子负责的表现。

读完这本书，各位读者绝对不能再和那些不懂保险的人一样，觉得自己最爱谁就给谁买保险。切记，保险是金融工具，不是感情工具。

铁律二，先保大人，再保小孩。

先保大人，再保小孩，最后再为无收入的老人规划保险。在普通家庭中，无论投何种保险，“顶梁柱”都是重点保障对象。

关于先保大人再保小孩这条保险规划原则，如今已经有越来越多的人开始接受了，这是一件好事，说明大部分人已经明白保险是干什么用的了。

保险是家庭经济的盾牌，是抵御经济风险的屏障；保险是用来保障家庭经济的，用来抵御意料之外的巨大费用支出（如罹患重疾）或突然间的收入减少（如“顶梁柱”去世）等情况给家庭经济带来的打击。大部分家庭中，对家庭经济影响最大的人就是家中的“顶梁柱”和“印钞机”，所以一定要为他们购买充足的保险产品。

铁律三，重保障，轻收益。

现在保险市场上充斥着很多返还型保险、理财型保险、两全型保险等，这些保险产品无一例外都是用“赚钱”来吸引投保者的。特别是线下的保险业务员，推销的保险产品基本上都属此类。

这些保险产品吸引人的噱头就是——“这款保险能为你赚钱！”

其实，买保险是一种消费，投保者支付了保费，换来的是增强家庭经济的抗风险能力，而不是为了赚钱。我们在购买保险时，要重点关注该产品能为我们带来哪些保障，千万不要被其中的收益条款吸引。应尽量选择消费型保险产品，避免选择返还型、理财型保险。

若想让家庭资产升值，投资获利，我们有更多更好的渠道和方法，最不可取的就是试图通过保险产品赚钱。保险应该是家庭资产的盾牌，是用来保护家庭资产的，而不是用来赚钱的。

此处需要特意提一句的是，很多家长都喜欢给孩子买教育险。在笔者看来，其实教育险连“保险”都算不上，只能算是一款理财产品，而且还是一款收益非常低的理财产品，连返还型保险都不如。返还型保险好歹还能提供一定的保障额度，理财型保险产品往往不提供任何实质的保障额度。同时大部分教育险的收益都非常低，还不如买余额宝的收益高。笔者建议大家认清保险的本质，不要选择理财型保险产品。

铁律四，定期审视保单。

科学的家庭保险规划绝对不应追求“一劳永逸”，而是要不断地审视和调整，要根据被保险人年龄的变化、家庭经济实力的变化不断优化。

科学的做法应该是每隔 5 ~ 10 年把家庭中已有的保单全部检查一遍，查缺补漏，仔细查看有没有保额快到期、保障金额不足的问题。被保险人的收入以及承担的家庭责任大小，都会随着时间、年龄的变化而变化，如果在审视保单过程中发现保障短板，应及时补充。

铁律五，勿过度消费保险。

正常工薪家庭中，每年用于所有成员各种保险费用的支出不应超过当年家庭总收入的10%。如果一些家庭已经花费了家庭年收入的10%用来买保险，却感觉该买的保险还没配齐，导致这种情况的原因可能有三个。

第一，购买的保险类型不对。无论投保哪些险种，都应该首选消费型保险。如果买了返还型或理财型保险产品，其保费价格就会明显贵很多，直接导致10% 的年收入不够用。

第二，投保的保障额度太高。有些被保险人每年的收入不高，承担的家庭责任也不是特别大，却选择了与自己不匹配的较高保障额度，这是不科学的，说直白点就是“保障额度与承担的家庭责任不匹配”。买保险也是一种消费行为，要适可而止，不要盲目贪大求全。

第三，盲目选择终身保障期限。总体来说，保险产品的价格还是比较贵的，其中重疾险最贵，终身型重疾险更是贵中又贵。但是恰恰有很多人在家庭经济情况不殷实的情况下，盲目选择终身型重疾险，导致保费开支超标。笔者建议，在正常家庭中，重大疾病保险的保障期限以 30 年为限较好，然后每隔 5 ~ 10 年审视保单，需要延期或提高保障额度时及时追加。通过这样的操作，可以把一生中的保费开销均摊到各个阶段，而不是第一次买保险时就选择终身保障，把所有的保费支出压力集中在人生的前半阶段。

万变不离其宗。各位读者记住这五条铁律，就一定能为自己或家人规划出科学的保险投保方案。

另外，若各位读者在阅读完本书后仍有关于家庭保险规划的问题需要咨询，可以在微信公众号中提问。笔者的微信公众号是：周小树家庭投资课堂。

最后，祝各位读者朋友家庭幸福和睦，工作顺心顺利！

附 录

《重大疾病保险的疾病定义使用规范》

前言

为方便消费者比较和选择重大疾病保险产品，保护消费者权益，结合我国重大疾病保险发展及现代医学进展情况，并借鉴国际经验，中国保险行业协会与中国医师协会共同制定重大疾病保险的疾病定义（以下简称“疾病定义”）。

为指导保险公司使用疾病定义，中国保险行业协会特制定《重大疾病保险的疾病定义使用规范》（以下简称“规范”）。

根据重大疾病保险的起源、发展和特点，本规范中所称“疾病”是指重大疾病保险合同约定的疾病、疾病状态或手术。

1. 适用范围

本规范中的疾病定义在参考国内外成年人重大疾病保险发展状况并结合现代医学进展情况的基础上制定，因此，本规范适用于保险期间主要为成年人（十八周岁以上）阶段的重大疾病保险。

2. 使用原则

2.1 保险公司将产品定名为重大疾病保险，且保险期间主要为成年人（十八周岁以上）阶段的，该产品保障的疾病范围应当包括本规范内的恶性肿瘤、急性心肌梗塞、脑中风后遗症、冠状动脉搭桥术（或称冠状动脉旁路移植术）、重大器官移植术或造血干细胞移植术、终末期肾病（或称慢性肾功能衰竭尿毒症期）；除此六种疾病外，对于本规范疾病范围以内的其他疾病种类，保险公司可以选择使用；同时，上述疾病应当使用本规范的疾病名称和疾病定义。

2.2 根据市场需求和经验数据，各保险公司可以在其重大疾病保险产品中增加本规范疾病范围以外的其他疾病种类，并自行制定相关定义。

2.3 重大疾病保险条款和配套宣传材料中，本规范规定的疾病种类应当按照本规范 3.1 所列顺序排列，并置于各保险公司自行增加的疾病种类之前；同时，应当对二者予以区别说明。

2.4 保险公司设定重大疾病保险除外责任时，对于被保险人发生的疾病、达到的疾病状态或进行的手术，保险公司不承担保险责任的情形不能超出本规范 3.2 规定的范围。

3. 重大疾病保险条款的相关规定

重大疾病保险条款中的疾病名称、疾病定义、除外责任和术语释义应当符合本规范的具体规定。

3.1 重大疾病保险的疾病名称及疾病定义

被保险人发生符合以下疾病定义所述条件的疾病，应当由专科医生明确诊断。

3.1.1 恶性肿瘤

指恶性细胞不受控制的进行性增长和扩散，浸润和破坏周围正常组织，可以经血管、淋巴管和体腔扩散转移到身体其他部位的疾病。经病理学检查结果明确诊断，临床诊断属于世界卫生组织《疾病和有关健康问题的国际统计分类》（ICD–10）的恶性肿瘤范畴。

下列疾病不在保障范围内：

（1）原位癌；

（2）相当于Binet分期方案A期程度的慢性淋巴细胞白血病；

（3）相当于Ann Arbor分期方案I期程度的何杰金氏病；

（4）皮肤癌（不包括恶性黑色素瘤及已发生转移的皮肤癌）；

（5）TNM分期为T1N0M0期或更轻分期的前列腺癌（注）；

（6）感染艾滋病病毒或患艾滋病期间所患恶性肿瘤。

注：如果为女性重大疾病保险，则不包括此项。

3.1.2 急性心肌梗塞

指因冠状动脉阻塞导致的相应区域供血不足造成部分心肌坏死。须满足下列至少三项条件：

（1）典型临床表现，例如急性胸痛等；

（2）新近的心电图改变提示急性心肌梗塞；

（3）心肌酶或肌钙蛋白有诊断意义的升高，或呈符合急性心肌梗塞的动态性变化；

（4）发病90天后，经检查证实左心室功能降低，如左心室射血分数低于50%。

3.1.3 脑中风后遗症

指因脑血管的突发病变引起脑血管出血、栓塞或梗塞，并导致神经系统永久性的功能障碍。神经系统永久性的功能障碍，指疾病确诊180天后，仍遗留下列一种或一种以上障碍：

（1）一肢或一肢以上肢体机能完全丧失；

（2）语言能力或咀嚼吞咽能力完全丧失；

（3）自主生活能力完全丧失，无法独立完成六项基本日常生活活动中的三项或三项以上。

3.1.4 重大器官移植术或造血干细胞移植术

重大器官移植术，指因相应器官功能衰竭，已经实施了肾脏、肝脏、心脏或肺脏的异体移植手术。

造血干细胞移植术，指因造血功能损害或造血系统恶性肿瘤，已经实施了造血干细胞（包括骨髓造血干细胞、外周血造血干细胞和脐血造血干细胞）的异体移植手术。

3.1.5 冠状动脉搭桥术（或称冠状动脉旁路移植术）

指为治疗严重的冠心病，实际实施了开胸进行的冠状动脉血管旁路移植的手术。

冠状动脉支架植入术、心导管球囊扩张术、激光射频技术及其他非开胸的介入手术、腔镜手术不在保障范围内。

3.1.6 终末期肾病（或称慢性肾功能衰竭尿毒症期）

指双肾功能慢性不可逆性衰竭，达到尿毒症期，经诊断后已经进行了至少 90 天的规律性透析治疗或实施了肾脏移植手术。

3.1.7 多个肢体缺失

指因疾病或意外伤害导致两个或两个以上肢体自腕关节或踝关节近端（靠近躯干端）以上完全性断离。

3.1.8 急性或亚急性重症肝炎

指因肝炎病毒感染引起肝脏组织弥漫性坏死，导致急性肝功能衰竭，且经血清学或病毒学检查证实，并须满足下列全部条件：

（1）重度黄疸或黄疸迅速加重；

（2）肝性脑病；

（3）B 超或其他影像学检查显示肝脏体积急速萎缩；

（4）肝功能指标进行性恶化。

3.1.9 良性脑肿瘤

指脑的良性肿瘤，已经引起颅内压增高，临床表现为视神经乳头水肿、精神症状、癫痫及运动感觉障碍等，并危及生命。须由头颅断层扫描（CT）、核磁共振检查（MRI）或正电子发射断层扫描（PET）等影像学检查证实，并须满足下列至少一项条件：

（1）实际实施了开颅进行的脑肿瘤完全切除或部分切除的手术；

（2）实际实施了对脑肿瘤进行的放射治疗。

脑垂体瘤、脑囊肿、脑血管性疾病不在保障范围内。

3.1.10 慢性肝功能衰竭失代偿期

指因慢性肝脏疾病导致肝功能衰竭。须满足下列全部条件：

（1）持续性黄疸；

（2）腹水；

（3）肝性脑病；

（4）充血性脾肿大伴脾功能亢进或食管胃底静脉曲张。

因酗酒或药物滥用导致的肝功能衰竭不在保障范围内。

3.1.11 脑炎后遗症或脑膜炎后遗症

指因患脑炎或脑膜炎导致的神经系统永久性的功能障碍。神经系统永久性的功能障碍，指疾病确诊 180 天后，仍遗留下列一种或一种以上障碍：

（1）一肢或一肢以上肢体机能完全丧失；

（2）语言能力或咀嚼吞咽能力完全丧失；

（3）自主生活能力完全丧失，无法独立完成六项基本日常生活活动中的三项或三项以上。

3.1.12 深度昏迷

指因疾病或意外伤害导致意识丧失，对外界刺激和体内需求均无反应，昏迷程度按照格拉斯哥昏迷分级（Glasgow coma scale）结果为 5 分或 5 分以下，且已经持续使用呼吸机及其他生命维持系统96小时以上。

因酗酒或药物滥用导致的深度昏迷不在保障范围内。

3.1.13 双耳失聪

指因疾病或意外伤害导致双耳听力永久不可逆性丧失，在500赫兹、1000赫兹和2000赫兹语音频率下，平均听阈大于90分贝，且经纯音听力测试、声导抗检测或听觉诱发电位检测等证实。

注：如果保险公司仅承担被保险人在某年龄之后的保障责任，须在疾病定义中特别说明。

3.1.14 双目失明

指因疾病或意外伤害导致双眼视力永久不可逆性丧失，双眼中较好眼须满足下列至少一项条件：

（1）眼球缺失或摘除；

（2）矫正视力低于0.02（采用国际标准视力表，如果使用其他视力表应进行换算）；

（3）视野半径小于5度。

注：如果保险公司仅承担被保险人在某年龄之后的保障责任，须在疾病定义中特别说明。

3.1.15 瘫痪

指因疾病或意外伤害导致两肢或两肢以上肢体机能永久完全丧失。肢体机能永久完全丧失，指疾病确诊180天后或意外伤害发生180天后，每肢三大关节中的两大关节仍然完全僵硬，或不能随意识活动。

3.1.16 心脏瓣膜手术

指为治疗心脏瓣膜疾病，实际实施了开胸进行的心脏瓣膜置换或修复的手术。

3.1.17 严重阿尔茨海默病

指因大脑进行性、不可逆性改变导致智能严重衰退或丧失，临床表现为明显的认知能力障碍、行为异常和社交能力减退，其日常生活必须持续受到他人监护。须由头颅断层扫描（CT）、核磁共振检查（MRI）或正电子发射断层扫描（PET）等影像学检查证实，且自主生活能力完全丧失，无法独立完成六项基本日常生活活动中的三项或三项以上。

神经官能症和精神疾病不在保障范围内。

注：如果保险公司仅承担被保险人在某年龄之前的保障责任，须在疾病定义中特别说明。

3.1.18 严重脑损伤

指因头部遭受机械性外力，引起脑重要部位损伤，导致神经系统永久性的功能障碍。须由头颅断层扫描（CT）、核磁共振检查（MRI）或正电子发射断层扫描（PET）等影像学检查证实。神经系统永久性的功能障碍，指脑损伤 180 天后，仍遗留下列一种或一种以上障碍：

（1）一肢或一肢以上肢体机能完全丧失；

（2）语言能力或咀嚼吞咽能力完全丧失；

（3）自主生活能力完全丧失，无法独立完成六项基本日常生活活动中的三项或三项以上。

3.1.19 严重帕金森病

是一种中枢神经系统的退行性疾病，临床表现为震颤麻痹、共济失调等。须满足下列全部条件：

（1）药物治疗无法控制病情；

（2）自主生活能力完全丧失，无法独立完成六项基本日常生活活动中的三项或三项以上。

继发性帕金森综合征不在保障范围内。

注：如果保险公司仅承担被保险人在某年龄之前的保障责任，须在疾病定义中特别说明。

3.1.20 严重Ⅲ度烧伤

指烧伤程度为Ⅲ度，且Ⅲ度烧伤的面积达到全身体表面积的20%或20%以上。体表面积根据《中国新九分法》计算。

3.1.21 严重原发性肺动脉高压

指不明原因的肺动脉压力持续性增高，进行性发展而导致的慢性疾病，已经造成永久不可逆性的体力活动能力受限，达到美国纽约心脏病学会心功能状态分级Ⅳ级，且静息状态下肺动脉平均压超过30mmHg。

3.1.22 严重运动神经元病

是一组中枢神经系统运动神经元的进行性变性疾病，包括进行性脊肌萎缩症、进行性延髓麻痹症、原发性侧索硬化症、肌萎缩性侧索硬化症。须满足自主生活能力完全丧失，无法独立完成六项基本日常生活活动中的三项或三项以上的条件。

注：如果保险公司仅承担被保险人在某年龄之前的保障责任，须在疾病定义中特别说明。

3.1.23 语言能力丧失

指因疾病或意外伤害导致完全丧失语言能力，经过积极治疗至少12个月（声带完全切除不受此时间限制），仍无法通过现有医疗手段恢复。

精神心理因素所致的语言能力丧失不在保障范围内。

注：如果保险公司仅承担被保险人在某年龄之后的保障责任，须在疾病定义中特别说明。

3.1.24 重型再生障碍性贫血

指因骨髓造血功能慢性持续性衰竭导致的贫血、中性粒细胞减少及血小板减少。须满足下列全部条件：

（1）骨髓穿刺检查或骨髓活检结果支持诊断；

（2）外周血象须具备以下三项条件：

①中性粒细胞绝对值≤ 0.5×109/L；

②网织红细胞＜ 1%；

③血小板绝对值≤ 20×109/L。

3.1.25 主动脉手术

指为治疗主动脉疾病，实际实施了开胸或开腹进行的切除、置换、修补病损主动脉血管的手术。主动脉指胸主动脉和腹主动脉，不包括胸主动脉和腹主动脉的分支血管。

动脉内血管成形术不在保障范围内。

3.2 重大疾病保险的除外责任

因下列情形之一，导致被保险人发生疾病、达到疾病状态或进行手术的，保险公司不承担保险责任：

3.2.1 投保人、受益人对被保险人的故意杀害、故意伤害；

3.2.2 被保险人故意自伤、故意犯罪或拒捕；

3.2.3 被保险人服用、吸食或注射毒品；

3.2.4 被保险人酒后驾驶、无合法有效驾驶证驾驶，或驾驶无有效行驶证的机动车；

3.2.5 被保险人感染艾滋病病毒或患艾滋病；

3.2.6 战争、军事冲突、暴乱或武装叛乱；

3.2.7 核爆炸、核辐射或核污染；

3.2.8 遗传性疾病，先天性畸形、变形或染色体异常。

3.3 术语释义

3.3.1 六项基本日常生活活动

六项基本日常生活活动是指：（1）穿衣：自己能够穿衣及脱衣；（2）移动：自己从一个房间到另一个房间；（3）行动：自己上下床或上下轮椅；（4）如厕：自己控制进行大小便；（5）进食：自己从已准备好的碗或碟中取食物放入口中；（6）洗澡：自己进行淋浴或盆浴。

3.3.2 肢体机能完全丧失

指肢体的三大关节中的两大关节僵硬，或不能随意识活动。肢体是指包括肩关节的整个上肢或包括髋关节的整个下肢。

3.3.3 语言能力或咀嚼吞咽能力完全丧失

语言能力完全丧失，指无法发出四种语音（包括口唇音、齿舌音、口盖音和喉头音）中的任何三种，或声带全部切除，或因大脑语言中枢受伤害而患失语症。

咀嚼吞咽能力完全丧失，指因牙齿以外的原因导致器质障碍或机能障碍，以致不能作咀嚼吞咽运动，除流质食物外不能摄取或吞咽的状态。

3.3.4 永久不可逆

指自疾病确诊或意外伤害发生之日起，经过积极治疗 180 天后，仍无法通过现有医疗手段恢复。

3.3.5 专科医生

专科医生应当同时满足以下四项资格条件：（1）具有有效的中华人民共和国《医师资格证书》；（2）具有有效的中华人

民共和国《医师执业证书》，并按期到相关部门登记注册；（3）具有有效的中华人民共和国主治医师或主治医师以上职称的《医师职称证书》；（4）在二级或二级以上医院的相应科室从事临床工作三年以上。

3.3.6 感染艾滋病病毒或患艾滋病

艾滋病病毒指人类免疫缺陷病毒，英文缩写为HIV。艾滋病指人类免疫缺陷病毒引起的获得性免疫缺陷综合征，英文缩写为AIDS。

在人体血液或其他样本中检测到艾滋病病毒或其抗体呈阳性，没有出现临床症状或体征的，为感染艾滋病病毒；如果同时出现了明显临床症状或体征的，为患艾滋病。

3.3.7 遗传性疾病

指生殖细胞或受精卵的遗传物质（染色体和基因）发生突变或畸变所引起的疾病，通常具有由亲代传至后代的垂直传递的特征。

3.3.8 先天性畸形、变形或染色体异常

指被保险人出生时就具有的畸形、变形或染色体异常。先天性畸形、变形和染色体异常依照世界卫生组织《疾病和有关健康问题的国际统计分类》（ICD−10）确定。

4. 重大疾病保险宣传材料的相关规定

在重大疾病保险的宣传材料中，如果保障的疾病名称单独出现，应当采用以下主标题和副标题结合的形式。

4.1 恶性肿瘤——不包括部分早期恶性肿瘤

4.2 急性心肌梗塞

4.3 脑中风后遗症——永久性的功能障碍

4.4 重大器官移植术或造血干细胞移植术——须异体移植手术

4.5 冠状动脉搭桥术（或称冠状动脉旁路移植术）——须开胸手术

4.6 终末期肾病（或称慢性肾功能衰竭尿毒症期）——须透析治疗或肾脏移植手术

4.7 多个肢体缺失——完全性断离

4.8 急性或亚急性重症肝炎

4.9 良性脑肿瘤——须开颅手术或放射治疗

4.10 慢性肝功能衰竭失代偿期——不包括酗酒或药物滥用所致

4.11 脑炎后遗症或脑膜炎后遗症——永久性的功能障碍

4.12 深度昏迷——不包括酗酒或药物滥用所致

4.13 双耳失聪——永久不可逆

注：如果保险公司仅承担被保险人在某年龄之后的保障责任，须在副标题中注明。

4.14 双目失明——永久不可逆

注：如果保险公司仅承担被保险人在某年龄之后的保障责任，须在副标题中注明。

4.15 瘫痪——永久完全

4.16 心脏瓣膜手术——须开胸手术

4.17 严重阿尔茨海默病——自主生活能力完全丧失

注：如果保险公司仅承担被保险人在某年龄之前的保障责任，须在副标题中注明。

4.18 严重脑损伤——永久性的功能障碍

4.19 严重帕金森病——自主生活能力完全丧失

注：如果保险公司仅承担被保险人在某年龄之前的保障责任，

须在副标题中注明。

4.20 严重Ⅲ度烧伤——至少达体表面积的 20%

4.21 严重原发性肺动脉高压——有心力衰竭表现

4.22 严重运动神经元病——自主生活能力完全丧失

注：如果保险公司仅承担被保险人在某年龄之前的保障责任，须在副标题中注明。

4.23 语言能力丧失——完全丧失且经积极治疗至少 12 个月

注：如果保险公司仅承担被保险人在某年龄之后的保障责任，须在副标题中注明

4.24 重型再生障碍性贫血

4.25 主动脉手术——须开胸或开腹手术

5. 附则

5.1 中国保险行业协会建立常设机构，研究重大疾病保险相关疾病医疗实践的进展情况，并组织人员定期对疾病定义及规范进行修订。

5.2 本规范自发布之日起施行。2007 年 8 月 1 日后，保险公司签订的保险期间主要为成年人（十八周岁以上）阶段的重大疾病保险合同应当符合本规范。对本规范施行前已经签订的重大疾病保险合同，保险公司要做好相关服务工作。

5.3 本规范由中国保险行业协会负责解释。

恭喜你读完本书，在此你将额外获得作者为你准备的一份“知识礼包”。

目前，市场上在售的各类保险产品多如牛毛且鱼龙混杂，普通消费者很难从中挑选到高性价比的产品。又因为一些优质的重疾险或人寿险产品往往在售时间较短、更新换代较快，有着明显的时效性，所以无法将这些优质保险清单罗列在书中。

鉴于以上两个原因，小树特意录制了一套视频课程资料，专门针对市场上性价比较高且符合本书保险规划原则的具体产品进行系统讲解和点评，帮助读者快速锁定优质的人寿险、重疾险和意外险等产品。

该套视频内容会持续更新，作者会对列入其中的热门优质保险产品定期检视、增优汰劣。

所有购买本书的读者均可免费观看此视频课程，具体观看方法及课程地址可在作者微信公众号内查看或扫描下方二维码。